Entwicklung und Lernen junger Kinder

Franziska Vogt, Miriam Leuchter, Annette Tettenborn,
Ursula Hottinger, Marianna Jäger, Evelyne Wannack (Hrsg.)

Entwicklung und Lernen junger Kinder

Waxmann 2011
Münster / New York / München / Berlin

Bibliografische Informationen der Deutschen Nationalbibliothek
Die Deutsche Nationalbibliothek verzeichnet diese Publikation in
der Deutschen Nationalbibliografie; detaillierte bibliografische
Daten sind im Internet über http://dnb.d-nb.de abrufbar.

ISBN 978-3-8309-2478-4

© Waxmann Verlag GmbH, 2011
Postfach 8603, 48046 Münster

www.waxmann.com
info@waxmann.com

Umschlaggestaltung: Christian Averbeck, Münster
Foto: Pädagogische Hochschule, St. Gallen
Satz: Stoddart Satz- und Layoutservice, Münster
Druck: Hubert & Co., Göttingen

Gedruckt auf alterungsbeständigem Papier,
säurefrei gemäß ISO 9706

Printed in Germany
Alle Rechte vorbehalten. Nachdruck, auch auszugsweise, verboten.
Kein Teil dieses Werkes darf ohne schriftliche Genehmigung des
Verlages in irgendeiner Form reproduziert oder unter Verwendung
elektronischer Systeme verarbeitet, vervielfältigt oder verbreitet werden.

Inhalt

Einleitung: Lernen und Entwicklung junger Kinder 7

Teil I: Kognitive und motivationale Entwicklung

Marcus Hasselhorn
Lernen im Vorschul- und frühen Schulalter 11

Ilonca Hardy, Sebastian Kempert
Entwicklung und Förderung früher naturwissenschaftlicher
Kompetenzen im Elementarbereich 23

Miriam Leuchter, Henrik Saalbach, Ilonca Hardy
Förderung naturwissenschaftlichen Verständnisses von Kindern
in der Schuleingangsstufe. Empirische Forschung zur Qualität des
(naturwissenschaftlichen) Lernens und Lehrens in
der Schuleingangsstufe 37

Henrik Saalbach, Lennart Schalk
Fragen stellen hilft: Die Aktivierung von Vorwissen fördert
die Nutzung kategorialer Beziehungen in Wortlernaufgaben
bei Kindern im Vorschulalter 53

Franziska Bertschy, Christine Künzli David
Vernetztes Denken im Rahmen einer Bildung für Nachhaltige
Entwicklung auf der Primarschulstufe fördern 67

Kirsten Herger
Förderung der Metakognition in der Schuleingangsstufe.
Wichtigkeit aus Sicht der Lehrpersonen und Rahmenbedingungen
zur Umsetzung 81

Melanie Kuhn
‚Verstehen' ethnographisch.
Eine professionstheoretische Perspektive 93

Katja Mackowiak, Anke Lenging
Emotionsregulation im Kindesalter und deren Bedeutung
für die Entwicklung von „theory of mind"-Fähigkeiten 107

Teil II: Spiel, sozialer Kontext und Perspektive der Kinder

Elizabeth Wood
Entwicklung einer integrierten Pädagogik für die frühe Bildung 123

Marianna Jäger
Spielen aus der Perspektive von Erstklässlerinnen und Erstklässlern.
Anmerkungen zu einzelnen Dimensionen des Spiels 133

Cornelia Biffi
Die Konstituierung von Freundschaften in der Schuleingangsstufe 147

Sabine Campana Schleusener
Wenn Kinder voneinander lernen: Hilfestellungen auf der Basisstufe 161

Christa Urech
Pädagogisches Handeln auf der Basisstufe im Zusammenhang
mit benachteiligten Kindern 173

Karin Landert Born
Hochdeutsch im Kindergarten: Was meinen die Schweizer
Kinder dazu? 185

Einleitung: Lernen und Entwicklung junger Kinder

Die Bedeutung, die der Entwicklung und dem Lernen von jungen Kindern zugestanden wird, hat in den letzten Jahren markant zugenommen. Verschiedene Entwicklungen in der Gestaltung der Bildungsangebote für junge Kinder wie auch in der Professionalisierung der Pädagoginnen und Pädagogen zeigen die zunehmende Dynamik in diesem Praxisbereich. Dem steht jedoch entgegen, dass zur Bildung junger Kinder, zu Lernen und Unterricht für die Kinder von vier bis acht Jahren erst wenig wissenschaftlich gesichertes Wissen zur Verfügung steht. Im vorliegenden Band werden darum aktuelle Forschungsbefunde mit Bezug zum Praxisfeld der Schuleingangsphase diskutiert. Alle Beiträge zeichnen sich durch einen empirischen Forschungszugang aus und bringen unterschiedliche Forschungsrichtungen zusammen, seien es lernpsychologische, entwicklungspsychologische, erziehungswissenschaftliche oder kulturwissenschaftliche Zugänge. Quantitative wie qualitative Methoden sind vertreten. Damit soll ein Beitrag zu einer vertieften Auseinandersetzung mit den Kernfragen der Bildung der jungen Kinder geleistet werden.

Der Band ist in zwei Teile gegliedert, die den folgenden Leitfragen nachgehen:
1) Welche kognitiven und motivationalen Aspekte sind für das Lernen junger Kinder wesentlich?
2) Wie erleben die Kinder die für sie bereitgestellten Spiel- und Lernangebote und den sozialen Kontext ihres Lernens?

Teil I: Kognitive und motivationale Entwicklung

Im ersten Übersichtsbeitrag von *Marcus Hasselhorn* werden die Besonderheiten des Lernens junger Kinder dargestellt. Ausgehend von der Entwicklung des kindlichen Gehirns werden sowohl kognitive Prozesse beschrieben, welche für das Lernen junger Kinder entscheidend sind, als auch motivationale Aspekte wie etwa der kindliche Überoptimismus.

Die zwei folgenden Artikel vertiefen das Lernen in den Naturwissenschaften und die Frage, wie das Verstehen naturwissenschaftlicher Zusammenhänge gefördert werden kann. In einem Überblick über die Forschungslage zum naturwissenschaftlichen Lernen von *Ilonca Hardy* und *Sebastian Kempert* wird anhand verschiedener Beispiele die Bedeutung von konzeptioneller Umstrukturierung deutlich. Sie stellen den Anspruch an die Bildung junger Kinder, anschlussfähiges Wissen und anschlussfähiges Denken zu ermöglichen. *Miriam Leuchter, Henrik Saalbach* und *Ilonca Hardy* referieren die Ergebnisse aus einem Forschungsprojekt, in dem diese Prinzipien des verstehensorientierten Unterrichts der Naturwissenschaften in einem Lernangebot für den Kindergarten umgesetzt wurden. Die Resultate dieser design-basierten Studie zeigen, dass die Kinder konzeptionelle Umstrukturierungen besser bewältigen, wenn entsprechende Vergleichsprozesse angeregt werden.

Vergleichsprozesse stehen auch im Beitrag von *Henrik Saalbach* und *Lennart Schalk* zum Wortlernen junger Kinder im Zentrum. Junge Kinder lernen zahlreiche neue Wörter, mit Hilfe von Entscheidungs-Heuristiken treffen sie Annahmen darüber, worauf sich die neuen Wörter beziehen. In einer experimentellen Studie wurde untersucht, wie Fragen, welche das Vorwissen aktivieren, das kategoriale Wortlernen beeinflussen.

Vernetztes Denken und Bildung für eine nachhaltige Entwicklung stehen im Zentrum des Beitrages von *Franziska Bertschy* und *Christine Künzli David*. In der Interventionsstudie mit sieben- bis achtjährigen Kindern konnte die Perspektivenzusammenführung stärker gefördert werden. Die Kinder konnten Interessenskonflikte verschiedener Akteure und Akteurinnen sowie mögliche Win-Win-Lösungen besser erkennen.

Wenn Lehrpersonen das selbstständige Lernen der Kinder fördern wollen, müssen sie der Entwicklung metakgonitiver Fähigkeiten Bedeutung zu messen und im Unterricht Rahmenbedingungen dafür schaffen. *Kirsten Herger* befragte Lehrpersonen in Kindergarten und den ersten Jahren der Primarstufe. Ihre Studie ergab große Unterschiede darin, wie häufig Lehrpersonen Lernprozesse mit den Kindern thematisieren und somit die Entwicklung metakognitiver Denkprozesse mehr oder weniger stark unterstützen.

An Hand der detaillierten Beobachtung einer Kreissequenz im Kindergarten zeigt *Melanie Kuhn* auf, wie Verstehen im elementarpädagogischen Alltag konstruiert wird und wie die Erziehenden einen wertschätzenden Umgang mit den Erzählbeiträgen der Kinder realisieren. Sie diskutiert die Zusammenarbeit der Erzieherinnen und folgert, welche Herausforderungen sich für deren Professionalisierung stellen.

Bei jungen Kindern besteht ein Zusammenhang zwischen der Fähigkeit zur Emotionsregulation (problembewältigend versus problemvermeidend) und der Entwicklung einer Theorie des Denkens, wie *Katja Mackowiak* und *Anke Lenging* in ihrer Studie mit Kindern im Alter von fünf bis acht Jahren zeigen. Die Ergebnisse sprechen für eine frühe Entwicklungsförderung der Emotionsregulation.

Teil II: Spiel, sozialer Kontext und Perspektive der Kinder

Im zweiten Teil des Bandes stehen die Perspektive der Kinder zum Bildungsangebot der Elementarpädagogik im Zentrum, Fragen nach der Bedeutung des Spiels wie auch weitere Beobachtungen aus den sich verändernden Bildungskontexten.

Elizabeth Wood fordert in ihrem Überblicksartikel zu einer Pädagogik des Spiels auf, welche die Schlagworte eines balancierten Bildungsangebotes zwischen frei gewählten und verordneten Aktivitäten und zwischen Spiel und Lernen hinterfragt. Sie entwickelt ein integriertes pädagogisches Modell des Spiels, welches eine Reflexion des Unterrichtsgeschehens und der Unterrichtspraxis ermöglicht, und benennt die Herausforderungen wie auch die Chancen von freien, kindinitiierten Aktivitäten in der Elementarpädagogik.

Die beiden nächsten Beiträge fokussieren auf die Wahrnehmungen der Kinder: In ethnographischen Interviews wird herausgearbeitet, wie Kinder im ersten Schuljahr der Primarstufe Spiel und Freundschaft erleben. *Marianna Jäger* zeigt auf, wie die Kinder als Expertinnen und Experten des Spiels mit den institutionellen Rahmenbedingungen wie Zeit, Raum, Spielzeug und Spielablauf umgehen und damit soziale Herausforderungen bewältigen. Die Wahrnehmungs- und Deutungsmuster der Kinder werden als subjektive Theorien über soziale Phänomene analysiert. *Cornelia Biffi* zeichnet auf Grund der Interviews nach, wie sich Freundschaften in der Schule rund um das Spielen, vor allem das Spielen in der Pause, konstituieren. Die Analyse zeigt auch auf, wie Freundschaften im Übergang von Kindergarten zur Schule weitergeführt und neue Freundschaften aufgebaut werden.

Die folgenden beiden Beiträge basieren auf Beobachtungen in der Basisstufe, einer neu in der Schweiz erprobten, altersgemischten und integrativen Schuleingangsstufe, die Kindergarten und die erste und zweite Klasse umfasst. *Sabine Campana Schleusener* untersucht, wie die Kinder voneinander lernen, indem sie sich Hilfestellung geben. Die Beobachtungs- und Interviewdaten zeigen, wie sich förderliche Verhaltensmerkmale auf Seiten der Helfenden wie auch der Hilfeempfangenden gegenseitig bedingen. Alle profitieren von einer qualitiativ guten Helfer-Kultur. *Christa Urech* beobachtete das Verhalten benachteiligter Kinder. Ihre ethnographischen Fallstudien zeigen auf, dass benachteiligte Kinder häufiger nichtaufgabenbezogenes Verhalten aufweisen und bei freien Gruppenbildungen oft außen vor bleiben. Sie benötigen eine intensive Lernbegleitung durch die Lehrperson wie auch eine Unterstützung in der Kooperation mit andern Kindern.

Abschließend wird im Beitrag von *Karin Landert Born* ein in der Öffentlichkeit sehr kontrovers diskutiertes Thema aufgegriffen: die Rolle von Standardsprache und Dialekt im Kindergarten. Auf Grund der Befragung von Kindern konnte gezeigt werden, dass diese über die verschiedenen Sprachformen Bescheid wissen und dass die Sprachpraxis im Kindergarten auf die Selbsteinschätzung ihrer Sprachkompetenzen einen Einfluss hat. Entscheidend ist jedoch die Art und Weise der pädagogischen Umsetzung beim Gebrauch der Standardsprache.

Da die ersten Kindergarten- und Schuljahre für die weiteren Bildungsverläufe der Kinder bedeutsam sind, ist es entscheidend, dass der kognitiven, emotionalen und sozialen Entwicklung der Kinder in der Schuleingangsstufe durch eine vielfältige Gestaltung der Lernangebote Rechnung getragen wird. Die in diesem Band zusammengestellten Forschungsbefunde möchten dazu einen Beitrag leisten.

Die Herausgeberinnen

Franziska Vogt, Miriam Leuchter, Annette Tettenborn,
Ursula Hottinger, Marianna Jäger, Evelyne Wannack

Marcus Hasselhorn
Lernen im Vorschul- und frühen Schulalter

Noch vor wenigen Jahrzehnten war die Auffassung weit verbreitet, dass Lernen ein Wesensmerkmal des Menschen sei, das Gesetzmäßigkeiten unterliegt, die zu jedem Zeitpunkt des individuellen Lebenslaufes gültig sind. Lernen sei Lernen und darin unterschieden Kinder sich nicht von Erwachsenen. Die Rezeption der Entwicklungstheorie Piagets in den 1960er Jahren und die dem Informationsverarbeitungsansatz verpflichteten Analysen zu Altersabhängigkeiten des Wissenserwerbs in den 1970er und 1980er Jahren haben diese These mittlerweile vergessen lassen. Offenbar gibt es Entwicklungsveränderungen, die die Art und Möglichkeiten des Lernens zumindest mitbestimmen. Was, wie und warum gelernt wird, ist hochgradig altersabhängig. Dieser Beitrag skizziert allgemeine Entwicklungsveränderungen im Alter zwischen 4 und 8 Jahren, die die Möglichkeiten des Lernens stark beeinflussen. Es handelt sich dabei um Entwicklungsveränderungen individueller Voraussetzungen erfolgreichen Lernens. Bezugsrahmen der Beschreibung ist das INVO-Modell (Individuelle Voraussetzungen) erfolgreichen Lernens von Hasselhorn und Gold (2009, Kap. 2), in dem zwischen kognitiven und motivational-volitionalen (willentlichen) individuellen Voraussetzungen unterschieden wird. Die in diesem Modell identifizierten individuellen Voraussetzungen unterliegen typischen Entwicklungsveränderungen. Sie sind damit nicht nur relevant für die Beschreibung und Erklärung von interindividuellen Unterschieden im Lernerfolg (Warum lernt das eine Kind leichter als das andere?), sondern tragen auch maßgeblich zum besseren Verständnis altersabhängiger intraindividueller Veränderungen in den Möglichkeiten und der Qualität des Lernens bei (Inwiefern ist ein achtjähriges Kind zu anderen Lernprozessen in der Lage als ein vierjähriges?). Grundsätzlich lässt sich zwischen kognitiven und motivationalen individuellen Lernvoraussetzungen im Alter zwischen 4 und 8 Jahren unterscheiden. Der Beitrag diskutiert die Konsequenzen dieser Entwicklungsveränderungen für die individuellen Möglichkeiten des Lernens und reflektieren schließlich mögliche Chancen und Gefahren, die sich daraus für das Lernen im Vorschul- und frühen Schulalter ergeben.

Kognitive Voraussetzungen erfolgreichen Lernens zwischen 4 und 8 Jahren

Unter kognitiven Voraussetzungen erfolgreichen Lernens versteht man die für die Verarbeitung von Informationen verfügbaren Strukturen, Mechanismen und Prozesse des Gedächtnissystems, die die Quantität und Qualität der potentiell möglichen Verarbeitungsprozesse bestimmen. Die kognitiven Voraussetzungen eines Individuums sind daher entscheidend dafür, was pro Zeiteinheit lernbar ist. Verändern diese sich mit dem Alter, so verändert sich auch das Lernpotential. Im Altersbereich zwischen 4 und 8 Jahren sind die Veränderungen in der selektiven Informationsaufnahme, in der Funktionstüchtigkeit des Arbeitsgedächtnisses und in der Verfügbarkeit von Wissen von entscheidender Bedeutung.

Selektive Informationsaufnahme. Bei der Vielzahl der ständig auf uns einströmenden Informationen würde das Informationsverarbeitungssystem ohne selektive Auswahl von Informationen, denen wir unsere Aufmerksamkeit widmen, ständig zusammenbrechen. Auch die damit verbundenen Fähigkeiten entwickeln sich mit zunehmendem Alter. Verdeutlichen lässt sich dies auf der Grundlage der von Neisser (1967) vorgenommenen Unterscheidung zwischen den zwei für absichtliches Lernen wesentlichen Funktionen der selektiven Aufmerksamkeit, der Diskrimination und der Zuweisung der verfügbaren Kapazität. Die *Diskrimination* verantwortet, dass wahrgenommene Information danach beurteilt wird, ob sie relevant oder irrelevant ist. Ist diese Unterscheidung getroffen, kommt die zweite Funktion, die der *Kapazitätszuweisung* ins Spiel. Dabei geht es darum, die nur begrenzt verfügbare Verarbeitungskapazität von den als irrelevant bewerteten Informationen abzuziehen, um sie den als relevant bewerteten zuzuweisen.

Die beiden von Neisser unterschiedenen Funktionen wurden ursprünglich im Sinne zweier singulärer Prozesse aufgefasst. Vermutlich sind jedoch an der einen wie an der anderen Funktion eine ganze Reihe unterschiedlicher Teilprozesse beteiligt. Es hat sich in den Analysen zur selektiven Aufmerksamkeit gezeigt, dass die Funktion der Kapazitätszuweisung über wenigstens zwei, sich durchaus unterschiedlich entwickelnde Prozesse, realisiert wird: nämlich das Fokussieren relevanter Information und das hemmende Unterdrücken irrelevanter Information.

Allgemeine Entwicklungsveränderungen der beiden Funktionen der selektiven Aufmerksamkeit sind anhand eines besonderen Aufgabentyps, den von Hagen (1967) eingeführten „Central-Incidental Tasks", untersucht worden. Bei diesem Aufgabentyp werden Bilder präsentiert, die mit unterschiedlichen Informationen gesättigt sind (z.b. kann ein solches Bild ein Tier und zugleich einen Haushaltsgegenstand beinhalten). Die Bilder sollen eingeprägt werden. Der Versuchsleiter deklariert einen Teil der Bildinformation während der Lernphase als lernrelevant (zentral) und einen anderen Teil als irrelevant (inzidentell). In der Behaltensphase wird die Erinnerungsleistung für die zentralen wie für die inzidentellen Informationsanteile geprüft. In Studien mit Kindern unterschiedlichen Alters ließ sich nachweisen, dass die Behaltensleistung für zentrale Informationen mit dem Alter zunimmt, während die Behaltensleistung für inzidentelle Informationen im Verlauf der Kindheit nur unwesentlich ansteigt. Hagen und Hale (1973) interpretierten dieses Ergebnismuster im Sinne einer Fokussierungsdominanz: zunächst wird die notwendige Fähigkeit ausgebildet, die Aufmerksamkeit den relevanten Informationen zuzuwenden und erst ab dem 12. Lebensjahr entwickelt sich zusätzlich die Fähigkeit, irrelevante Informationen zu ignorieren oder auszublenden.

Funktionstüchtigkeit des Arbeitsgedächtnisses. Unter Arbeitsgedächtnis versteht man ein internes kognitives System, das es uns ermöglicht, mehrere Informationen vorübergehend zu speichern, simultan bereit zu halten und miteinander in Beziehung zu setzen (vgl. Hasselhorn & Schumann-Hengsteler, 2001). In einer der verbreitetsten Modellvorstellungen des Arbeitsgedächtnisses (vgl. Baddeley, 2006) wird von der Existenz einer Leitzentrale (der zentralen Exekutive) und spezifischer Hilfssysteme für die Verarbeitung visuell-räumlicher bzw. sprachlich-akustischer Informationen ausgegangen. Für schulisches Lernen hat sich das sprachliche Arbeitsgedächtnis als besonders wichtig erwiesen. Dieses besteht Baddeley (2006) zufolge aus zwei Komponenten. Da ist zum einen ein Klangspeicher bzw. phonetischer Speicher. In diese Speichereinheit wird jede akustische und sprachliche Information, die wir hören, auf eine Art „Tonband-endlos-Schleife" in unserem Gedächtnis eingelesen. Die wahrgenommenen Informationen werden für etwa zwei Sekunden gespeichert, dann werden die alten Informationen wieder mit neuen Einträgen überschrieben. Die zweite Komponente ist eine Art innerer Nachsprechprozess, der dafür sorgt, dass die Information, die in den Klangspeicher gelangt ist (etwa eine bisher unbekannte Wortkombination), durch Wiederholung auch für größere Zeiträume präsent gehalten wird.

Wenn sich nun in diesem System etwas verändert, hat das entscheidende Konsequenzen auf die individuellen Lernmöglichkeiten. Die Arbeitsweise der phonologischen Schleife verändert sich im Laufe der Entwicklung. Das „innere wiederholte Nachsprechen" ist nicht von Anfang an automatisiert. Beim Eintritt in den Kindergarten ist in der Regel kein automatisches Aktivieren dieses Prozesses vorhanden. Erst im Alter von fünf Jahren kommt es bei den meisten Kindern zur Automatisierung des inneren wiederholten Nachsprechens im Arbeitsgedächtnis. Prinzipiell können zwar auch schon jüngere Kinder klangliche Information für mehr als zwei Sekunden aktiv im Fokus der Aufmerksamkeit halten, aber sie tun es nicht spontan bzw. automatisch. Man kann mit direkten Unterweisungen auch jüngere Kinder zu wiederholtem Nachsprechen anhalten, man muss aber wissen, dass das damit erforderliche Ausmaß an Anleitung durch eine Lehrperson dabei sehr groß ist. Die Wiederholungen müssen öffentlich bzw. hörbar gemacht werden, weil sie noch nicht automatisch ablaufen.

Neben den Veränderungen des phonologischen Arbeitsgedächtnisses sind auch Veränderungen bezüglich der Leistungsfähigkeit der zentralen Exekutive und des visuell-räumlichen Hilfssystems im Arbeitsgedächtnis zu verzeichnen. Für diese Komponenten wurden bisher keine qualitativen Veränderungen in bestimmten Altersabschnitten identifiziert. Hier geht man eher von einer kontinuierlichen Zunahme der Leistungsfähigkeit/Kapazität aus, die von einer Zunahme der Geschwindigkeit der Informationsverarbeitung begleitet wird.

Die Kapazität des Arbeitsgedächtnisses bzw. seiner Speicherkomponenten (also die Menge der zur temporären Speicherung und Verarbeitung zur Verfügung stehenden Ressourcen) gilt als begrenzt und als Engpass der menschlichen Informationsverarbeitung. Die Zunahme der Kapazität des Arbeitsgedächtnisses im hier interessierenden Altersbereich von 4 bis 8 Jahren geht mit der Erweiterung der Möglichkeiten einher, immer komplexere Probleme zu erfassen und einer Lösung zuzuführen.

Verfügbares Wissen von dieser Welt. Offenkundig wächst bereits im frühen Kindesalter mit zunehmendem Lebensalter der individuelle Wissensbestand. Viel diskutiert wurde, ob dieser alterskorrelierten Wissenszunahme eine eigene Entwicklungssystematik zugrunde liegt oder ob es sich dabei lediglich um das (triviale) Resultat der im Laufe der Zeit kumulierenden Lernerfahrungen handelt. Lange war man davon überzeugt, dass die Repräsentationsformen des individuell verfügbaren Wissens sich im Laufe der Kindheit fundamental verändern. In der sehr bekannten Arbeit von Bruner, Olver und Greenfield (1966) wird etwa dargelegt, dass es drei verschiedene Formen der Wissensrepräsentation gebe, die im Verlauf der Ontogenese nacheinander erworben würden. Die zuerst verfügbare Ebene der Wissensrepräsentation sei eine *enaktive* (vornehmlich handlungs- oder bewegungsbasierte). Diese würde durch eine *bildhafte*, später durch eine *sprachlich-symbolische* Repräsentationsform abgelöst. Diese Annahme eines im Laufe der individuellen Denkentwicklung sukzessiven Erwerbs verschiedener Formen der Wissensrepräsentation hat sich jedoch in neueren Arbeiten nicht bestätigen lassen. Es zeigte sich nämlich, dass von früher Kindheit an verschiedene Repräsentationsformen zugleich nebeneinander verfügbar sind (vgl. Krist & Wilkening, 1991; Sodian, 2002).

Die Tatsache, dass verfügbares Wissen das weitere Lernen beeinflusst, wirft die Frage auf, ob sich die Art dieses Einflusses im Laufe der Entwicklung ändert. Wäre dies der Fall, dann sollte man in Studien, in denen das Lebensalter und das bereichsbezogene Vorwissen unabhängig voneinander variiert werden, entsprechende statistische Interaktionseffekte finden. Vorliegende Studien zeigen allerdings durchwegs keine Interaktion der beiden Faktoren Alter und Vorwissen (z.B. Schneider, Gruber, Gold & Opwis, 1993). Die gegenwärtige empirische Befundlage spricht daher eher dafür, dass trotz enormer Wissenszuwächse mit dem Alter der Einfluss des Vorwissens auf das Lernen und Behalten altersunabhängig ist.

Der enorme Einfluss, den Wissen auf Gedächtnis und Lernen ausübt, ist vielfach empirisch demonstriert worden (vgl. Hasselhorn & Grube, 2006). Neben sprachlichen Wissensbeständen, die (bei gegebener interindividueller Unterschiedlichkeit) einen fachübergreifenden Einfluss auf die Qualität schulischen Lernens haben (vgl. z.B. Durand, Hulme, Larkin & Snowling, 2005), sind auch bereichs- oder fachspezifische Wissensbestände und Fertigkeiten für den Erwerb weiteren Wissens und darauf aufbauender Kompetenzen zu berücksichtigen. So wird zum Beispiel der Erwerb der Mathematik im frühen Grundschulalter von der Qualität des im Vorschulalter erworbenen Mengen- und Zahlenvorwissens beeinflusst (z.B. Krajewski, 2003) und die Lösung komplexer Rechenaufgaben scheint mit der Qualität grundlegenden arithmetischen Faktenwissens in Beziehung zu stehen (z.B. Grube, 2006). Beim Lernen und Problemlösen führt verfügbares Wissen häufig dazu, dass ansonsten notwendige Verarbeitungsprozesse erleichtert werden oder sich sogar erübrigen. Dies wiederum bewirkt eine Entlastung des Arbeitsgedächtnisses und kann die Wahrscheinlichkeit von Fehlern reduzieren, die bei Überlastung der Arbeitsgedächtniskapazität zu erwarten wären. Bereits vorhandenes Wissen liefert außerdem eine gute Grundlage für das Einfügen neu zu erwerbender Wissensinhalte (vgl. auch Hasselhorn & Gold, 2009).

Motivationale Voraussetzungen erfolgreichen Lernens zwischen 4 und 8 Jahren

Neben den skizzierten kognitiven sind auch motivationale Lernvoraussetzungen von zentraler Bedeutung für die Qualität und damit auch für den Erfolg eigener Lernbemühungen (vgl. Hasselhorn & Grube, 2008). Im Altersbereich zwischen 4 und 8 Jahren spielen dabei insbesondere die subjektiven *Kompetenzüberzeugungen*, also die Bewertungen der eigenen Kompetenz eine Rolle. Menschen machen sich ein Bild davon, in welchen Bereichen sie eher kompetent und in welchen sie eher inkompetent sind. Schulanfänger haben in der Regel eine sehr hohe Meinung von ihren Kompetenzen in allen Bereichen. Das ändert sich dann mit zunehmendem Alter. Halte ich mich für wenig kompetent in einem Bereich, dann beeinflusst das auch mein Lernverhalten in diesem Bereich: Die Initiierung (Fange ich überhaupt an, mich mit etwas zu beschäftigen?), die Anstrengungsintensität und die Persistenz, also die Ausdauer des Lernverhaltens, sind um so geringer, je weniger ich von der eigenen Kompetenz in diesem Bereich überzeugt bin.

Frühkindlicher Überoptimismus. Wenn man Kinder beim Schuleintritt fragt, wer denn die Besten seien aus der Klasse, dann nennen sich die meisten der Kinder selbst bei einer Auflistung der drei Leistungsstärksten (z.B. Benenson & Dweck, 1986; Nicholls, 1978). Mit etwa 8 Jahren zeigen sich bereits deutliche Anpassungen der allgemeinen Selbsteinschätzung an die Leistungseinschätzungen der Lehrperson, die bis zum Ende der Primarschulzeit weiter zunehmen (Dweck, 2002). Befunde dieser Art hat Helmke (1998) zum Anlass genommen, eine Entwicklung „vom Optimismus zum Realismus" für das frühe Schulalter zu postulieren. Der zu Beginn dieser Altersspanne unrealistische Optimismus (Überoptimismus) erfüllt eine ganz wesentliche Funktion, nämlich dass die Kinder glauben, Fähigkeit sei kein Thema, d.h. sie verfügten über alle Voraussetzungen, um eine gegebene Aufgabe zu lösen. Das einzige, was nach der Überzeugung der jüngeren Kinder zählt, ist Anstrengung. Dies führt – überspitzt formuliert – zu der Mentalität, dass das Kind glaubt alles zu können, wenn es sich nur genügend anstrengt. Diese Grundüberzeugung führt dazu, dass im Anfangsunterricht so selten Motivationsprobleme beobachtet werden.

Dieses überoptimistische und unrealistische Wunschdenken macht dann erst mit etwa 8 Jahren einer realistischen Selbsteinschätzung Platz. Die Kinder verlieren ihren Überoptimismus, wobei das bei den Mädchen etwa ein halbes Jahr früher geschieht als bei den Jungen (vgl. Parsons & Ruble, 1977). Vermutlich basiert dieser Geschlechtsunterschied auf einem Entwicklungsvorteil (in der Fachsprache nennt man das Akzeleration) der Mädchen im kognitiven Bereich. Hier kann man sich zu Recht fragen, ob diese kognitive Akzeleration der Mädchen nicht motivational einen Vorteil der Jungen darstellt. Solange ich nämlich daran glaube, alles durch bloße Anstrengung erreichen zu können, werde ich auch unter schwierigen Anforderungen eher bereit sein, Anstrengung zu investieren.

Motivationale Veränderungen zwischen 4 und 8 Jahren. Eng verknüpft mit dem allgemeinen Vorherrschen eines frühkindlichen Überoptimismus ist auch die Entwicklungslinie der Kompetenzüberzeugungen. So ist im Altersbereich zwischen 4 und 6 Jahren überhaupt kein Fähigkeitskonzept feststellbar. Das macht sich z.B. daran bemerkbar, dass Handlungsergebnisse kaum Einfluss haben auf die Prognose der Kinder, wie gut sie eine vorgelegte Anforderung bei einer erneuten Bearbeitung bewältigen werden (Stipek & Hoffman, 1980). Das fünfjährige Kind, das gerade ein Fahrrad geschenkt bekommen hat und beim Versuch, damit ohne Stützräder zu fahren, schon 20 Mal gescheitert ist, startet auch den 21. Versuch mit der Überzeugung, es diesmal zu schaffen.

Bis zum 6./7. Lebensjahr scheinen auch soziale Vergleiche kaum von Interesse und schon gar nicht von Interesse für die Beurteilung der eigenen Kompetenzen zu sein. Dies ändert sich erst langsam zwischen 6 und 8 Jahren. In diesem Altersbereich sind erste bereichsspezifische Fähigkeitskonzepte beobachtbar, die offenkundig von den eigenen bisherigen Handlungsergebnissen beeinflusst werden und die zunehmend auch durch soziale Vergleiche zustande kommen. Die beim Schulanfänger noch beobachtbare eher personale Definition („Fähigkeit bezeichnet das, was ich sehr gut kann") wird zunehmend durch eine normative („Fähigkeit bedeutet, wie gut ich etwas im Vergleich zu anderen kann") abgelöst (Butler, 1999).

Was ergibt sich daraus für das Lernen im Vorschul- und frühen Schulalter?

Berücksichtigt man die skizzierten kognitiven und motivationalen Voraussetzungen erfolgreichen Lernens, so lassen sich im Altersbereich zwischen 4 und 8 Jahren einige Entwicklungsgesetzmäßigkeiten ausmachen, von denen die folgenden drei von besonderer Bedeutung für die Qualität und den

Erfolg eigener Lernbemühungen zu sein scheinen: die Effizienzsteigerung des Arbeitsgedächtnisses im sechsten Lebensjahr, das allgemeine Vorherrschen eines kindlichen Überoptimismus bis etwa zum Alter von 8 Jahren sowie Veränderungen in den subjektiven Kompetenzüberzeugungen zwischen 7 und 8 Jahren.

Der systematische Erwerb von Schriftsprache und arithmetischen Fertigkeiten wie er in einer Vielzahl von didaktischen Ansätzen für die Grundschule konzipiert ist, setzt die Effizienz des sprachlichen Arbeitsgedächtnisses voraus, die bei der weit überwiegenden Mehrzahl der Kinder im Laufe des sechsten Lebensjahres – also irgendwann im Alter von fünf Jahren – durch die einsetzende automatische Aktivierung des inneren Nachsprechens als relevant erachteter Informationen erreicht wird. Schulfähigkeit im Sinne einer Bereitschaft zum systematischen Schriftsprach- und Mathematikerwerb entsteht daher bei den meisten Kindern zwischen ihrem fünften und sechsten Geburtstag. Natürlich ist die Automatisierung des inneren Nachsprechprozesses im phonologischen Arbeitsgedächtnis kein hinreichendes Merkmal für die Schulfähigkeit, da sie nur im Verbund mit weiteren sozial-emotionalen (vgl. Hasselhorn & Lohaus, 2008) und selbstregulatorischen bzw. volitionalen Kompetenzen (vgl. Hasselhorn, von Goldammer & Weber, 2008) die Schulfähigkeit ausmachen. Welche Entwicklungsveränderungen der Selbstregulation sich wann im Verlauf der Kindheit verändern, können wir derzeit genau so wenig beantworten wie die Frage, ob – und wenn ja –: wie diese Veränderungen sich auf die Entwicklung schulischer Leistungen auswirkt. Allerdings gibt es vielfältige empirische Hinweise darauf, dass die skizzierte Automatisierung des sprachähnlichen Kontrollprozesses im phonologischen Arbeitsgedächtnis für den Erwerb elementarer schulischer Fertigkeiten notwendig ist (vgl. Grube & Hasselhorn, 2006; Hasselhorn & Grube, 2007).

Wie bereits skizziert müssen weitere kognitive Voraussetzungen berücksichtigt werden. Es ist nicht zu übersehen, dass Zunahmen in der selektiven Informationsverarbeitung, im Ausmaß allgemeiner sprachlicher Kompetenzen sowie in den Ausprägungen von Weltwissen und Vorwissen/Vorläuferfertigkeiten (phonologische Bewusstheit, Mengen- und Zahlenvorwissen) zu berücksichtigen sind, die die Lernmöglichkeiten im Vorschul- und im frühen Schulalter beeinflussen. Nicht umsonst wird gerade hier aktuell ein großer Bedarf an diagnostischen Instrumenten zur Unterstützung adaptiver Bildungsmaßnahmen gesehen.

Allerdings gilt für alle diese individuellen Voraussetzungen des Lernens, dass es hier entscheidend darauf ankommt, dass die entsprechenden Lernpotentiale auch genutzt werden. Eine strategische Kompetenz z.B. führt nur dann zu Lernerfolg, wenn sie auch genutzt wird. Die Nutzung ist dabei immer mit kognitiver Anstrengung verbunden. Die Bereitschaft jedoch zu dieser Art von Anstrengung ist unmittelbare Folge der skizzierten motivationalen Voraussetzungen. Hier schließt sich also der Kreis. Erfolgreiches Lernen erfordert immer beides: kognitive Voraussetzungen und motivationale. Die motivationalen Voraussetzungen sind im Alter zwischen 4 und 8 Jahren in der Regel hervorragend. Erst gegen Ende dieses Altersbereichs bröckelt das Vertrauen von Kindern in ihre eigene Kompetenz und damit die Bereitschaft, Anstrengung zu investieren, um Dinge zu wiederholen und zu üben. Aus dieser Perspektive wäre es gut, wenn Kinder nicht zu lange vom Schulanfangsunterricht ferngehalten werden. Eine Rückstellung vom Schulunterricht für ein Jahr mag zwar für die weitere kognitive und vielleicht auch sozial-emotionale Entwicklung hilfreich erscheinen, motivational jedoch birgt sie das Risiko, dass die vielen Übungseinheiten des Anfangsunterrichts nicht mehr von der natürlichen Lernfreude und dem festen Glauben, alles durch eigene Anstrengung erreichen zu können, getragen werden (vgl. Hasselhorn & Lohaus, 2008).

Zusammen gefasst muss konstatiert werden, dass wir gegenwärtig noch relativ wenig über das Lernen 4- bis 5-jähriger Kinder wissen. Allerdings lassen sich einige wichtige Eckpunkte der Entwicklung individueller Lernvoraussetzungen identifizieren. So findet man in der Regel zwischen 4 und 6 Jahren sehr günstige motivationale und eher ungünstige kognitive Voraussetzungen für das erfolgreiche Bewältigen von Lernprozessen. Mit dem qualitativen Einschnitt in der funktionalen Effizienz des phonologischen Arbeitsgedächtnisses im sechsten Lebensjahr verbessern sich die kognitiven Voraussetzungen für das Lernen drastisch. Bis zum 8. Lebensjahr bleiben auch noch die allgemeinen günstigen motivationalen Randbedingungen erhalten.

Literatur

Baddeley, A. D. (2006). Working memory: An overview. In S. J. Pickering (Ed.), *Working memory and education* (pp. 1-33). San Diego, CA: Academic Press.
Benenson, J. & Dweck, C. S. (1986). The development of trait explanations und self-evaluations in the academic and social domains. *Child Development, 57*, 1179-1189.

Bjorklund, D. F. & Douglas, R. N. (1997). The development of memory strategies. In N. Cowan (Ed.), *The development of memory in childhood* (pp. 201-246). Hove: Psychology Press/Erlbaum: Taylor & Francis.
Bruner, J. S., Olver, R. R. & Greenfield, P. M. (1966). *Studies in cognitive growth*. New York: Wiley.
Butler, R. (1999). Information seeking and achievement motivation in middle childhood and adolescence: The role of conceptions of ability. *Developmental Psychology, 35*, 146-163.
Durand, M., Hulme, C., Larkin, R. & Snowling, M. (2005). The cognitive foundations of reading and arithmetic skills in 7- to 10-year old children. *Journal of Experimental Child Psychology, 91*, 113-136.
Dweck, C. S. (2002). The development of ability conceptions. In A. Wigfield & J. S. Eccles (Eds.), *Development of achievement motivation* (pp. 57-90). San Diego, CA: Academic Press.
Grube, D. (2006). *Entwicklung des Rechnens im Grundschulalter*. Münster: Waxmann.
Grube, D. & Hasselhorn, M. (2006). Längsschnittliche Analysen zur Lese-, Rechtschreib- und Mathematikleistung im Grundschulalter: Zur Rolle von Vorwissen, Intelligenz, phonologischem Arbeitsgedächtnis und phonologischer Bewusstheit. In I. Hosenfeld & F.-W. Schrader (Hrsg.), *Schulische Leistung: Grundlagen, Bedingungen, Perspektiven* (S. 87-105). Münster: Waxmann
Hagen, J. W. (1967). The effects of distraction on selective attention. *Child Development, 38*, 685-694.
Hagen, J. W. & Hale, G. H. (1973). The development of attention in children. In A. D. Pick (Ed.), *Minnesota symposia on child psychology* (Vol. 7, pp. 117-140). Minnesota: The University of Minnesota Press.
Hasselhorn, M. & Gold, A. (2009). *Pädagogische Psychologie. Erfolgreiches Lernen und Lehren* (2. Aufl.). Stuttgart: Kohlhammer.
Hasselhorn, M. & Grube, D. (2006). Gedächtnisentwicklung (Grundlagen). In W. Schneider & B. Sodian (Hrsg.), *Enzyklopädie der Psychologie* (Themenbereich C: Theorie und Forschung. Serie V: Entwicklung, Band 2: Kognitive Entwicklung, S. 271-325). Göttingen: Hogrefe.
Hasselhorn, M. & Grube, D. (2007). Was hat das Arbeitsgedächtnis mit dem Erwerb des Lesens, Schreibens und Rechnens zu tun? In K. Rosenberger & M. Ochoko-Stastny (Hrsg.), *Mit Sprache wachsen: Die Bedeutung der Sprache und ihrer Grundlagen für den Erwerb der Kulturtechniken* (Reihe Sprachheilpädagogik: Wissenschaft und Praxis, Bd. 2, S. 43-59). Wien: Lernen mit Pfiff.
Hasselhorn, M. & Grube, D. (2008). Individuelle Voraussetzungen und Entwicklungsbesonderheiten des Lernens im Vorschul- und frühen Schulalter. *Empirische Pädagogik, 22*, 113-126.
Hasselhorn, M. & Lohaus, A. (2008). Entwicklungsvoraussetzungen und Herausforderungen des Schuleintritts. In M. Hasselhorn & R. K. Silbereisen (Hrsg.), *Entwicklungspsychologie des Säuglings- und Kindesalters* (Enzyklopädie der Psychologie, Serie Entwicklungspsychologie, Bd. 4, S. 409-428). Göttingen: Hogrefe.

Hasselhorn, M. & Schumann-Hengsteler, R. (2001). Arbeitsgedächtnis. In D. H. Rost (Hrsg.), *Handwörterbuch Pädagogische Psychologie* (2. Aufl., S. 17-22). Weinheim: Beltz.
Hasselhorn, M., von Goldammer, A. & Weber, A. (2008). Belohungsaufschub als volitionale Kompetenz: Ein relevanter Bereich für die Schuleingangsdiagnostik? *Psychologie in Erziehung und Unterricht, 55,* 123-131.
Helmke, A. (1998). Vom Optimisten zum Realisten? Zur Entwicklung des Fähigkeitsselbstkonzeptes vom Kindergarten bis zur 6. Klassenstufe. In F. E. Weinert (Hrsg.), *Entwicklung im Kindesalter* (S. 117-132). Weinheim: Psychologie Verlags Union
Krajewski, K. (2003). *Vorhersage von Rechenschwäche in der Grundschule.* Hamburg: Kovac.
Krist, H. & Wilkening, F. (1991). Repräsentationale Entwicklung. *Sprache und Kognition, 10,* 181-195.
Miller, P. H. & Seier, W. L. (1994). Strategy utilization deficiencies in children: When, where, and why. In H. Reese (Ed.), *Advances in child development and behavior* (Vol. 25, pp. 107-156). San Diego, CA: Academic Press.
Neisser, U. (1967). *Cognition Psychology.* NewYork: Appleton.
Nicholls, J. G. (1978). The development of the concepts of effort and ability, perceptions of academic attainments, and the understanding that difficults tasks require more ability. *Child Development, 49,* 800-814.
Parsons, J. E. & Ruble, D. N. (1977). The development of achievement-related expectancies. *Child Development, 48,* 1075-1079.
Pressley, M., Forest-Pressley, D. L., Elliott-Faust, D. J. & Miller, G. E. (1985). Children's use of cognitive strategies, how to teach strategies, and what to do if they can't be taught. In M. Pressley & C. J. Brainerd (Eds.), *Cognitive learning and memory in children* (pp. 1-47). New York: Springer.
Schneider, W., Gruber, H., Gold, A. & Opwis, K. (1993). Chess expertise and memory for chess positions in children and adults. *Journal of experimental child psychology, 56,* 328-349.
Siegler, R. S. (1996). *Emerging minds: The process of change in children's thinking.* New York: Oxford University Press.
Sodian, B. (2002). Entwicklung begrifflichen Wissens. In R. Oerter & L. Montada (Hrsg.), *Entwicklungspsychologie* (5. Aufl., S. 443-468). Weinheim: Beltz PVU.
Stipek, D. J. & Hofman, J. M. (1980). Development of children's performance-related judgments. *Child Development, 51,* 912-914.

Ilonca Hardy, Sebastian Kempert
Entwicklung und Förderung früher naturwissenschaftlicher Kompetenzen im Elementarbereich

Immer häufiger wird in öffentlichen und wissenschaftlichen Diskussionen die Angemessenheit der Bildungsangebote in vorschulischen Einrichtungen thematisiert. Nicht zuletzt seit den Ergebnissen der PISA-Untersuchungen wird dabei auf die Möglichkeiten einer frühen, domänenspezifischen Förderung von Kompetenzen verwiesen. Vor dem Hintergrund von Entwicklungen, welche die Ausbildung von basalen Kompetenzen im Bereich der Sprache, der Mathematik und der Naturwissenschaften im Alter von vier bis sechs Jahren anstreben (z.b. Bayerisches Staatsministerium für Arbeit und Sozialordnung, Familie und Frauen, 2007), ist die Kenntnis von Entwicklungsverläufen dieser Kompetenzen umso dringlicher. In diesem Beitrag soll versucht werden, frühe Kompetenzen im Bereich der Naturwissenschaften zu unterscheiden, die den Aufbau späterer Kompetenzen im Grund- und Sekundarstufenunterricht unterstützen können. Zudem werden Merkmale von Lernumgebungen im vorschulischen Bereich zum Aufbau dieser Kompetenzen umrissen.

Entwicklung naturwissenschaftlicher Kompetenzen

Häufig wird bei der Beschreibung von Kompetenzen auf einen Ansatz von Weinert (z.B. 2001) Bezug genommen, welcher Kompetenzen definiert als „die bei Individuen verfügbaren oder durch sie erlernbaren kognitiven Fähigkeiten und Fertigkeiten, um bestimmte Probleme zu lösen, sowie die damit verbundenen motivationalen, volitionalen und sozialen Bereitschaften und Fähigkeiten um die Problemlösungen in variablen Situationen erfolgreich und verantwortlich nutzen zu können" (S. 27/28). Gemeint sind also Kompetenzen, die in einem breiten (Alltags-)Kontext zum Tragen kommen, so dass auch affektiv-motivationale Zustände als zentral für die situative Anwendung von Kompetenzen anzusehen sind. Inhaltsbezogene Kompetenzen, wie beispielsweise naturwissenschaftliche Kompetenzen, können damit auch im Sinne einer Grundbildung bzw. *Literacy* verstanden werden (z.B. Bybee, 1997). Bezogen auf den Bereich der Naturwissenschaften unterscheiden Duit, Häußler und Prenzel (2001) zwischen einer inhaltlich/ konzeptuellen Komponente, einer Komponente der naturwissenschaftlichen Untersuchungsmethoden und Denkweisen, einer Komponente des Wissenschaftsverständnisses (*Nature of Science*) und einer Komponente des gesellschaftlichen Bezugs (siehe auch Prenzel et al., 2007; Gesellschaft für die Didaktik des Sachunterrichts [GDSU], 2002). International gesehen finden sich Entsprechungen für diese Komponenten u. a. in den *National Science Education Standards* (NSES, 1996). Die NSES sind dabei insbesondere deshalb hervorzuheben, weil sie die naturwissenschaftliche Kompetenzentwicklung beschreiben als einen konzeptuellen Entwicklungsprozess, der sukzessive auf den bereits im Elementarbereich entwickelten Kompetenzen aufbaut. Dies unterscheidet sich von stärker defizitorientierten Ansätzen im Primarschulbereich, wie dies z.b. bei Hammann (2004) angenommen wird.

Für die Beschreibung von Kompetenzen im Elementarbereich hat sich der Begriff des *anschlussfähigen Wissens* bzw. *Denkens* durchgesetzt (siehe Stern & Möller, 2004). Im Bereich der Naturwissenschaften zielt dieser auf die Ausbildung inhaltlicher Kompetenzen wie der Erfahrung und Erweiterung von grundlegenden naturwissenschaftlichen Konzepten sowie die Aneignung von typischen Denk- und Vorgehensweisen im Sinne eines Wissenschaftsverständnisses bzw. methodischer Kompetenz. Bisher mangelt es jedoch an einer systematischen empirischen Überprüfung von meist normativen Kompetenzmodellen im Bereich der frühen naturwissenschaftlichen Kompetenzen; dabei ist es fraglich, inwieweit erste Ergebnisse zur Kompetenzstruktur im Sekundarstufenbereich (z.B. Neumann, Kauertz, Lau, Notarp & Fischer, 2007) auf den Elementar- und Primarbereich übertragen werden können.

Lernen als konzeptuelle Umstrukturierung

Insbesondere in den Naturwissenschaften wird der Erwerb von Kompetenzen als Umstrukturierung von konzeptuellem Wissen oder Konzeptwechsel bezeichnet (diSessa, 2006; Duit, 1999; Tytler, 1998; Vosniadou, Ioannides, Dimitrakopoulou & Papademetriou, 2001). Aufgrund von Erfahrungen in der Alltagswelt entwickeln Kinder naive Konzepte, welche zur Interpretation von Phänomenen in der Welt herangezogen werden (Gelman & Kalish, 2006). Dieses naive Wissen erfährt in vielen Alltagssituationen eine Verstärkung, da es Kindern eine sinnvoll erscheinende Strukturierung und Vorhersage von Situationen ermöglicht. Naive Konzepte sind jedoch in den wenigsten Fällen mit einer wissenschaftlichen Sichtweise vereinbar, da sie meist die den Phänomenen zugrundeliegenden Mechanismen, welche zu naturwissenschaftlichen Erklärungen herangezogen werden, nicht oder nur teilweise erfassen. So vermuten beispielsweise viele Kinder, dass Luft „nichts" sei, da in Alltagssituationen eine Wahrnehmung der materiellen Eigenschaften von Luft nur selten unterstützt wird (siehe Nakhleh & Samarapungavan, 1999). Das naive Konzept „Luft" wird somit erst durch eine begriffliche Umstrukturierung der Kategorie Materie zugeordnet. Die Forschung hat gezeigt, dass naive Konzepte besonders schwer durch Unterricht zu verändern sind – häufig treten Fehlvorstellungen in ähnlichen außerschulischen Kontexten bzw. Transferkontexten auch nach dem Unterricht wieder auf (Duit, 1999; Wandersee, Mintzes & Novak, 1994). Häufig resultiert aus naturwissenschaftlichem Unterricht auch sogenanntes fragmentiertes, oder nicht integriertes Wissen. Dies äußerst sich in einem simultanen Halten von verschiedenen Vorstellungen zu einem bestimmten Inhalt oder Phänomen. Beispielsweise hält einer Vielzahl von Drittklässlern auch nach einem Unterricht zum Inhaltsgebiet Schwimmen und Sinken aufgabenabhängig Fehlkonzepte zusammen mit wissenschaftlichen Erklärungen aufrecht. Sie meinen etwa, dass ein Schiff sowohl wegen des Auftriebs schwimme als auch, weil die Luft es nach oben ziehe als auch, weil im Meer so viel Wasser ist etc. In unterschiedlichen Forschungssträngen zum naturwissenschaftlichen Verständnis (z.B. Tytler, 1998; Vosniadou, 2007) sowie eigenen Untersuchungen (Hardy, Jonen, Möller & Stern, 2006) lassen sich damit übereinstimmend mindestens drei Niveaus von konzeptuellen Vorstellungen unterscheiden: (1) Naive Vorstellungen sind nur sehr eingeschränkt tragfähig, d.h. sie halten einer empirischen Prüfung in unterschiedlichen Kontexten nicht stand. (2) Zwischenvorstellungen können bereits zahlreiche Phänomene erklären oder vorhersagen, sind jedoch in ihrer Gültigkeit immer noch eingeschränkt, da sie durch entsprechende Evidenzen widerlegt werden können. (3) Wissenschaftliche Vorstellungen schließlich beruhen auf in der Wissenschaft geteilten Konzepten. Ein zusätzliches, höheres Kompetenzniveau kann in der Integration von Vorstellungen im Sinne der simultanen Ablehnung von naiven Vorstellungen und der Annahme von wissenschaftlichen Vorstellungen gesehen werden (Kleickmann, Hardy, Möller, Pollmeier & Tröbst, eingereicht). Auf dieser Ebene werden also nicht nur wissenschaftliche Fakten anerkannt, sondern gleichteitig die Gründe für das Scheitern alternativer (möglicherweise plausibler) aber flascher Erklärungen, begriffen.

Ausgehend von unterschiedlichen Niveaus konzeptuellen Verständnisses wird konzeptuelle Entwicklung nicht als ein abrupter Wechsel zwischen naiven und wissenschaftlichen Vorstellungen angesehen, sondern vielmehr als gradueller Prozess, der Phasen mit Zwischenvorstellungen beinhalten kann (siehe Vosniadou, Baltas & Vamvakoussi, 2007). In der Forschung von Stella Vosniadou wird eindrucksvoll beschrieben, welche Vorstellungen von der Erde Kinder im Grundschulalter aufweisen: Es finden sich naive Vorstellungen, die von einer flachen Erde ausgehen, Zwischenvorstellungen, welche eine Kombination von wissenschaftlichen und naiven Vorstellungen darstellen (beispielsweise die synthetische Vorstellung, dass Menschen im Innern der Erde leben, um nicht herunterzufallen) und wissenschaftliche Vorstellungen einer sphärischen Erde.

Anschlussfähiges Wissen

Ausgehend vom Prozess der konzeptuellen Umstrukturierung lassen sich nun Überlegungen darüber anstellen, welche naturwissenschaftlichen Inhalte bereits im Elementarbereich sinnvoll erfahren und erweitert werden können. Dabei betrifft die Förderung anschlussfähigen Wissens im naturwissenschaftlichen Bereich das Erfassen und Differenzieren von grundlegenden naturwissenschaftlichen Konzepten, nicht jedoch das Verständnis von Konzepten oder Vorgängen, welche die Modellierung von nichtbeobachtbaren Zusammenhängen erfordern. Beispielsweise würde die Modellierung eines Lösungsprozesses (z.B. Zucker in Wasser) eine Teilchenvorstellung erfordern, die im Vorschulalter noch nicht zu leisten ist. Hier würde eine entsprechende Versuchsanordnung wahrscheinlich zur bloßen Wiedergabe von Erklärungen oder aber zur (Weiter-)Entwicklung von Fehlvorstellungen führen. Im Weiteren wird anhand von zwei Beispielen ausgeführt, welche Inhalte dazu geeignet sind, anschlussfähiges Denken und Wissen im Kindergartenalter zu fördern.

Kindliche Vorstellung von Luft. Das Themengebiet Luft und Luftdruck ist häufig Inhalt von Lehrplänen der Grundschule. In typischen Kindervorstellungen wird Luft nicht als Materie angesehen, z.B. „Luft ist nichts", „Luft ist nur da, wenn der Wind weht", „Luft besteht aus Sauerstoff", „Luft kann man nicht tragen", „Luft wiegt nichts" (siehe z.B. Nakhleh & Samarapungavan, 1999, Benson, Wittrock, Merlin & Baur, 1993). Um Luft als Materie anzusehen und ihr Charakteristika wie Volumen und Gewicht zuzuschreiben, muss eine grundlegende Unterscheidung zwischen Materiellem und Immateriellem getroffen werden. Auch im Vorschulalter verfügen Kinder bereits über relevante Erfahrungen mit Luft und Wind, auf die im Kindergarten aufgebaut werden kann. Hier bieten sich einfache Versuche mit dem Phänomen Luft an, um grundlegende Eigenschaften der Luft zu erfahren bzw. auszudifferenzieren. Beispielsweise könnten Kinder zunächst versuchen, mit einem großen Stück Pappe zu rennen und danach mit einem geknickten Stück. Der Vergleich des gefühlten Luftwiderstands (der eine genaue Beschreibung der Erfahrung voraussetzt) ermöglicht auch die Erkenntnis, dass Luft „immer da" ist und nicht nur als Wind existiert und dass diese Luft Widerstand leistet. Auch kann eine Luftmatratze in verschiedenen Stadien des Aufpumpens (wenig bis voll aufgepumpt) durch Aufliegen untersucht und auf diese Weise erfahren werden, dass Luft Platz braucht bzw. dass sich Luft zusammendrücken lässt (Versuche nach Jonen et al., 2003). Grundsätzlich zielen diese Versuche also darauf ab, Kinder dabei zu unterstützen, die basalen Eigenschaften der Luft zu erfassen. Diese Verstärkung der Wahrnehmung von Eigenschaften der Luft kann im Grundschulalter als Basis für ein weitergehendes Verständnis der Luft als Materie und des Luftdrucks dienen.

Das Inhaltsgebiet „Schwimmen und Sinken". Auch mit dem Schwimmen und Sinken von Gegenständen in Wasser konnten Kinder im Vorschulalter typischerweise bereits vielfältige Erfahrungen sammeln. Diese Erfahrungen werden häufig in Vorstellungen wie „leichte Dinge schwimmen", „Dinge mit Löchern gehen unter", „große Sachen gehen unter" „alles, was Luft hat, schwimmt" ausgedrückt (z.B. Möller, 1999). Insgesamt konzentrieren sich diese naiven Vorstellungen also auf gegenstandsabhängige, eindimensionale Merkmale, anstatt auf Zusammenhänge zwischen Objekt und umgebender Flüssigkeit (d.h. die Dichte bzw. Auftrieb) oder die Materialdimension zurückzugreifen. Dennoch stellen Singer, Kohn und Resnick (1997) schon im Vorschulalter die Fähigkeit zur qualitativen Unterscheidung von Dichte fest, welche auf der Wahrnehmung visueller Unterschiede beruht. Auch Dickinson (1987) findet schon bei Vierjährigen eine rudimentäre Vorstellung von Material; allerdings ist diese noch nicht unabhängig von Form und Konsistenz. Ein einfacher Versuch, der die Erkenntnis unterstützt, dass das Material im Gegensatz zu Form oder Gewicht Vorhersagen über die Schwimmfähigkeit von Gegenständen erlaubt, ist beispielsweise das Sortieren von Alltagsgegenständen unterschiedlicher Materialien in Schwimmende und Sinkende. Anschließend können Gegenständen gleicher Form aber unterschiedlichen Materials (beispielsweise ein Holz- und Metalllöffel) auf ihre Schwimmfähigkeit erprobt werden (siehe Hardy, Jonen, Möller &

Stern, 2006). Insbesondere der strukturierte Vergleich von Alltagsgegenständen hinsichtlich ihres Materials bzw. ihrer Schwimmfähigkeit scheint in Lernumgebungen zu guten Erfolgen bei der konzeptuellen Entwicklung von Vorschulkindern zu führen (Leuchter, Saalbach & Hardy, dieser Band). Durch das Sortieren, Vergleichen und anschließende Klassifizieren von Gegenständen kann also die Wahrnehmung des Materials als einer grundlegenden Dimension gefördert werden, welche Vorhersagen über das Schwimmen und Sinken von Vollkörpern erlaubt. Diese Materialvorstellung kann wiederum einen Vorläufer für die spätere Ausdifferenzierung des Dichtekonzepts darstellen.

Anschlussfähiges Denken

Das anschlussfähige Denken im vorschulischen Bereich bezieht sich auf Formen des Wissenschaftsverständnisses bzw. der methodischen Kompetenz innerhalb der Naturwissenschaften. Dieses umfasst die Fähigkeit, (1) Hypothesen zu Zusammenhängen zwischen empirisch erfassbaren Variablen zu formulieren, (2) experimentelle Bedingungen zu erzeugen, welche es erlauben, Hypothesen abzulehnen oder beizubehalten und letztendlich (3) Ergebnisse aus solchen Experimenten mit Bezug zu den formulierten Vermutungen zu evaluieren (Zimmermann, 2007). Werden aus gewonnenen Daten nun wieder Theorien und Hypothesen zu einem bestimmten inhaltlichen Sachverhalt formuliert, so schließt sich der Zyklus des wissenschaftlichen Arbeitens und Denkens. Somit ist unser Verständnis des wissenschaftlichen Denkens hier als formal zu verstehen, im Gegensatz zum inhaltsbezogenen wissenschaftlichen Denken (bspw. über konkrete physikalische, biologische oder chemische Inhalte; Sodian, 2006). Die Frage der Beziehung zwischen formalem wissenschaftlichem Denken und inhaltsbezogenem Denken und Wissen ist derzeit Forschungsgegenstand einiger Untersuchungen (z.B. Kleickmann et al., eingereicht). Entwicklungspsychologische Studien belegen, dass auch Kinder im Vorschulalter schon dazu in der Lage sind, Komponenten des wissenschaftlichen Denkens wie die Evaluation von Evidenzen in Diagrammen erfolgreich anzuwenden (z.B. Koerber, Sodian, Thoermer & Nett, 2005; Sodian, Koerber & Thoermer, 2006). Im Folgenden soll auf die kognitiven Anforderungen dieser Komponenten des wissenschaftlichen Denkens näher eingegangen werden.

Fähigkeit zur Hypothesenbildung: Kinder entwickeln schon früh naive Theorien über Alltagsphänomene, um sich ihre Umwelt zu erklären. Die

Fähigkeit, aus verschiedenen Datenpunkten eine (naive) Theorie über die Wirkungsweisen zu entwickeln, die verschiedenen Phänomenen zugrunde liegen, kann man als Teilbereich des induktiven Schließens bezeichnen. Aus mehreren Einzelbeobachtungen wird also eine Theorie konstruiert, welche den beobachteten Datenmustern gerecht wird. Um Vermutungen über konkrete Zusammenhänge oder Funktionsweisen aus dieser Theorie abzuleiten, also eine Hypothese zu beobachtbaren Zusammenhängen aufzustellen, bedarf es hingegen des deduktiven Schließens. Deduktives Denken ist nachweislich eine Eigenschaft, die sich mit dem Alter entwickelt (z.B. Markovits & Vachon, 1989). Dass jedoch, wie Inhelder und Piaget (1958) annahmen, formal korrekte deduktive Schlüsse aus hypothetischen Prämissen erst ab einem Alter von etwa 12 Jahren möglich sind, konnte durch einige Studien widerlegt werden (English, 1997; Hawkins, Pea, Glick & Scribner, 1984; Leevers & Harris, 1999).

Um die Fähigkeit des deduktiven Schließens zu untersuchen, werden in der Regel konditionale (Wenn-dann-Aussagen) oder kategoriale (alle X sind; einige X sind) Syllogismen herangezogen. Aufgrund der gegebenen Prämissen sollen Personen die entsprechenden logisch validen Schlussfolgerungen ziehen. Werden Kindern solche Aufgaben in einem spielerischen Kontext dargeboten und/oder werden sie hinreichend instruiert, sind sie schon ab einem Alter von 4 Jahren zu korrekten deduktiven Schlussfolgerungen fähig und dies auch in Kontexten, in denen sie sich nicht auf ihr Vorwissen beziehen können (Leevers & Harris, 1999; Hawkins, Pea, Glick & Scribner, 1984; Markovits & Vachon, 1989). So werden beispielsweise Wenn-dann-Aufgaben formal-logisch richtig gelöst, auch wenn sie widersprüchliche, unbekannte oder abstrakte Prämissen enthalten und keine Lösung aufgrund von Erfahrung und Vorwissen möglich ist. Hierbei spielt die Art der Instruktion eine entscheidende Rolle. Wird Kindern ein Fantasiekontext gegeben, der es ihnen erlaubt, abstrakte oder widersprüchliche Prämissen gewissermaßen auf bekannte Inhalte zu mappen (also eine Analogie herzustellen), so gelingen ihnen sogar Inferenzschlüsse auf Basis von unbekannten oder abstrakten Inhalten. Nicht nur für Kinder, sondern auch für Erwachsene gestalten sich Aussagekonstellationen, in denen keine eindeutige Antwort möglich ist (bspw.: Wenn es regnet, dann werde ich nass. Ich werde nass. Ergo?) dabei als besonders schwierig.

Interpretation von Evidenzen: Den Schluss zu ziehen, dass kein Schluss möglich ist, ist eine der schwierigsten Hürden für Kinder wie für Erwachsene beim wissenschaftlichen Denken. Diese Fähigkeit wird auch gefordert, wenn es um die Gestaltung von aussagefähigen Experimenten oder die Interpretation von präsentierter Evidenz geht. Hier galt lange Zeit die Meinung, dass Kinder zwischen eindeutiger und unbestimmter Information erst ab dem Stadium formaler Operationen unterscheiden können, also mit ca. 12 Jahren (Inhelder & Piaget, 1958). Gerade im wissenschaftlichen Kontext ist die Kompetenz, Informationen auf ihre Aussagekraft hin zu beurteilen, entscheidend. Dass es Kindern schon ab einem Alter von sechs Jahren möglich ist, zwischen einem schlüssigen und einem nicht schlüssigen Test zu unterscheiden, zeigen Befunde von Sodian, Zaitchik und Carey (1991). In einem Experiment ließen die Autoren Kinder entscheiden, welche Kiste mit Käse man aufstellen müsste um herauszufinden, ob eine Maus groß oder klein ist: Eine Kiste mit einer kleinen Tür oder eine Kiste mit einer großen Tür. Im Falle der großen Tür würde ein verschwundenes Stück Käse keinen Aufschluss darüber geben, ob die Maus klein oder groß war. Das Ergebnis wäre nicht eindeutig schlüssig. Die meisten Kinder erkannten die Notwendigkeit, eine Kiste mit kleiner Öffnung für eine eindeutige Antwort aufzustellen. In einer anderen Studie konnten Klahr und Chen (2003) zeigen, dass durch explizites Feedback und Training mit unterschiedlichen Inhalten die Leistungen 4- bis 5-jähriger Kinder, nicht-eindeutige Evidenzkonstellationen zu erkennen und entsprechende Schlüsse daraus zu ziehen über verschiedene Kontexte und langfristig über eine Zeitspanne von sieben Monaten gesteigert werden konnte.

Ähnlich wie das deduktive Schließen stellt auch das induktive Schließen einen Bereich des Denkens dar, der schon im jungen Alter ausgeprägt ist und bei entsprechenden situativen Hilfestellungen im Kontext naturwissenschaftlicher Fragestellungen eingesetzt wird (Goswami, 2009). Beispielsweise konnten wir in einer Untersuchung mit Kindern der schweizerischen Basisstufe zum Thema „Schwimmen und Sinken" zeigen, dass sich Lernmaterialien, die Kinder zum Vergleich von Eigenschaften (z.B. der Eigenschaft „Material") auffordern, positiv auf das konzeptuelle Verständnis auswirkten (Leuchter, Saalbach & Hardy, dieser Band). Wir vermuten, dass durch den Vergleich von Objekten des gleichen Materials im Sinne Gentners (z.B. Namy & Gentner, 2004) kognitiv eine strukturelle Angleichung der den Objekten zugrundeliegenden gemeinsamen Eigenschaften angeregt wurde und demzufolge die zentrale Rolle des Materials für das Schwimmen und Sinken erkannt, d.h. induktiv erschlossen wurde.

Design von Experimenten: Um selbstständig Experimente entwerfen zu können, die mehrere Variablen enthalten, muss man in der Lage sein zu erkennen, dass die gleichzeitige Manipulation mehrerer Parameter keinen eindeutigen Schluss über die Wirkungsweise einer einzelnen Variablen zulässt. Diese fortgeschrittene Kompetenz wird auch als Variablenkontrollstrategie bezeichnet. In der Tat haben Kinder und Erwachsene mit der Gestaltung eines kontrollierten Experimentes Schwierigkeiten, allerdings finden sich Unterschiede dahingehend, ob die Aufgabe die *Wahl* zwischen Alternativen oder die *Produktion* von Experimenten erfordert (Bullock & Ziegler, 1999). So können Kinder ab 8 Jahren schon relativ gut zwischen konfundierten und nicht konfundierten Experimenten unterscheiden (40%), sie jedoch selbst zu produzieren gelingt selbst 17- und 21-Jährigen nur bedingt (65%).

Welche Komponenten des wissenschaftlichen Denkens können nun als anschlussfähig bezeichnet werden? Ziel einer frühen Förderung sollte es sein, bei Kindern eine Haltung gegenüber Phänomenen der Natur und Technik im Sinne einer *Scientific Literacy* zu fördern, bei welcher Phänomene der Welt produktiv nach wissenschaftlichen Begründungen und Mechanismen hinterfragt werden (siehe auch Steffensky, 2008). Dies bedeutet, dass Kinder Wissenschaft verstehen sollten als eine Disziplin, die „den Dingen auf den Grund geht" und zielgerichtet bzw. theoriegeleitet und evidenzbasiert funktioniert. Sinnvoller als die Konfrontation von Kindern mit bereits „vorgedachten" experimentellen Situationen ist also eine Entwicklung der dem Experimentieren zugrunde liegenden Prozesse, ohne die eine Interpretation von Daten nicht zustande kommen kann. Dabei kann beispielsweise auch schon mit Kindern im Vorschulalter überlegt werden, welche Bedingungen und Vergleiche für die Erforschung eines bestimmten Phänomens sinnvoll wären (beispielsweise der Vergleich von zwei Magneten hinsichtlich der Anzahl an Objekten, die angezogen werden mit dem Ziel, die Stärke des Magneten festzustellen). Auch wenn eine Variablenkontrollstrategie nicht spontan eingesetzt wird, könnte durch einen Vergleich von unterschiedlich informativen experimentellen Anordnungen (konfundiert, nicht konfundiert) ein basales Verständnis von Variablenkontrolle angelegt werden. Zudem ist es plausibel, ähnlich wie bei älteren Schülern, durch Fragetechniken im Sinne eines *geleiteten Entdeckens* den Aufbau metakognitiven Wissens über wissenschaftliche Vorgehensweisen anzulegen (Zohar & David, 2008) und somit Reflexion über Gelerntes und Möglichkeiten des Transfers auf neue Kontexte zu fördern.

Die oben beschriebenen Ergebnisse zeigen auch, dass Kinder im Bereich des deduktiven Schließens oft unterschätzt werden. Neben dem induktiven Schließen ist dieses eine zentrale Kompetenz, die bei der Ableitung von Hypothesen, dem hypothesengeleiteten Design von Experimenten und der Interpretation von Daten in Bezug auf Theorien eine Rolle spielt.

Obwohl Kinder hier gewissen Altersbeschränkungen zu unterliegen scheinen, hat sich doch gezeigt, dass sich die Leistungen der Kinder durch wiederholte Exposition, indirektes und direktes Feedback, konkrete, anschauliche und wechselnde Inhalte verbesserten. Die Möglichkeit zur Anwendung von logischen Schlüssen in unterschiedlichen naturwissenschaftlichen Kontexten, z.B. durch die Ableitung von Hypothesen oder die Überprüfung von Evidenzen in Bezug auf eine wissenschaftliche Vermutung, stellt also eine Möglichkeit dar, zentrale Aspekte des wissenschaftlichen Denkens kontextuell zu verankern. Wichtig ist dabei insbesondere, dass die Lehrperson immer wieder von den Kindern einfordert, Behauptungen zu begründen, d.h. wenn möglich, mit Evidenzen zu belegen. Auch die Form dieser Evidenz, beispielsweise als Beleg durch ein einzelnes Experiment, eine Serie von Beobachtungen oder eine Theorie, kann dabei thematisiert werden. Obwohl aus der Unterrichtsforschung bekannt ist, dass Schülerinnen und Schüler ihre Behauptungen nur selten spontan belegen (z.B. Jimenez-Aleixandre, Rodriguez & Duschl, 2000) gibt es Anzeichen, dass zumindest in der Grundschule Lehrkräfte durch entsprechende Aufforderungen zur Nutzung von Evidenz zu einer höheren Begründungsqualität im Unterrichtsgespräch beitragen können (Beinbrech, Kleickmann & Tröbst, 2009; Hardy, Kloetzer, Möller & Sodian, 2010). Als Teilkompetenz des Umgangs mit wissenschaftlicher Evidenz ist also auch das wissenschaftliche Begründen ein Aspekt des anschlussfähigen Denkens, der im Elementarbereich ein Bildungsziel darstellt.

Neben den Formen des deduktiven und induktiven Schließens sind in besonderem Maße auch diejenigen Fertigkeiten als anschlussfähig zu bezeichnen, die einer angemessenen Interpretation von Evidenz zugrunde liegen: Um Daten interpretieren zu können, müssen zunächst korrekte Beobachtungen gemacht und diese beobachteten Zustände (vergleichend) beschrieben werden. Insbesondere im Elementarbereich sollten auch diese grundlegenden Kompetenzen beim Umgang mit natürlichen Phänomenen unterstrichen und ausgebaut werden. Mittlerweile ist hinreichend bekannt, dass eine „reine" Beobachtung nicht möglich ist, sondern dass menschliche Wahrnehmung immer durch Vorannahmen und -wissen beeinflusst ist, welche wiederum die konzeptuelle Entwicklung beeinflussen (Chinn & Malhotra, 2002). Das gezielte Beobachten in wissenschaftlichen Untersuchungen kann dennoch durch gewisse Kontrollmechanismen ermöglicht werden: Beispielsweise können mehrere Kinder die Rolle des Beobachters bei der Durchführung eines Experiments einnehmen und ihre Beobachtungen entsprechend diskutieren und abgleichen. Auch der Sinn einer wiederholten Durchführung von Untersuchungsanlagen und einer genauen Dokumentation von Ergebnissen kann im Zuge dieser Fokussierung der Forschungsaktivitäten auf „Beobachten" entstehen. Beim Verbalisieren von Beobachtungen werden selbstverständlich nicht nur genaue, übereinstimmende Beobachtungen und ggfs. Datendokumentationen gefordert, es zeigt sich auch die Überschneidung von Lernzielen im naturwissenschaftlichen und sprachlichen Bereich besonders deutlich.

Fazit

Insgesamt sollte deutlich geworden sein, dass sich Bereiche des anschlussfähigen Wissens und Denkens in den Naturwissenschaften in einer Vielzahl von Kontexten aus der Lebenswelt von Kindern aufgreifen lassen. Dennoch fehlt es noch an Forschung zu den spezifischen Merkmalen von Lernumgebungen im vorschulischen Bereich, welche die Entwicklung und Anwendung der beschriebenen Komponenten des wissenschaftlichen Denkens und Wissens erfolgreich umsetzen. Insbesondere ist zur unterstützenden Rolle von Lehrpersonen im Sinne eines lerner-adäquaten Angebots von Strukturierungen innerhalb komplexer Lernumgebungen noch zu wenig bekannt; jedoch ist davon auszugehen, dass insbesondere die angemessene Begleitung von Lernprozessen durch die Lehrperson die konzeptuelle und metakonzeptuelle Entwicklung auf seiten der Lernenden fördert (siehe auch Appleton, 2008; Kuhn, Black, Keselmann & Kaplan, 2000; Siraj-Blatchford & Manni, 2008).

Literatur

Appleton, K. (2008). Elementary Science Teaching. In S. K. Abell & N. G. Lederman (Eds.), *Handbook of Research on Science Education* (pp. 493-535). New York: Routledge.

Bayerisches Staatsministerium für Arbeit und Sozialordnung, Familie und Frauen (2007). *Der Bayerische Bildungs- und Erziehungsplan für Kinder in Tageseinrichtungen bis zur Einschulung*. Berlin: Cornelsen

Beinbrech, C., Kleickmann, T. & Tröbst, S. (2009). Wissenschaftliches Begründen von Schülerinnen und Schülern und die Rolle der Lehrkraft. *Zeitschrift für Grundschulforschung, 2* (2), 139-155.

Benson, D., Wittrock, M. & Baur, M. (1993). Students' preconceptions of the nature of gases. *Journal of Research in Science Teaching, 30* (6), 587-597.

Bullock, M. & Ziegler, A. (1999). Scientific Reasoning: Developmental and individual differences. In F. E. Weinert, & W. Schneider (Eds.), *Individual development from 3 to 12. Findings from the Munich longitudinal study* (pp. 38-60). Cambridge: Cambridge University Press.
Bybee, R. (1997). Towards an understanding of scientific literacy. In W. Gräber & C. Bolte (Eds.), *Scientific literacy—an international symposium* (pp. 37-68). Kiel: Institut für die Pädagogik der Naturwissenschaften.
Chinn, C. A. & Malhotra, B. A. (2002). Children's responses to anomalous scientific data: How is conceptional change impeded? *Journal of Educational Psychology*, 94 (2), 327-343.
Dickinson, D. (1987). The development of a concept of material kind, *Science Education*, 71 (4), 615-628.
diSessa, A. (2006). A history of conceptual change research. In K. Sawyer (Ed.), *The Cambridge Handbook of the Learning Sciences* (pp. 265-281). Cambridge: Cambridge University Press.
Duit, R. (1999). Conceptual change approaches in science education. In W. Schnotz, S. Vosniadou, M. Carretero (Eds.), *New perspectives on conceptual change* (pp. 263-282). New York: Pergamon.
Duit, R., Häußler, P. & Prenzel, M (2001). Schulleistungen im Bereich der naturwissenschaftlichen Bildung. In F. Weinert (Hrsg.), *Leistungsmessungen in Schulen* (S. 169-186). Weinheim: Beltz.
English, L. D. (1997). Interventions in Children's Deductive Reasoning with Indeterminate Problems. *Contemporary Educational Psychology*, 22, 338-362.
Gelman, S. A. & Kalish, C. W. (2006). Conceptual development. In D. Kuhn & R. S. Siegler (Eds.), *Handbook of child psychology* (Vol. 2 cognition, perception, and language, 6th ed., pp. 687-733). Hoboken, NJ: Wiley.
Gesellschaft für Didaktik des Sachunterrichts (2002). *Perspektivrahmen Sachunterricht*. Bad Heilbrunn: Klinkhardt.
Goswami, U. (2009). *Blackwell handbook of childhood cognitive development* (Reprinted). Malden, Mass.: Blackwell.
Hammann, M. (2004). Kompetenzentwicklungsmodelle. Merkmale und ihre Bedeutung – dargestellt anhand von Kompetenzen beim Experimentieren. *MNU*, 57 (4), 196-203.
Hardy, I., Jonen, A., Möller, K. & Stern, E. (2006). Effects of Instructional Support Within Constructivist Learning Environments for Elementary School Students' Understanding of „Floating and Sinking." *Journal of Educational Psychology*, 98 (2), 307-326.
Hardy, I., Kloetzer, B., Möller, K. & Sodian, B. (2010). The Analysis of Classroom Discourse: Elementary School Science Curricula Advancing Scientific Reasoning. *Educational Assessment*, 15, 197-221.
Hawkins, J., Pea, R. D., Glick, J. & Scribner, S. (1984). Merds That Laugh Don't Like Mushrooms: Evidence for Deductive Reasoning by Preschoolers. *Developmental Psychology*, 20 (4), 584-594.
Inhelder, B. & Piaget, J. (1958). *The growth of logical thinking from childhood to adolescence.* New York: Basic Books.
Jimenez-Aleixandre, M. P., Rodriguez, A. B. & Duschl, R. A. (2000). „Doing the Lesson" or „Doing Science": Argument in High School Genetics. *Science Education*, 84, 757-792.

Jonen, A. et al. (2003). *Luft ist nicht nichts: Arbeitsmaterial zu den Klassenkisten.* Unveröffentlichtes Manuskript.

Klahr, D., & Chen, Z. (2003). Overcoming the Positive-Capture Strategy in Young Children: Learning About Indeterminicy. *Child Development, 74* (5), 1256-1277.

Kleickmann, T., Hardy, I., Möller, K., Pollmeier, J. & Tröbst, S. (eingereicht). Die Modellierung naturwissenschaftliche Kompetenz im Grundschulalter: Theoretische Konzeption und Testkonstruktion. *Zeitschrift für Didaktik der Naturwissenschaften.*

Koerber, S., Sodian, B., Thoermer, C. & Nett, U. (2005). Scientific reasoning in young children: Preschoolers' ability to evaluate covariation evidence. *Swiss Journal of Psychology, 64* (3), 141-152.

Kuhn, D., Black, J., Keselman, A. & Kaplan, D. (2000). The development of cognitive skills to support inquiry learning. *Cognition and Instruction, 18* (4), 495-523.

Leevers, H. J. & Harris, P. L. (1999). Persisting Effects of Instruction on Young Children's Syllogistic Reasoning with Incongruent and Abstract Premises. *Thinking & Reasoning, 5* (2), 145-173.

Markovits, H. & Vachon, R. (1989). Reasoning with Contrary-to-Fact Propositions. *Journal of Experimental Child Psychology, 47*, 398-412.

Möller, K. (1999). Konstruktivistisch orientierte Lehr-Lernprozessforschung im naturwissenschaftlich-technischen Bereich des Sachunterrichts. In W. Köhnlein (Hrsg.), *Vielperspektivisches Denken im Sachunterricht* (S. 125-191). Bad Heilbrunn: Klinkhardt.

Namy, L. L. & Gentner, D. (2002). Making a silk purse out of tow sow's ears: Young children's use of comparison in category learning. *Journal of Experimental Psychology: General, 131*, 5-15.

National Science Education Standards. (1996). *National Research Council, National Committee on Science Education Standards and Assessment.* Washington, DC.

Nakhleh, M. B. & Samarapungavan, A (1999). Elementary school children's beliefs about matter. *Journal of Research in Science Teaching, 36* (7), 777-805

Neumann, K., Kauertz, A., Lau, A., Notarp, H. & Fischer, H. E. (2007). Die Modellierung physikalischer Kompetenz und ihrer Entwicklung. *Zeitschrift für Didaktik der Naturwissenschaften, 13*, 125-143.

Prenzel, M., Artelt, C., Baumert, J., Blum, W., Hammann, M., Klieme, E. & Pekrun, R. (2007). *PISA 2006 in Deutschland – Die Ergebnisse der dritten internationalen Vergleichsstudie.* Münster: Waxmann.

Singer, J., Kohn, A. & Resnick, L. (1997). Knowing about proportions in different contexts. In T. Nunes & P. Bryant (Eds.), *Learning and teaching mathematics: An international perspective* (pp. 115-132). East Sussex: Psychology Press.

Sodian, B. (2006). Wissenschaftliches Denken. In D. H. Rost (Hrsg.), *Handwörterbuch Pädagogische Psychologie.* (3. überarb. und erw. Aufl., S. 789-794). Weinheim: Beltz PVU.

Sodian, B., Koerber, S. & Thoermer, C. (2006). Zur Entwicklung des naturwissenschaftlichen Denkens im Vor- und Grundschulalter. In P. Nentwig & S.

Schanze (Hrsg.). *Es ist nie zu früh. Naturwissenschaftliche Bildung in jungen Jahren* (S. 11-20). Münster: Waxmann.

Sodian, B., Zaitchik, D. & Carey, Vorname. (1991). Young Children's Differentiation of Hypothetical Beliefs from Evidence. *Child Development, 62*, 753-766.

Steffensky, M. (2008). Einen naturwissenschaftlichen Blick entwickeln: Naturwissenschaftliches Lernen im Kindergarten. In F. Hellmich & H. Köster (Hrsg.), *Vorschulische Bildungsprozesse in Mathematik und Naturwissenschaften* (S. 179-194). Bad Heilbrunn: Klinkhardt.

Stern, E. & Möller, K. (2004). Der Erwerb anschlussfähigen Wissens als Ziel des Grundschulunterrichtes. *Zeitschrift für Erziehungswissenschaft, 7*, Beiheft 3, 25-36.

Tytler, R. (1998). The nature of students' informal science conceptions. *International Journal of Science Education, 20* (8), 901-927.

Vosniadou, S. (2007). Conceptual Change and Education *Human Development, 50*, 47-54.

Vosniadou, S., Baltas, A. & Vamvakoussi, X. (2007). *Re-Framing the Conceptual Change Approach in Learning and Instruction.* (Advances in Learning and Instruction Series). Ort: Elsevier Press.

Vosniadou, S., Ioannides, C., Dimitrakopoulou, A. & Papademetriou, E. (2001). Designing learning environments to promote conceptual change in science. *Learning and Instruction, 15*, 317-419.

Wandersee, J., Mintzes, J. & Novak, J. (1994). Research on alternative conceptions in science. In D. Gabel (Ed.), *Handbook of Research on Science Teaching and Learning* (pp. 177-210). New York: Macmillan Publishing Company.

Weinert, F. (2001). Vergleichende Leistungsmessung in Schulen – eine umstrittene Selbstverständlichkeit. In F. Weinert (Hrsg.), *Leistungsmessungen in Schulen* (S. 17-31). Weinheim: Beltz.

Zimmermann, C. (2007). The development of scientific thinking skills in elementary and middle school. *Developmental Review, 27*, 172-223.

Zohar, A. & David, A. B. (2008). Explicit teaching of meta-strategic knowledge in authentic classroom situations. *Metacognition Learning, 3*, 59-82.

Miriam Leuchter, Henrik Saalbach, Ilonca Hardy
Förderung naturwissenschaftlichen Verständnisses von Kindern in der Schuleingangsstufe
Empirische Forschung zur Qualität des (naturwissenschaftlichen) Lernens und Lehrens in der Schuleingangsstufe

Es ist unbestritten, dass bei Planung und Durchführung von Unterricht in der Schuleingangsstufe die entwicklungspsychologischen Besonderheiten des Lernens junger Kinder berücksichtigt werden müssen, wobei Ergebnissen der empirischen Lehr- und Lernforschung sowie der Entwicklungspsychologie eine entscheidende Rolle zukommt. So hat die Forschung etwa für den naturwissenschaftlichen Bereich gezeigt, dass Kinder über umfangreiches intuitives Vorwissen verfügen, welches sie relativ konsistent für Erklärungen von naturwissenschaftlichen Phänomenen heranziehen (Carey, 1985; Sodian & Bullock, 2008). Diese naiven Vorstellungen basieren häufig auf Annahmen, die mit wissenschaftlichen Theorien unvereinbar sind (Vosniadou, 2007). Im weiteren Verlauf des Wissenserwerbs werden diese nicht belastbaren (d.h. durch Gegenbeispiele widerlegbaren) Vorstellungen restrukturiert und den wissenschaftlichen Theorien zunehmend angepasst. Bei der Umstrukturierung können verschiedene mentale Vorstellungen unterschieden werden, die beispielsweise Teile von naiven und wissenschaftlichen Vorstellungen kombinieren, wobei der Prozess der Restrukturierung naiver Vorstellungen insgesamt als Konzeptwandel bezeichnet wird (für einen Überblick siehe Vosniadou, 2007)

Soll Konzeptwandel unterstützt werden, sollten die Lehrpersonen in ihrem Unterricht das Vorwissen der Kinder einbeziehen, so dass die Möglichkeit gegeben wird, individuelle Vorstellungen zu überprüfen und ggfs. überzeugend zu widerlegen (vgl. auch Posner, Strike, Hewson & Gertzog, 1982; Hardy, Jonen, Möller & Stern, 2006). Die Unterrichtsqualitätsforschung hat gezeigt, dass Unterrichtsstrategien, die konzeptuellen Wandel einbeziehen, traditionellem Unterricht überlegen sind (Duit & Treagust, 2003). Insbesondere jüngere Kinder profitieren von einer aktiven Auseinandersetzung mit altersadäquaten Aufgaben unter Verwendung von attraktivem Material, welches die kognitive Umstrukturierung beim naturwissenschaftlichen Lernen unterstützt (Appleton, 2008). Bezogen auf den Unterricht der Schuleingangsstufe haben Studien jedoch auch gezeigt, dass den Kindern praktische Erfahrungen mit Material alleine nicht ausreichen, um Wissen aufzubauen bzw. zu restrukturieren (Butts, Hofman & Anderson, 1993; Mayer, 2004), sondern dass Interaktions- und Prozessqualität zentrale Bedingungen eines gelingenden Unterrichts sind. Hohe Qualität im Unterricht der Schuleingangsstufe kann insbesondere durch kognitive Strukturierung im Sinne von Aufgabenanforderungen, kognitiv aktivierenden Interaktionen zwischen Erwachsenen und Kindern bzw. Kindern untereinander erreicht werden (Möller, Jonen, Hardy & Stern, 2002; Strehmel, 2008).

Es ist jedoch zu vermuten, dass ein lernförderliches Zusammenspiel zwischen adäquaten naturwissenschaftlichen Materialien und anregender Interaktion zwischen Lehrperson und Kind nicht oder zu selten bewusst genutzt wird, um Konzeptwandel in der Schuleingangsstufe zu unterstützen. Im angelsächsischen Raum haben Studien bezogen auf den naturwissenschaftlichen Unterricht der Unterstufe gezeigt, dass Lehrpersonen Aufgaben und Materialien eher nach oberflächlichen Kriterien wählen: So werden insbesondere Materialien eingesetzt, die „funktionale Aktivitäten" (activities that work) erlauben, welche die Kinder attraktiv finden, im Unterricht einfach einzusetzen sind und die Lehrkraft selber nicht überfordern (Appleton, 2006). Siraj-Blatchford und Manni (2008) konnten zudem zeigen, dass auch in der Qualität der Interaktionen zwischen Kindergartenlehrpersonen und Kindern Entwicklungsbedarf besteht: Von den ca. 6000 an die Kinder gerichteten Fragen der Lehrpersonen aus 400 videobasiert analysierten Unterrichtsstunden waren nur 5.5% offene, also kognitiv aktivierende Fragen. Der Rest bestand aus geschlossenen Fragen, die mit ja oder nein beantwortet werden konnten. Wenngleich diese Ergebnisse nicht auf schweizerischen Daten beruhen, muss davon ausgegangen werden, dass auch hier Veränderungen notwendig sind – auch wenn in den Kindergärten der Schweiz schon länger ein Bildungsauftrag umgesetzt wird (darauf weisen u.a. die Entwicklungen hin, die 1997 in einem Kindergartenlehrplan mündeten, vgl. Brunner-Müller, Lacher-Roth, Schöni-Lanker & Sörensen Criblez, 1997).

Obwohl seit einigen Jahren für eine stärkere Umsetzung naturwissenschaftlichen Unterrichts für junge Kinder geworben wird und Unterrichtsideen zunehmende Verbreitung finden (Siraj-Blatchford & MacLeod-Brudenell, 1999; Lück, Hausherr & Sörensen Criblez, 2004), existieren kaum empirische Untersuchungen zur Qualität naturwissenschaftlichen Unterrichts in der Schuleingangsstufe. Bisher konnte zwar gezeigt werden, dass die Hinführung zu naturwissenschaftlichen Themen durchaus auf großes

Interesse bei jungen Kindern stößt (Lück, 2004). Es besteht jedoch ein Nachholbedarf an Forschung auf verschiedenen Ebenen: den zugrunde liegenden Mechanismen naturwissenschaftlichen Lernzuwachs von jungen Kindern und den darauf aufbauenden strukturierten Lernumgebungen sowie deren Implementation, pädagogische Begleitung und Evaluation. Eine vielversprechende Möglichkeit, diese Ebenen in einem Forschungsprojekt zu verknüpfen, bieten sogenannte Design-Studien (Reusser, 2008).

Ein design-basiertes Forschungsprojekt mit experimentellem Ausgangspunkt zum Verständnis vom „Schwimmen und Sinken"

Design-basierte Implementationsforschung kann ein erfolgreiches Konzept sein, um Unterricht nachhaltig und wirksam weiterzuentwickeln (Design-Based Research Collective, 2003). Dabei werden Designexperimente häufig mit dem Ziel der Optimierung einer bereits erprobten Lernumgebung in einer bzw. wenigen ausgewählten Klassen durchgeführt, indem einzelne Komponenten des Ansatzes schrittweise evaluiert und adaptiert werden. Gerade die Untersuchung einzelner Klassen ohne entsprechende Vergleichsgruppen wird jedoch auch als Hindernis für die Verallgemeinerung und Wiederholbarkeit von Ergebnissen gesehen (Winn, 2003; Barab & Squire, 2004). Bezweifelt werden vor allem die Objektivität von Beobachtungen, die Übertragbarkeit von Schlussfolgerungen auf andere Lernkontexte und andere Lernende sowie die Gültigkeit der gezogenen Schlussfolgerungen (Kelly, 2004). In unserer design-basierten Unterrichtsstudie bauen wir deshalb bewusst auf den Erkenntnissen einer Experimentalstudie auf, welche mit einem empirisch gestützten Ausgangspunkt gezielte Ableitung von Fragestellungen erlaubt, um gesicherte Aussagen zur Wirksamkeit des Design-Unterrichts machen zu können (Shavelson, Philipps, Towne & Feuer, 2003). Des Weiteren findet unsere Implementation nicht in einer einzelnen Klasse statt, sondern in insgesamt 15 Klassen (siehe auch Gräsel & Parchmann, 2004), um eine Generalisierbarkeit der Ergebnisse zu erhöhen. Gerade die Abfolge aus vorgeschalteter experimentell kontrollierter Forschung und anwendungsbezogener Umsetzung im Klassenunterricht sehen wir als Kennzeichen von design-basierter Forschung, welches diesen Ansatz sowohl aus theoretischer wie praktischer Sicht vielversprechend unterstützt. Entsprechend dieser Kriterien baut die vorliegende Implementationsstudie, mit der die Lernunterstützung im Unterricht zum Thema „Schwimmen und Sinken" in der Schuleingangsstufe untersucht wurde, auf grundlagenwissenschaftlichen Erkenntnissen aus einer Studie auf, in der die Anregung von konzeptueller Umstrukturierung von Kindern zwischen vier und sechs Jahren in diesem Inhaltsbereich zunächst experimentell untersucht wurde.[1]

Das Verständnis von „Schwimmen und Sinken" bei Kindern der Schuleingangsstufe

Der Erwerb eines wissenschaftlichen Verständnisses in Bezug auf die Frage, warum bestimmte Dinge schwimmen und andere untergehen, ist ein langwieriger und komplexer Prozess. Fehlkonzepte in diesem Bereich fokussieren auf einzelne hervorstechende Merkmale wie etwa Form, Gewicht oder Größe. Auch Kinder im Grundschulalter glauben häufig, dass große, schwere Baumstämme oder Holzbretter mit Löchern im Wasser versinken und kleine Eisennadeln schwimmen (vgl. Möller et al., 2002). Wissenschaftliche Konzepte hingegen beziehen kausale und physikalische Mechanismen ein, so dass Schwimmen und Sinken über die Dichte oder den Vergleich von Auftriebs- und Gewichtskraft erklärt werden können. Für Kinder zwischen vier und acht Jahren steht jedoch nicht der Aufbau eines wissenschaftlich korrekten Konzepts der Dichte bzw. des Auftriebs im Vordergrund. Zunächst geht es um die Überwindung von Fehlkonzepten und den Aufbau von Alltagskonzepten, d.h. vor-wissenschaftlichen Vorstellungen, welche grundlegende Konzepte zur Erklärung von Schwimmen und Sinken aufnehmen, ohne dabei die wissenschaftlichen Konzepte zu berücksichtigen. Aus Studien mit neun- bis zehnjährigen Kindern ist bekannt, dass für viele Kinder Alltagserklärungen, die das *Material* als ein zentrales Merkmal zur Vorhersage des Verhaltens von Objekten im Wasser einbeziehen, eine wichtige Etappe der kognitiven Umstrukturierung durch Unterricht sind (Hardy et al., 2006). Grundsätzlich verfügen Kindergartenkinder bereits über basales Wissen zum Material, wobei jedoch Material nicht unabhängig von Form, Funktion und Konsistenz wahrgenommen wird (Dickinson, 1987). Der Aufbau einer Materialvorstellung im Kontext von

---

1 Wir danken der Pädagogischen Hochschule Zentralschweiz (PHZ) und der Eidgenössischen Technischen Hochschule Zürich (ETHZ) für ihre Förderung und insbesondere der PHZ Schwyz für die Unterstützung und den beteiligten Studierenden für ihre Mitarbeit.

Schwimmen und Sinken wurde jedoch bisher unseres Wissens noch nicht im Kindergartenalter untersucht.

Experimentalstudie

Das Ziel unserer Experimentalstudie (Saalbach, Hardy & Leuchter, 2008) war es herauszufinden, ob und wenn ja, in welcher Weise Kinder in der Schuleingangsstufe auf die Bedeutung des Materials für das Schwimmen und Sinken von Gegenständen schließen können. Insbesondere wurde dabei untersucht, inwieweit die Kinder durch Vergleiche zwischen verschiedenen Objekten gleichen Materials im Hinblick auf deren Verhalten im Wasser dazu angeregt werden können, das Material von Gegenständen als zentral für das Schwimmen und Sinken anzusehen. Vergleichsprozesse sind von zentraler Bedeutung für naturwissenschaftliches Lernen (Chi, 2008), da sie die Grundlage für Schussfolgerungen, die Entwicklung von Begriffen und die Restrukturierung von Vorwissen bei Kindern darstellt (Namy & Gentner, 2002). Das Entdecken von gemeinsamen Mustern und Strukturen über verschiedene Einzelfälle ist ein fundamentaler Prozess der Theorienbildung und spielt insbesondere in konstruktivistischen Lernumgebungen (z.B. beim entdeckenden Lernen oder forschungsbasierten Lernen) eine zentrale Rolle.

Forschungsfrage
Können schon Vorschulkinder auf die Bedeutung des Materials für das Schwimmen und Sinken von Gegenständen schließen, wenn sie zu Vergleichsprozessen angeregt werden und kann die Verwendung der Materialnamen Vergleichsprozesse zusätzlich unterstützen?

Stichprobe und Design
Für die Experimentalstudie wurden im September und Oktober 2007 in Einzelsitzungen 99 Kindergartenkinder aus 10 freiwillig gemeldeten Klassen der Kantone Schwyz und Uri im Alter zwischen vier und sechs Jahren mit je zwölf Objektsets befragt. Bedingung war, dass „Schwimmen und Sinken" im Kindergarten bisher noch nicht behandelt worden war. Jedes Objektset bestand aus ein oder zwei Beispielobjekten (oben) und aus vier Auswahlobjekten (unten) (vgl. Abbildung 1). Eines der Auswahlobjekte bestand aus dem gleichen Material wie die Beispielobjekte. Die restlichen Auswahlobjekte stellten Störobjekte (Distraktoren) dar, deren Auswahl sich

nach den typischen Fehlkonzepten bzgl. des Schwimmen und Sinkens von Gegenständen richtete (z.B. identische Form, extremes Gewicht oder Größe). Die eine Hälfte der Beispielobjekte bestand aus schwimmenden (Holz, Wachs, Styropor), die andere aus sinkenden Materialien (Metall, Plastik, Ton). In der Baseline wurden allen Kindern insgesamt sechs Objektsets mit je einem Beispielobjekt präsentiert, ohne dass das Material des Beispielobjekts benannt wurde. Dem Kind wurde die Beobachtung ermöglicht, ob das Beispielobjekt im Wasser schwimmt oder sinkt, dann suchte es aus der unteren Reihe dasjenige Objekt aus, das ebenfalls im Wasser schwimmt/sinkt (nur eines war richtig). Die Instruktion lautete: „Guck mal, das hier schwimmt/sinkt im Wasser. Welches von denen schwimmt/sinkt denn auch, so wie das hier?". Die experimentelle Variation folgte einem 2x3-Design, bei dem jeweils ein Sechstel der Kinder zufällig einer experimentellen Variation zugeordnet wurden. Den Kindern wurden ein oder zwei Beispielobjekte gezeigt, und zusätzlich wurde die Nennung des Materialnamens so variiert, das a) keine Nennung des Materialnamens angeboten wurde, b) der tatsächliche Materialname genannt wurde oder c) ein Phantasiematerialname genannt wurde. Die korrekte Antwort bestand darin, das Objekt aus dem gleichen Material wie die Beispielobjekte zu wählen.

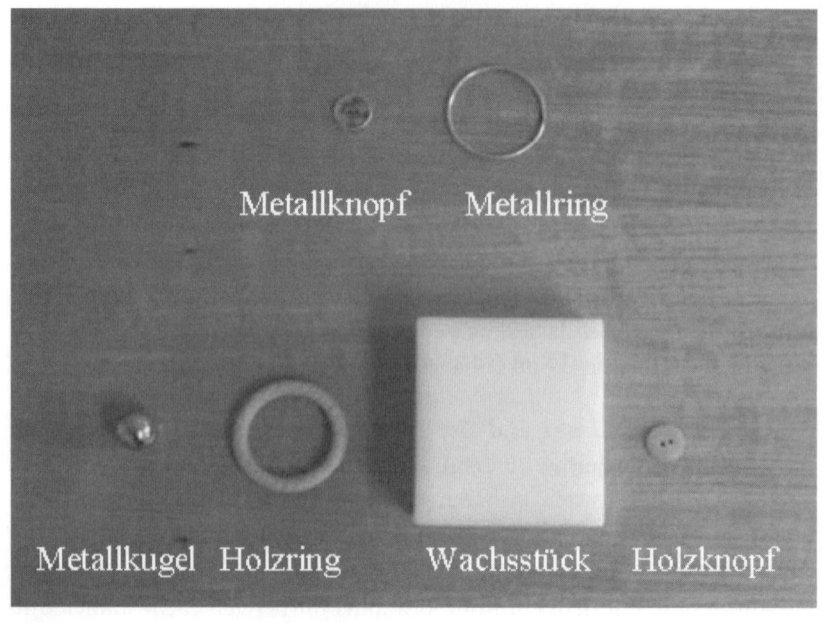

Abbildung 1: Beispiel eines Objektsets

Ergebnisse

Es zeigte sich, dass vier- bis sechsjährige Kinder durch Anregung von Vergleichsprozessen mit der Darbietung von zwei Beispielobjekten aus dem gleichen Material deutlich häufiger auf die Bedeutung des Materials für das Schwimmen und Sinken von Gegenständen schließen konnten als ohne eine Anregung von Vergleichsprozessen (Darbietung von einem Beispielobjekt). Dies widerspiegelte sich sowohl in der deutlichen Zunahme der Auswahl des Objektes aus dem gleichen Material (F (1, 93) = 7.79, p < .01, h_p^2 = .077) als auch in einer vermehrten Nennung des Materials bei den Auswahlbegründungen (F (1, 93) = 5.74, p < .05, h_p^2 = .058). Die Nennung von (tatsächlichen oder Phantasie-)Materialnamen bei der Darbietung mehrerer Beispielobjekte führte darüber hinaus nur zu einer statistisch unbedeutsamen zusätzlichen Anregung von Vergleichsprozessen, dies möglicherweise aufgrund der kleinen Stichprobe pro Bedingung. Jedoch zeigten sich in einem im Anschluss durchgeführten Nachtest mit anderen Objekten keine Unterschiede zwischen den experimentellen Variationen und der Kontrollbedingung (ein Beispielobjekt, keine Benennung). Offenbar reicht eine solche Kurzintervention nicht aus, um eine stabile konzeptuelle Veränderung herbeizuführen.

Schlussfolgerungen

Diese Ergebnisse legen den Schluss nahe, dass die Ausbildung des Materialkonzepts im Kontext von „Schwimmen und Sinken" bei jungen Kindern gezielt gefördert werden kann. Für die Gestaltung einer Lernumgebung in diesem Bereich in der Schuleingangsstufe kann gefolgert werden, dass Vergleichsprozesse angeregt werden insbesondere durch die Darbietung verschiedener Objekte aus gleichen Materialien und wahrscheinlich auch durch die verbale Bezeichnung der Materialien verschiedener Objekte. Sofern eine solche Lernumgebung als längerfristige Intervention Anwendung findet, vermuten wir, dass sie einen nachhaltigen Konzeptwandel im Bereich „Schwimmen und Sinken" anregen sollte.

Implementationstudie

Die auf der Experimentalstudie aufbauende Implementationsstudie soll Anstöße zur Weiterentwicklung des Unterrichts geben. Kernstück ist ein Unterrichtsdesign, mit dem ein Konzeptwandel im Bereich „Schwimmen und Sinken" bei Kindern zwischen vier und acht Jahren angeregt werden soll, wobei das Unterrichtsziel im engeren Sinn darin besteht, den Aufbau eines Materialkonzeptes im Hinblick auf „Schwimmen und Sinken" zu unterstützen. Um dieses Lernziel zu erreichen, wurde mit der Hilfe von Fachdidaktikern der PHZ[2] eine strukturierte und problembasierte Lernumgebung entworfen, welche ein vierwöchiges handlungsorientiertes, experimentelles Unterrichten ermöglicht, bei dem der Verständnisprozess der Schülerinnen und Schüler im Vordergrund steht. Die Lernumgebung beinhaltet Material sowie Arbeitsblätter, die einerseits im Stuhlkreis eingeführt werden, andererseits von den Kindern selbstständig in Kleingruppen und begleitet von der Lehrpersonen weitergeführt werden können.

Die Lernumgebung wurde in zwei Wellen (Schuljahr 07/08 und 08/09) in Kindergärten und Unterstufen der Innerschweiz erprobt. Der Lernzuwachs der Kinder wurde mit Prä- und Posttests erfasst, indem sie nach der Eigenschaft des Materials bezüglich Schwimmen und Sinken und nach einer Begründung gefragt wurden. Der Vergleich mit einer Kontrollgruppe, die nur die Prä- und Posttestung, aber keine Intervention durchliefen, erlaubt die Einschätzung der Wirksamkeit der Lernumgebung.

Forschungsfrage

Im Rahmen des vorliegenden Artikels wird der Frage nachgegangen, inwieweit die von uns entwickelte Lernumgebung den Aufbau eines Materialkonzepts bei vier- bis achtjährigen Kindern unterstützt. Die hier berichteten ersten Erkenntnisse beziehen nur die Stichprobe der ersten Erhebungswelle (Schuljahr 08/09) ein; diese sollen in späteren Studien vertieft untersucht und mit weiteren Fragestellungen verknüpft werden.

Stichprobe und Design

Die erste Welle der Implementationsstudie wurde zwischen März und Mai 2008 in sieben Kindergarten-Klassen und acht ersten und zweiten Klassen (Unterstufe) in den Kantonen Schwyz und Uri durchgeführt. Insgesamt waren 264 Kinder an der Studie beteiligt. Die Klassen hatten mindestens 10, maximal 25 Kinder, der Mittelwert der Klassengröße betrug 17.5. Des Weiteren wurden 13 Kindergartenkinder und 10 Unterstufenkinder als Kontrollgruppe mit Prä- und Posttest, jedoch ohne Implementation untersucht.

---

2 An dieser Stelle danken wir den Ruth Amrein, Jürg Barth, Kurt Hess, Marianne Hofer, Josy Jurt, René Schär und Karin Zehnder (Fachdidaktikdozierende an der PHZ) für ihre Mithilfe beim Design der Aufgaben sowie den beteiligten Lehrpersonen für ihre Mitarbeit.

Mit der Lernumgebung wurde den Lehrpersonen ein gut strukturiertes Lernangebot mit insgesamt vier Stationen und einem Wasserbottich bereitgestellt, welches sukzessive während vier Wochen in einer Mischung aus Stuhlkreis und Plenum sowie Partnerarbeit und Gruppenarbeit eingesetzt werden konnte. Die Lehrpersonen erhielten eine einstündige Einführung in die Handhabung der Lernumgebung sowie in die Möglichkeiten, die Kinder zum Beobachten, Vergleichen und Hypothesen generieren anzuregen. Fortgeschrittene Studierende führten jeweils das neue Material im Stuhlkreis ein, begleiteten danach zwei Kinder an einer Station im offenen Unterricht und reflektierten mit der Kindergruppe nach einer Woche die von der Lehrperson im offenen Unterricht weiter begleitete Arbeit an den Stationen. Um den Unterricht zu standardisieren, wurden von der Projektleitung detaillierte Unterrichtspräparationen zur Verfügung gestellt und im Sinne eines Manipulation Check (pro Klasse 12 Stunden) videographiert.

Im Zentrum der Lernstationen der ersten beiden Wochen stand die gezielte Variation der Dimensionen Volumen und Gewicht. Da die Zentrierung auf Volumen bzw. Form und Masse die am häufigsten auftretenden Fehlvorstellungen zum Schwimmen und Sinken bei Kindern sind, wurde in den ersten beiden Wochen gezielt versucht, diese Vorstellungen durch geeignete empirische Vergleiche zu widerlegen. Unser Materialangebot baute dabei auf den Erkenntnissen der Experimentalstudie zur Wirksamkeit

Woche 1 Ringe

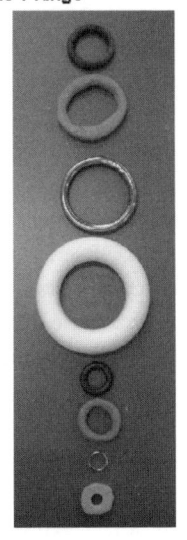

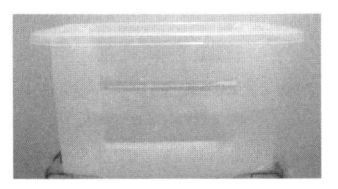

Abbildung 2: Beispiel eines Arbeitsblattes Woche 1

von Vergleichen von Gegenständen aus dem gleichen Material auf. Dazu standen den Lehrpersonen in der ersten Woche Paare von Ringen, Löffeln und Stäben aus dem gleichen Material (Ton, Holz, Styropor oder Metall), aber unterschiedlicher Größe sowie dazu passende Arbeitsblätter für die Kinder (vgl. Abbildung 2) zur Verfügung. Auf den Arbeitsblättern konnten die Kinder ihre Hypothesen und Ergebnisse auf einfache Weise festhalten, indem sie die schwimmenden und sinkenden Materialien mit dem Bottich für schwimmende Dinge oder dem für sinkende Dinge verbanden.

In der zweiten Woche stellten die Lehrpersonen den Kindern zwei schwimmende und zwei sinkende Materialsets sowie dazu gehörende Arbeitsblätter zur Verfügung, die ähnlich wie in der Experimentalstudie (vgl. Abbildung 1) gestaltet waren. Mit den Materialien der ersten beiden Wochen wurde also insgesamt das Unterrichtsziel verfolgt, Fehlkonzepte abzubauen und die Erkenntnis aufzubauen, dass sich Vollkörper aus dem gleichen Material gleich verhalten, unabhängig von Form, Masse und Volumen.

In der dritten Woche standen den Lehrpersonen unterschiedliche Materialien mit je einem Loch und Schnüre zur Verfügung, mit dem sie die Kinder dazu anregen konnten, Materialketten zu fertigen und so ein schwimmendes Material zum Sinken zu bringen oder ein sinkendes Material zum Schwimmen. Die Ergebnisse sollten von den Kindern selbstständig festgehalten werden. Darüber hinaus konnten die Kinder ein Experiment durchführen mit dem Ziel zu beobachten, wie viel Sand und Luft in einem schwimmenden Glas enthalten sein muss, um es zum Sinken zu bringen. Hier sollte die Erkenntnis aufgebaut werden, dass sich Vollkörper aus dem gleichen Material im Wasser gleich verhalten, dass sich jedoch durch Kombination mit anderen Materialien ihr Schwimmverhalten ändern kann.

In der vierten Woche wurden den Kindern einerseits kugelförmige Knetmasse und andererseits eine sinkende Metallplatte präsentiert. Anhand einer Bügelwaage wurde zudem gezeigt, dass ein schwimmendes Metallboot genau gleich viel wie die sinkende Metallplatte wiegt. Nun wurde den Kindern die Aufgabe gestellt, die Knetkugel so zu verformen, dass auch sie schwimmen kann. Dabei wird implizit die Luft als Material einbezogen. Wenn nämlich die sinkende Knetmasse so geformt wird, dass sie genug schwimmende Luft umschließt, wird die Knetmasse nicht mehr sinken. Diese Erkenntnis wird durch die Arbeit in der Woche 3 (Materialketten und Sand-Luft-Glas) vorbereitet. Die Kinder konnten ihre Erkenntnisse dabei frei festhalten. Ziel der vierten Woche war es, zur Erkenntnis zu gelangen, dass Vollkörper aus dem gleichen Material sich im Wasser grundsätzlich gleich verhalten, dass sie jedoch durch Veränderung der Form (d.h. durch Formen von Hohlkörpern, die Luft einschließen) ihr Schwimmverhalten ändern können.

Im identischen Prä- und Posttest wurden den Kindern in ca. zehn Minuten dauernden Einzelsitzungen unterschiedliche Alltagsgegenstände präsentiert, z.B. ein Holzbrett mit Löchern und ein großer, natürlicher Holzblock, ein Metallwürfel und eine Metallnadel sowie eine Kerze, ein Plastikmesser und eine Styroporplatte. Die Kinder wurden gebeten, das Schwimmverhalten der Gegenstände vorherzusagen und eine Begründung für ihre Vermutung zu geben. Die Antworten der Kinder wurden von den Testleitenden auf standardisierten Protokollbögen festgehalten.

Erste Ergebnisse

Unterstützt die von uns entwickelte Lernumgebung den konzeptuellen Wandel im Sinne des Aufbaus eines differenzierten Materialkonzepts? Um den Lernzuwachs der Kinder bei der Bezeichnung der Eigenschaften der Materialien (schwimmend/sinkend) und den Materialerklärungen für das Schwimmen und Sinken von Alltagsgegenständen zu ermitteln, wurden Prä- und Posttest miteinander mittels inferenzstatistischer Verfahren unter

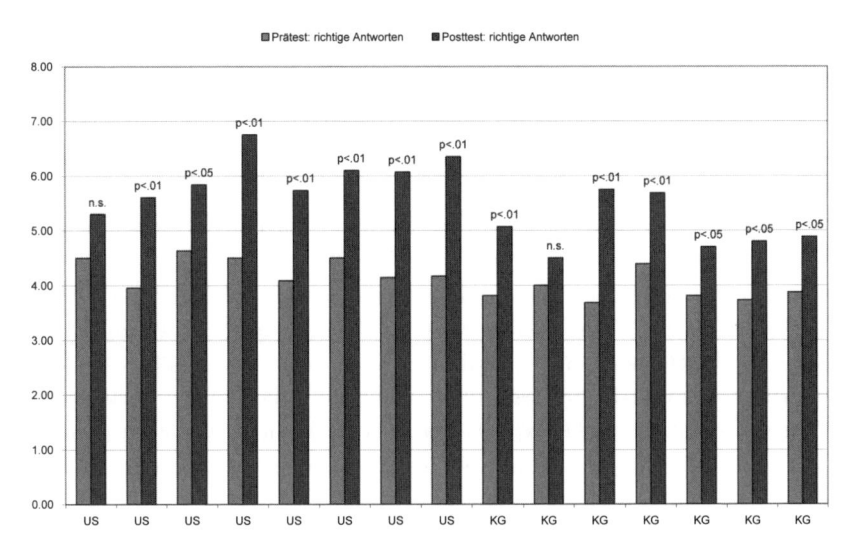

Abbildung 3: Prä- und Posttest Material schwimmen und sinken zuordnen pro Klasse

Einbezug der Faktoren Stufe und Klasse verglichen (Varianzanalysen bzw. T-Tests).

Zunächst konnte festgestellt werden, dass es bezüglich der Zuordnung des Materials zu Schwimmen und Sinken einen Vorwissensunterschied gab zwischen Kindergarten- und Unterstufenkindern (F (1, 251) = 11.23, p <.01, h_P^2 = .043). Darüber hinaus gaben Unterstufenkinder unabhängig von der Implementation mehr Materialbegründungen an als Kindergartenkinder (F (1, 243) = 14.68 p < .01, h_P^2 = .057).

Wichtiger ist jedoch, dass es in insgesamt 13 von 15 Klassen einen signifikanten Lernzuwachs gab bezüglich der Zuordnung des Materials zu Schwimmen und Sinken (vgl. Abbildung 3). Im Durchschnitt verbesserten die Kindergartenkinder sich vom Prä- zum Posttest um 1.15 Punkte bei 8 möglichen Punkten. Bei den Unterstufenkindern lag die Verbesserung bei durchschnittlich 1.66 Punkten. Ein signifikanter Lernzuwachs bestätigte sich auch in der über alle Gruppen gerechneten Varianzanalyse (F (1, 251) = 73.30, p < .01, h_P^2 = .226). Darüber hinaus gab es einen marginal signifikanten Interaktionseffekt zwischen Lernzuwachs und Stufe (F (1 ,251) = 3.22, p = .07, h_P^2 = .013) d.h. dass, unabhängig vom Vorwissen, Unterstufenkinder einen tendenziell größerer Lerneffekt aufwiesen. Diese Ergebnisse deuten darauf hin, dass Unterstufenkinder von der Lernumgebung offenbar mehr profitieren bzw. eher dazu in der Lage sind als Kindergartenkinder, ihre Fehlkonzepte zu revidieren.

Im Gegensatz zur Experimentalstudie zeigte sich in der Implementationsstudie auch eine Veränderung der Begründungen (siehe Abbildung 4). Sowohl Kindergarten- als auch Unterstufenkinder bezogen sich bei der Begründung ihrer Vorhersage des Schwimmverhaltens von Gegenständen im Posttest hochsignifikant häufiger auf die Materialdimension und weniger auf die Gewichtsdimension als im Prätest (F (1, 243) = 152.10, p < .01, h_P^2 = .385). Dabei ergab sich jedoch kein Unterschied zwischen den beiden Altersstufen (F (1, 243) = 2.67, p > .1, h_P^2 = .011).

Unter Einbezug der Kontrollgruppe zeigt sich, dass die Gruppe mit Intervention sowohl bei der Zuordnung des Materials zu Schwimmen und Sinken als auch bei den Begründungen einen signifikant höheren Lernzuwachs erreichte als die Gruppe ohne Intervention (F (1, 276) = 39.35, p < .01, h_P^2 = .125). Das bedeutet, dass der Lernzuwachs in der Experimentalgruppe tatsächlich auf die Implementation der strukturierten Lernumgebung zurückzuführen ist.

Die Ergebnisse der Implementationsstudie zeigen also, dass sowohl Kinder des Kindergartens als auch die der Unterstufe von der strukturierten

Förderung naturwissenschaftlichen Verständnisses von Kindern

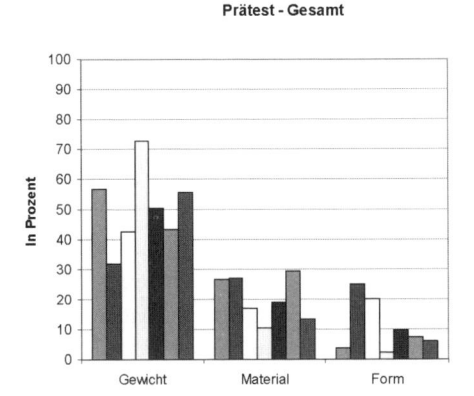

Prätest - Gesamt

Posttest - Gesamt

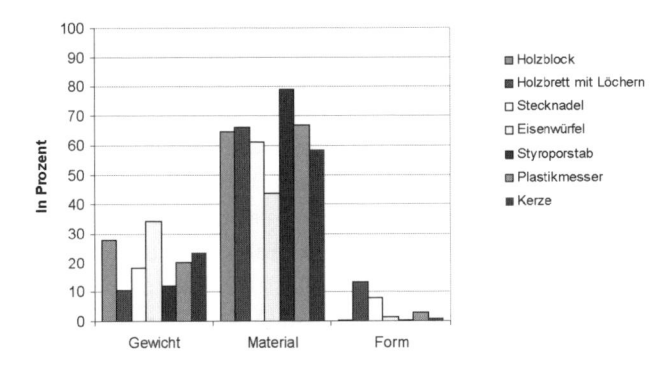

Legende: Holzblock, Holzbrett mit Löchern, Stecknadel, Eisenwürfel, Styroporstab, Plastikmesser, Kerze

Abbildung 4: Prä- und Posttest, Begründungen in Prozent

Lernumgebung in Bezug auf das Verständnis von Schwimmen und Sinken deutlich profitieren. Der Lernzuwachs zeigte sich nicht nur in der Zunahme der Anzahl korrekter Zuordnungen verschiedener Materialien zu „schwimmend" oder „sinkend", sondern auch in einer Veränderung auf explizit-argumentativer Ebene insofern, als die Kinder den Schwerpunkt der Begründungen ihrer Zuordnungen von der Gewichts- auf die Materialdimension verlagerten.

Zusammenfassung und Diskussion

Die Studie untersuchte, ob eine aufgrund experimenteller Forschung entwickelte Lernumgebung den konzeptuellen Wandel im naturwissenschaftlichen Bereich „Schwimmen und Sinken" im Sinne des Aufbaus eines differenzierten Materialkonzepts bei Kindern zwischen vier und acht Jahren anregt.

Unsere Experimentalstudie als Ausgangspunkt für die Gestaltung der Lernumgebung hat darauf aufmerksam gemacht, dass für Lernumgebungen der Schuleingangsstufe im naturwissenschaftlichen Bereich hohe Ansprüche in Bezug auf die kognitive Strukturierung von Lernangeboten gelten müssen. Diese Strukturierung kann insbesondere dadurch gewährleistet werden, dass Vergleichsprozesse der Kinder angeregt und Gelegenheit zum Aufbau eines robusten Alltagskonzepts (im Bereich „Schwimmen und Sinken" beispielsweise des Materialkonzepts) gegeben werden. Die Experimentalstudie erlaubt zudem als empirisch gestützter Ausgangspunkt, gezielte Fragestellungen zur Wirksamkeit der Implementation zu machen und gesicherte Aussagen ableiten zu können.

In der Lernumgebung der Implementationsstudie wurden über vier Wochen unterschiedliche Angebote zum Anknüpfen an das Vorwissen und für den Vergleich verschiedener Materialien in Bezug auf ihre Eigenschaften im Wasser gegeben. Die Kinder hatten Gelegenheit zu beobachten, Vergleiche anzustellen und Hypothesen zu generieren sowie diese zu falsifizieren und ihre Erkenntnisse festzuhalten. Sie konnten die Objekte der Lernumgebung ihrer Eigenschaft im Wasser zuordnen sowie bei der Begründung dieser Eigenschaft das Material angeben. Ihre Fehlkonzepte bezüglich Größe und Form nahmen signifikant ab. Es zeigte sich jedoch ein tendenzieller Effekt der (Alters-)Stufe, was darauf hindeutet, dass der Lerneffekt auch auf den kognitiven Entwicklungsstand der Kinder zurückzuführen ist. Positiv ist jedoch, dass ein signifikanter Lernzuwachs auch auf der Kindergartenstufe vorhanden war, was darauf hindeutet, dass die Lernumgebung und ihre Implementation der Altersstufe angemessen sind. Weiterführende Analysen werden zeigen, ob der Lernzuwachs auf Gruppenebene abhängig von den Besonderheiten der Lerngruppe und den Lehrpersonen, auf individueller Ebene zusätzlich zum Alter, vom sprachlichen Hintergrund oder vom Geschlecht sein könnte.

Aufgrund der kleinen Stichprobe, die in einer zweiten Erhebungswelle erweitert wird, müssen die Resultate mit Vorsicht interpretiert werden. In weiteren Studien werden mehr Klassen einbezogen, um eine bessere empirische Verankerung zu erhalten und mit weiterführenden Analysen auch hinsichtlich der Kompetenzen der Lehrpersonen reliable Daten zu erhalten. Mehrebenenanalysen werden erlauben, Schüler- und Lehrpersonendaten zueinander in Beziehung zu setzen, um so den Einfluss von Kompetenzen der Lehrpersonen auf den Lernzuwachs der Schülerinnen und Schüler zu eruieren.

Literatur

Appleton, K. (2006). Science Pedagogical Content Knowledge and Elementary School Teachers. In K. Appleton (Ed.), *Elementary science teacher education. International perspectives on contemporary issues and practice* (pp. 31-54). Mahwah: Lawrence Erlbaum.
Appleton, K. (2008). Elementary Science Teaching. In S. K. Abell & N. G. Lederman (Ed.), *Handbook of Research on Science Education* (pp. 493-535). New York: Routledge.
Barab, S. A. & Squire, K. D. (2004). Design-Based Research: Putting Our Stake in the Ground. *Journal of the Learning Sciences, 13* (1), 1-14.
Brunner-Müller, H., Lacher-Roth, K., Schöni-Lanker, M. & Sörensen Criblez, B. (Hrsg.). (1997). *Lehrplan Kindergarten*. Bern: Erziehungsdirektion.
Butts, D. P., Hofman, H. M. & Anderson, M. (1993). Is hands-on experience enough? A study of young children's views of sinking and floating objects. *Journal of Elementary Science Education, 5* (1), 50-64.
Carey, S. (1985). *Conceptual change in childhood*. Cambridge: Bradford.
Chi, M. T. H. (2008). Three Types of Conceptual Change: Belief Revision, Mental Model Transformation, and Categorical Shift. In S. Vosniadou (Ed.), *International Handbook of Research on Conceptual Change* (pp. 61-82). New York: Routledge.
Design-Based Research Collective (2003). Design-Based Research: An Emerging Paradigm for Educational Inquiry. *Educational Researcher, 32* (1), 5-8.
Dickinson, D. (1987). The development of a concept of material kind. *Science Education, 71* (4), 615-628.
Duit, R. & Treagust, D. F. (2003). Conceptual change: A powerful framework for improving science teaching and learning. *International Journal of Science Education, 25* (6), 671-688.
Gräsel, C. & Parchmann, I. (2004). Die Entwicklung und Implementation von Konzepten situierten, selbstgesteuerten Lernens. *Zeitschrift für Erziehungswissenschaft, 7* (3), 171-184.
Hardy, I., Jonen, A., Möller, J. & Stern, E. (2006). Effects of Instructional Support Within Constructivist Learning Environments for Elementary School Students› Understanding of «Floating and Sinking». *Journal of Educational Psychology, 98* (2), 307-326.
Kelly, A. E. (2004). Design research in education: Yes, but is it methodological? *Journal of the Learning Sciences, 13* (1), 115-128.
Lück, G. (2004). Naturwissenschaften im frühen Kindesalter. In W. E. Fthenakis & P. Oberhuemer (Hrsg.), *Frühpädagogik International* (S. 331-343). Wiesbaden: Verlag für Sozialwissenschaften.
Lück, G., Hausherr, C. & Sörensen, B. (2004). *Tüfteln, forschen, staunen*. Hölstein: Verband Kindergärtnerinnen Schweiz KgCH.

Mayer, R. E. (2004). Should There Be a Three-Strikes Rule Against Pure Discovery Learning? The Case for Guided Methods of Instruction. *American Psychologist, 59* (1), 14-19.

Möller, K., Jonen, A., Hardy, I. & Stern, E. (2002). Die Förderung von naturwissenschaftlichem Verständnis bei Grundschulkindern durch Strukturierung der Lernumgebung. In M. Prenzel & J. Doll (Hrsg.), *Bildungsqualität von Schule: Schulische und außerschulische Bedingungen mathematischer, naturwissenschaftlicher und überfachlicher Kompetenzen. Zeitschrift für Pädagogik* (45. Beiheft, S. 176-191). Weinheim: Beltz.

Namy, L. & Gentner, D. (2002). Making a silk purse out of two sow's ears: Young children's use of comparison in category learning. *Journal of Experimental Psychology: General, 131*, 5-15.

Posner, G. J., Strike, K. A., Hewson, P. W. & Gertzog, W. A. (1982). Accommodation of a scientific conception: Toward a theory of conceptual change. *Science Education, 66* (2), 211-227.

Reusser, K. (2008). Empirisch fundierte Didaktik – didaktisch fundierte Unterrichtsforschung. Eine Perspektive zur Neuorientierung der Allgemeinen Didaktik. *Zeitschrift für Erziehungswissenschaft, Sonderheft 9*, 219-237.

Shavelson, R. J., Philipps, D. C., Towne, L. & Feuer, M. J. (2003). On the Science of Education Design Studies. *Educational Researcher, 32* (1), 25-28.

Singer, J., Kohn, A. & Resnick, L. (1997). Knowing about proportions in different contexts. In T. Nunes & P. Bryant (Eds.), *Learning and teaching mathematics: An international perspective* (pp. 115-132). Hove: Psychology Press.

Siraj-Blatchford, J. & MacLeod-Brudenell, I. (1999). *Supporting Science, Design and Technology in the Early Years*. London: Open University Press.

Sodian, B. & Bullock, M. (2008). Scientific reasoning – Where are we now? *Cognitive Development, 23* (4), 431-434.

Strehmel, P. (2008). Frühe Förderung von Kindern in Tageseinrichtungen. In F. Petermann & W. Schneider (Hrsg.), *Angewandte Entwicklungspsychologie. Enzyklopädie der Psychologie*. (Serie V, Entwicklungspsychologie, Band 7, S. 205-236). Göttingen: Hogrefe.

Vosniadou, S. (2007). Conceptual Change and Education *Human Development, 50*, 47-54.

Winn, W. (2003). Research Methods and Types of Evidence for Research in Educational Technology. *Educational Psychology Review, 15* (4), 367-373.

Henrik Saalbach, Lennart Schalk
Fragen stellen hilft: Die Aktivierung von Vorwissen fördert die Nutzung kategorialer Beziehungen in Wortlernaufgaben bei Kindern im Vorschulalter

Kinder im Vorschulalter lassen sich beim Lernen neuer Wörter oft von oberflächlichen Eigenschaften – der Form der Objekte (Apfel – Ball) – und nicht von kategorialen Beziehungen (Apfel – Banane) leiten. Dieses Verhalten wird oft angeblich fehlendem Wissen über Kategorienstrukturen zugeschrieben. In unserem Beitrag stellen wir die Hypothese auf, dass Kinder im Vorschulalter sehr wohl über das für Wortlern- und Kategorisierungsaufgaben relevante Wissen verfügen, jedoch automatisierte Strategien die Verwendung dieses Wissens in Wortlernaufgaben erschweren. Unsere Vorgaben unterziehen wir einer empirischen Testung, die zeigt, dass das Stellen von Fragen Kinder im Vorschulalter darin unterstützt, bestehendes Vorwissen zu aktivieren und dieses für kognitive Aufgaben verfügbar zu machen.

Junge Kinder sind mit vielen komplexen Lernaufgaben konfrontiert. So müssen sie nicht nur für die sie umgebenden Objekte die sprachlichen Bezeichnungen lernen, sondern sie müssen auch die kategorialen Beziehungen erkennen, die verschiedene Objekte miteinander verbinden. Dies ist eine notwendige Voraussetzung, um im alltäglichen Leben angemessene Schlussfolgerungen ziehen zu können. Ist ein Kind von einem Schäferhund bedroht worden, weiß es, dass es wahrscheinlicher ist, dass die gleiche Bedrohung auch von einem Terrier ausgehen wird – nicht jedoch von einem Kaninchen. Das Kind hat also die Kategorie „Hund" gebildet und diese von der Kategorie „Kaninchen" abgegrenzt. Dies ermöglicht es nun, von einigen Exemplaren auf andere Exemplare innerhalb der Kategorie im Hinblick auf eine bestimmte Eigenschaft zu schließen (z.B. „kann beißen"). Das Kind zieht daraufhin die entsprechenden Konsequenzen, in dem es etwa einen großen Bogen um den Terrier macht. Dieses Kind wird vielleicht auch schon wissen, dass ein Hund mit einem Kaninchen mehr Gemeinsamkeiten aufweist als mit einem Krokodil oder auch dass eine Fledermaus nicht der Kategorie „Vogel" angehört, obwohl beide Tiere viele oberflächliche Gemeinsamkeiten aufweisen. Das Kind wäre also bereits in der Lage, auch übergeordnete Kategorien zu bilden und diese voneinander abzugrenzen (in diesem Fall: Säugetiere, Reptilien, Vögel).

Theoretischer Hintergrund

Die hier behandelten Kategorien sind sogenannte taxonomische Kategorien, also eine hierarchische Gruppierung von Objekten entsprechend biologischer oder funktionaler Gemeinsamkeiten. Schäferhund wäre beispielsweise eine untergeordnete Kategorie der Kategorie Hund und *Säugetier* wäre dessen übergeordnete Kategorie. Die Ausbildung der Fähigkeit zur Kategorisierung ist einer der wichtigsten Aspekte der kognitiven Entwicklung. Sie bildet die Grundlage dafür, nicht sämtliches Wissen für jedes individuelle Objekt einzeln lernen zu müssen, sondern Wissen zwischen Mitgliedern einer Kategorie übertragen können (z.B. Murphy, 2002). Mit anderen Worten, ohne Kategorien wären die Menschen nicht das, was sie sind – nämlich hoch effiziente Informationsverarbeitende.

Während über die Wichtigkeit von Kategorien für das menschliche Lernen kein Zweifel besteht, gibt es eine lange Debatte darüber, wie und wann sich die Fähigkeit zur Kategorisierung bei Kindern entwickelt. Piaget und Inhelder (1964) folgerten auf Grund ihrer Beobachtungen, dass sich die Kategorien bei Kindern im Kindergartenalter nicht an biologischen bzw. funktionalen Gemeinsamkeiten (sprich: taxonomischen Beziehungen) ausrichten, sondern eher auf oberflächlichen Ähnlichkeiten wie etwa Form, Farbe oder thematischem Kontext basieren. In späteren Studien fand diese Annahme zunächst Bestätigung. Smiley und Brown (1979) etwa beobachteten Folgendes: Wenn jungen Kindern Bilder eines Apfels und eines Affen gezeigt und sie gefragt wurden, was am besten zu einer Banane passe, neigten die Kinder dazu, ihre Auswahl auf Grundlage thematischer (Affe) und nicht taxonomischer Beziehungen (Apfel) zu treffen (siehe auch Waxman & Namy, 1997). In der überwiegenden Anzahl von Studien zur Entwicklung der Kategorisierung aber ziehen junge Kinder weder thematische noch taxonomische Beziehungen für ihre Kategorisierungen heran, sondern es werden hauptsächlich Ähnlichkeiten in der Form der Objekte von den Kindern genutzt (z.B. Bowerman, 1978; Clark, 1973; Imai, Gentner, & Uchida, 1994).

Eine weit verbreitete, klassische Methode die Beschaffenheit der Kategorien junger Kinder zu untersuchen, ist die Simulation des Lernens neuer Objektnamen (siehe Abbildung 1). Dabei wird dem Kind ein Beispielobjekt präsentiert (hier Geburtstagstorte) und mit einem neuen Namen bezeichnet (z.B. FEP), der angeblich aus einer anderen Sprache stammt (z.B. Dinosauriersprache). Danach werden verschiedene Auswahlobjekte gezeigt, von denen eines derselben taxonomischen Kategorie wie das Beispielobjekt

standard

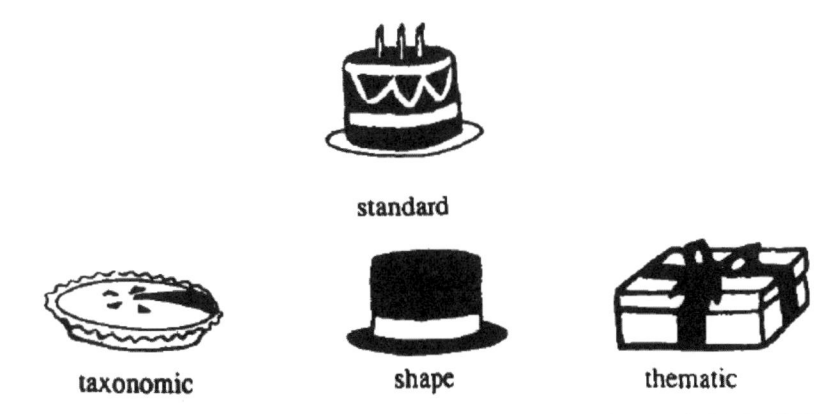

taxonomic   shape   thematic

Abbildung 1: Beispiel aus der Kategorisierungsaufgabe von Imai, Gentner, & Uchida (1994)

angehört (Kuchen) und ein anderes eine ähnliche Form wie das Beispielobjekt aufweist, jedoch aus einer anderen taxonomischen Kategorie stammt (Hut). Oft wird noch ein weiteres Auswahlobjekt verwendet, welches in thematischer Beziehung zum Beispielobjekt steht (Geschenk). Das Kind wird schließlich aufgefordert, dasjenige Auswahlobjekt zu bestimmen, das denselben Namen wie das Beispielobjekt hat. In den Studien, die mittels dieser Methode die Kategorisierungsfähigkeit bei jungen Kindern untersuchen, zeigt sich eine eindeutige Erkenntnislage. Kinder neigen im Kindergartenalter überwiegend dazu, Kategorien auf Grundlage äußerer Ähnlichkeit zu bilden und zeigen somit in der Wortlernaufgabe die Tendenz, das neue Wort auf das formähnliche Auswahlobjekt zu übertragen. In der Untersuchung von Imai und Kollegen (1994) beispielsweise, wählten 70% der Dreijährigen, 55% der Fünfjährigen und immerhin noch 33% der erwachsenen Probanden das Objekt, das die gleiche Form wie das Beispielobjekt hatte, aber einer anderen Kategorie angehörte. Diese Studien legen daher den Schluss nahe, dass sich die Kategorien junger Kinder nicht an tiefer liegenden Gemeinsamkeiten (taxonomischen Beziehungen), sondern an der oberflächlichen Ähnlichkeit der äußeren Form ausrichten.

Diese bei jungen Kindern beobachtete Formneigung (der sogenannte *Shape Bias*) bei der (sprachlichen) Kategorisierung von Objekten wird in der Literatur oft mangelndem Wissen über taxonomische Beziehungen zugeschrieben. Gentner und Namy (1999) schreiben beispielsweise: „Children often seem to think of ‚like kind' as ‚perceptually like kinds', especially ‚shape-similar kinds'." (S. 489). Diese Einschätzung erscheint aufgrund der oben geschilderten Ergebnisse plausibel; sie widerspricht jedoch Befunden

Abbildung 2: Beispiel aus der Studie von Saalbach & Imai (2006)

aus experimentellen Studien zur Entwicklung von Schlussfolgerungsprozessen. Demnach verfügen junge Kinder nicht nur über Wissen zu taxonomischen Beziehungen, sondern sie können dieses Wissen auch zur Bearbeitung von Aufgaben heranziehen. Kindergartenkinder sind nämlich in der Lage, Eigenschaften zwischen Objekten einer Kategorie unabhängig von Formähnlichkeit zu übertragen (z.B. Carey, 1985; Gelman, Collman & Maccoby, 1986; Gelman & Markman, 1986, 1987; Gelman & Wellman, 1991; Heyman & Gelman, 2000; Saalbach & Imai, 2006). Als Beispiel sei an dieser Stelle die Studie von Saalbach und Imai (2006) erwähnt, in der ähnliches Material wie bei den klassischen Wortlernaufgaben Verwendung fand (siehe Abbildung 2). Anstatt dem Beispielobjekt (z.B. Banane) einen neuen Namen zu geben, wurde ihm eine den Kindern unbekannte innere Eigenschaft zugeschrieben. Das Kind wurde danach aufgefordert, dasjenige aus den Auswahlobjekten zu bestimmen, welches die gleiche innere Eigenschaft aufweist („Schau mal, das hier oben hat BROMA innen drin! Welches von denen hier unten hat denn auch BROMA innen drin?"). In der Studie wählten 42% der Dreijährigen und 64 % der Fünfjährigen das Objekt aus derselben Kategorie (Weintraube). Im Gegensatz zur sprachlichen Klassifikationsaufgabe gab es damit keinen statistisch relevanten Unterschied zwischen Fünfjährigen und Erwachsenen, von denen sich 79 % für das kategoriale Auswahlobjekt entschieden.

Damit weisen die Studien zur Entwicklung des Schlussfolgerns einen deutlichen Unterschied zu den Kategorisierungsstudien mittels Wortlernaufgaben im Hinblick auf die Verwendung kategorialen Wissens auf.

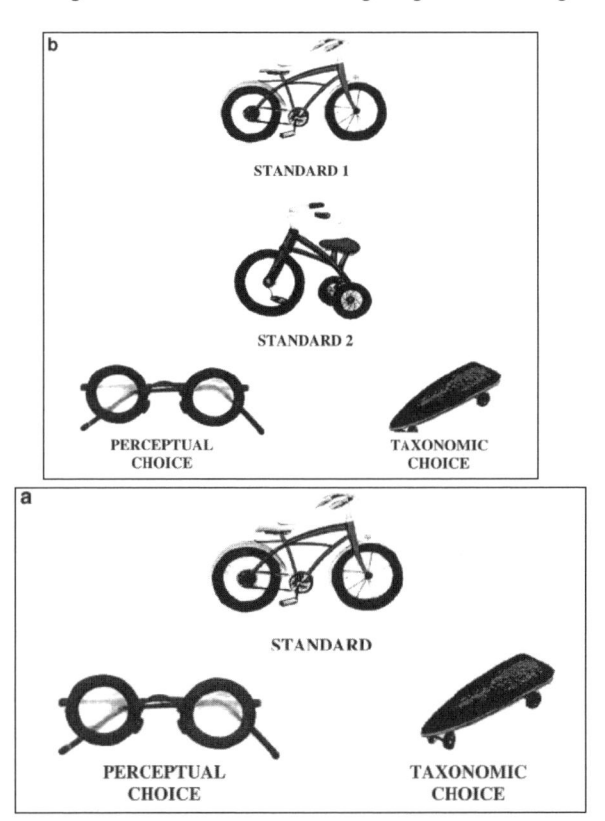

Abbildung 3: Aufgaben mit einem und mit zwei Beispielobjekten aus Namy und Gentner (1999)

Folgende Vermutung drängt sich auf: Der Zugang zum Wissen über (taxonomische) Kategorien scheint abhängig von der Art der Anforderung bzw. der Art der Aufgabe zu sein. Werden Kinder zum Schlussfolgern aufgefordert, gelingt es Ihnen offenbar, tiefer liegende, nicht offensichtliche Gemeinsamkeiten zwischen den Objekten in Betracht zu ziehen. Bei der sprachlichen Kategorisierung (mittels Wortlernaufgaben) hingegen scheint dieses Wissen nicht aktiviert zu werden; hier lassen sich junge Kinder von oberflächlichen Ähnlichkeiten leiten. Dieser Unterschied verweist auf einen weiteren Punkt. Junge Kinder wissen bzw. können anscheinend oft mehr, als sie in manchen Kontexten zeigen. Wir vermuten daher, dass sich durch eine gezielte Aktivierung des relevanten Vorwissens die Diskrepanz zwischen Kompetenz und Performanz überwinden lässt. Relevantes, zur Bearbeitung einer Aufgabe erforderliches Vorwissen wird oft nicht spontan abgerufen und genutzt. Wird jedoch vor der Aufgabenbearbeitung darauf verwiesen, wird das Wissen auch konsequenter eingesetzt, wie bspw. in einer Reihe von Arbeiten zum analogen Problemlösen gezeigt werden konnte (für einen Überblick siehe Gentner, Holyoak & Kokinov, 2001). In der vorliegenden Untersuchung gehen wir demzufolge der Frage nach, ob und inwieweit bestehendes Wissen von jungen Kindern auch in sprachlichen Kategorisierungsaufgaben verwendet wird.

Unseren Wissens liegen bisher nur zwei Studien vor, die vor dem Hintergrund dieser Fragestellung von Relevanz sind. Namy und Gentner (1999, siehe auch Gentner & Namy, 2002) untersuchten, ob die Anregung von Vergleichsprozessen zu einer Veränderung der sprachlichen Klassifizierungen bei jungen Kindern führt. Dafür bildeten sie zwei Gruppen von Vierjährigen: Während eine Gruppe die Wortlernaufgabe nach dem oben beschriebenen Muster mit einem Beispielobjekt erhielt, bearbeitete die zweite Gruppe dieselbe Aufgabe mit zwei Beispielobjekten aus einer taxonomischen Kategorie (siehe Abbildung 3). In der zweiten Gruppe wurden zudem beide Objekte mit demselben (neuen) Namen versehen. Namy und Gentner vertreten die Auffassung, nach der die Darbietung mehrerer Objekte einer Kategorie und deren einheitliche Bezeichnung kognitive Vergleichsprozesse anregen sollte. Durch diese Vergleichsprozesse werden Kinder dabei unterstützt, die tiefer liegenden strukturellen Gemeinsamkeiten zwischen den Objekten zu erkennen. Namy und Gentners Auffassung wird durch ihre experimentellen Daten gestärkt. Diejenigen Kinder, denen die Möglichkeit zum Vergleich geboten wurde, wählten deutlich häufiger das Objekt, das eine kategoriale Gemeinsamkeit mit dem Beispielobjekten aufwies, als die Kinder ohne Vergleichsmöglichkeit. Der Anteil der kategorialen Wahlen von der Gruppe mit einem Beispielobjekt zur Gruppe mit zwei Beispielobjekten stieg von 40% auf 80%. Die Anregung von Vergleichsprozessen lässt sich somit als ein effektiver Lernmechanismus identifizieren (siehe auch Leuchter, Saalbach & Hardy in diesem Band). Vor dem Hintergrund der oben dargestellten Forschung führen wir diesen Zuwachs darauf zurück, dass die Anregung von Vergleichsprozessen jungen Kindern dabei hilft, ihr vorhandenes kategoriales Wissen zu aktivieren und es im Kontext der Wortlernaufgaben verfügbar zu machen. Alternativ könnte dieser Befund aber auch mit der durch den Vergleichsprozess angeregten Entwicklung neuen Wissens erklärt werden (d.h. der Bildung neuer Kategorien) – die Ergebnisse von Namy und Gentner können nicht zwischen diesen beiden potentiellen Erklärungen differenzieren.

Das vorliegende Forschungsprojekt

Wir sind nun speziell der Frage nachgegangen, ob und inwieweit die Aktivierung des relevanten kategorialen Wissens durch das Stellen einfacher Fragen über Objekte zu einer veränderten Kategorisierung dieser Objekte bei jungen Kindern führt. Im Gegensatz zur Verwendung von Vergleichen kann durch das Stellen von einfachen Fragen mit objektiv richtigen Antworten eine potentielle Veränderung der Kategorisierung der Objekte durch die Kinder eindeutig auf die Aktivierung bereits bestehenden Wissens zurückgeführt werden. Das Stellen von Fragen bezeichnen wir daher als Wissensaktivierung.

Methode

Im Folgenden werden zwei Studien vorgestellt, die vor dem Hintergrund dieser Forschungsfrage entwickelt wurden. In Studie 1, *Wortlernen ohne Wissensaktivierung*, sollte zunächst die in der Literatur berichtete Formneigung von jungen Kindern im Kontext der *klassischen* Wortlernaufgabe repliziert werden. Dazu wurden einer Gruppe von dreijährigen Kindern (N = 20) und einer Gruppe von Erwachsenen (N = 11) zwölf Sets von jeweils vier Objekten vorgelegt. Dasselbe Material wie bei Saalbach und Imai (2006) wurde verwendet (vgl. Abbildung 2). Jedes Objektset bestand aus einem Beispielobjekt und drei Auswahlobjekten, die entweder in perzeptueller, taxonomisch-kategorialer oder thematischer Beziehung zum Beispielobjekt standen. Das Beispielobjekt wurde mit einem neuen Namen versehen (z.B. FEP) und die Probanden erhielten die Aufgabe, dasjenige Auswahlobjekt zu bestimmen, welches ihrer Meinung nach denselben Namen haben könnte. Wir erwarteten von den Kindern eine Bevorzugung desjenigen Auswahlobjektes, welches eine ähnliche Form wie das Beispielobjekt aufweist, während Erwachsene sich überwiegend für das taxonomische Auswahlobjekt entscheiden sollten. In Studie 2, *Wortlernen mit Wissensaktivierung*, wurde dasselbe Material wie in Studie 1 verwendet und wiederum dreijährigen Kindern vorgelegt (N = 19). Doch im Gegensatz zur ersten Studie wurden vor der Durchführung der Wortlernaufgabe zu den Objektsets jeweils drei Fragen gestellt. Eine dieser Fragen zielte auf die taxonomische Beziehung zwischen dem Beispielobjekt und dem entsprechenden Auswahlobjekt. So wurde etwa beim „Bananen-Set" (Abbildung 2) gefragt, welche Objekte essbar seien (Banane, Weintraube). Die weiteren zwei Fragen bezogen sich auf spezifische Eigenschaften der weiteren zwei Auswahlobjekte. Für das „Bananen-Set" bspw. wurde gefragt, was auf Bäume klettern könne (Affe) sowie was Vögel warm halte (Feder). Nach der Beantwortung der Fragen folgte die oben beschriebene Wortlernaufgabe. Hier erwarteten wir nun, dass aufgrund der erfolgten Wissensaktivierung Kinder im Vergleich zur ersten Studie eher dazu neigen, das taxonomische Auswahlobjekt als Träger des gleichen Namens zu bestimmen. Ihr Antwortmuster sollte sich genau genommen kaum von dem der Erwachsenen in Studie 1 unterscheiden.

Ergebnisse

In Tabelle 1 werden die prozentualen Mittelwerte und deren Standardabweichungen für die Wahlen der taxonomischen, formähnlichen und thematischen Objekte durch die Probanden in den Studien 1 und 2 präsentiert. Wie erwartet, wählten die Dreijährigen in Studie 1 – *Wortlernen ohne Wissensaktivierung* – hauptsächlich das formähnliche Objekt (51.7%). Diese Wahl unterscheidet sich hochsignifikant von der Zufallswahrscheinlichkeit (33%, $t(19) = 3.773$, $p < .01$, $d = 0.84$). Erwachsene hingegen entschieden sich überzufällig häufig für das taxonomische Objekt (78%, $t(10) = 6.055$, $p < .01$, $d = 2.73$). Um das Auswahlverhalten von Kindern und Erwachsenen gegeneinander vergleichen zu können, wurde eine Klassifikation nach dominanter Antwortstrategie vorgenommen. Wenn eine Person bei 7 oder mehr der 12 Objektsets das formähnliche Objekt wählte (ab einer Wahl von 7 Objekten wird das binomiale Kriterium $p < .05$ erreicht), erfolgte eine Klassifikation als Form-dominant. Wenn hingegen sieben oder mehr taxonomische Objekte gewählt wurden, wurde die Person in die Klasse der Taxonomie-dominanten aufgenommen. Wurde keines der Objekte bevorzugt gewählt, wurde die Person nicht weiter differenzierend als Nicht-dominant klassifiziert (es gab sowohl in Studie 1 als auch in Studie 2 keine Person, die als thematisch-dominant klassifiziert wurde). Im Vergleich der Anzahl der Dreijährigen mit der Anzahl der Erwachsenen, die entweder als Taxonomie-dominant oder Form-dominant klassifiziert wurden, zeigt sich ein hoch signifikanter Zusammenhang zwischen Alter und Art der Dominanz ($\chi^2 (1) = 11.92$, $p < .01$, *Odds Ratio* = 52.4).

Zusammengenommen bestätigen und replizieren die Ergebnisse von Studie 1 die Ergebnisse älterer Untersuchungen zum Wortlernen: Kinder übertragen das neue Wort vom Beispielobjekt auf das formähnliche Objekt,

Tabelle 1: Mittelwerte und Standardabweichung der Studie 1 und 2

	N	Wahlalternative		
		Form-ähnlich	Taxonomisch	Thematisch
Studie 1: Wortlernen ohne Wissensaktivierung				
Dreijährige	20	51.7%** (21.7)	30.4% (16.5)	17.9%** (16.1)
Erwachsene	11	16.7%** (16.5)	78.0%** (16.4)	5.3%** (8.6)
Studie 2: Wortlernen mit Wissensaktivierung				
Dreijährige	19	25.4% (26.1)	64.0%** (25.8)	10.6%** (9.6)

Anmerkung: t-Tests wurden berechnet, um zu testen ob die Rate einer bestimmten Wahl signifikant vom Zufall abweicht (** bezeichnet einen signifikanten Unterschied von p < .01, alle t-Tests sind Bonferroni korrigiert).

während Erwachsene das Objekt wählen, das in taxonomischer Beziehung zum Beispielobjekt steht.

Betrachten wir nun die Ergebnisse von Studie 2 (siehe Tabelle 1), also der *Wortlernaufgabe mit Wissensaktivierung*. Dreijährige wählten zu 64% das taxonomische Objekt – dieser Wert unterscheidet sich hochsignifikant vom Zufall (33%, $t(18) = 5.194$, $p < .01$, $d = 1.19$). Die Dreijährigen wurden wie in Studie 1 nach ihrer dominanten Antwortstrategie klassifiziert, um sie mit den Dreijährigen der Studie 1 vergleichen zu können. Es zeigt sich ein hochsignifikanter Zusammenhang zwischen der Art der Instruktion (*ohne* und *mit Wissensaktivierung*) und der Dominanzklassifikation ($\chi^2 (1) = 8.16$, $p < .01$, Odds Ratio = 32.4). Während in Studie 1 lediglich ein dreijähriges Kind als Taxonomie-dominant aber acht Dreijährige als form-dominant klassifiziert wurden, gehörten in Studie 2 zwölf Dreijährige der taxonomie-dominanten Klasse an und nur noch drei Dreijährige wurden als form-dominant klassifiziert. Zudem zeigt eine weitere statistische Analyse keinen Unterschied des Anteils der Auswahl der taxonomischen Objekte zwischen Dreijährigen in Studie 2 und Erwachsenen in Studie 1 (Kolmogoroff-Smirnov-Test $Z = .732$, $p > .6$). Mit anderen Worten, nachdem das bestehende Vorwissen der Dreijährigen über die Objekte aktiviert wurde, entscheiden sie sich in ihrer Wahl bei der Wortlernaufgabe nicht mehr statistisch bedeutsam von der Wahl von Erwachsenen.

Schlussfolgerung

Im vorliegenden Forschungsprojekt konnten wir anhand des Lernens neuer Wörter die außerordentlich wichtige Rolle des Vorwissens, speziell der Aktivierung von Vorwissen für die Lernprozesse von jungen Kindern aufzeigen. In einer klassischen Wortlernaufgabe konnten wir zunächst die in der Literatur bekannte Formneigung (*Shape-Bias*) beim Lernen neuer Nomen replizieren. Junge Kinder neigen dazu, neue Objektnamen auf formähnliche Objekte zu übertragen, während Erwachsene sich dabei überwiegend nach taxonomisch-kategorialen Beziehungen (d.h. biologischen oder funktionalen Gemeinsamkeiten) unabhängig von Formähnlichkeit richten. In der zweiten Studie fanden wir jedoch, dass das Stellen einfacher Fragen vor der Wortlernaufgabe zu einer starken Veränderung des Antwortverhaltens bei jungen Kindern führte. Nun bevorzugten sie ähnlich wie die Erwachsenen in Studie 1 die kategoriale Beziehung, um den neuen Namen eines Beispielsobjekts auf ein anderes Objekt zu übertragen.

Die Ergebnisse der beiden Studien legen daher zunächst folgenden Schluss nahe: Kinder verfügen trotz ihrer Fixierung auf die Form in der klassischen Wortlernaufgabe über Wissen zu relevanten Kategorien (z.B. Banane und Weintraube gehören zur gleichen übergeordneten Kategorie). Unsere Befunde zeigen jedoch auch, dass junge Kinder (mindestens) zwei parallele Annahmen darüber haben, worauf sich Substantive beziehen können: taxonomische Kategorien und Formähnlichkeit. Die Wissensaktivierung durch die Fragen führt offenbar zur Einsicht in die größere strukturelle Übereinstimmung zwischen Objekten einer Kategorie als zwischen formähnlichen Objekten.

Die in der Literatur oft erwähnte Formneigung in der Kategorisierung bei jungen Kindern könnte daher auch vor dem Hintergrund heuristischer Entscheidungsprozesse gesehen werden. Eine Heuristik als Entscheidungsstrategie führt zu robusten und ökologisch-rationalen Ergebnissen, obwohl nur ein kleiner Anteil der potentiell relevanten Informationen genutzt wird und die Entscheidung damit sehr schnell getroffen werden kann (Gigerenzer, 2008, Gigerenzer, Todd, & ABC Research Group, 1999). Bei dem großen Lernbedarf von jungen Kindern ist anzunehmen, dass hier oft auf Entscheidungsheuristiken zurückgegriffen wird. So könnten wir etwa beim Lernen neuer Wörter von einer *Form-Heuristik* sprechen. Junge Kinder müssen oft schnell Entscheidungen treffen, auf welche Objekte sich neu vernommene, unbekannte Substantive beziehen. Um die Entscheidung schnell und effizient treffen zu können, wird nur das nötigste relevante Wissen miteinbezogen. Eine *Form-Heuristik* könnte entstehen, da sich Wörter des frühen Wortschatzes i. d. R. auf Kategorien mit formähnlichen Objekten beziehen (Rosch, 1973; Samuelson & Smith, 1999). So lernen Kinder etwa das Wort „Hund" früher als das Wort „Säugetier" oder „Terrier", weil Mitglieder der Kategorie „Hund" sich in vielen offensichtlichen Eigenschaften ähneln und zugleich gut abgrenzbar sind zu anderen gleichrangigen Kategorien wie etwa Elefant oder Maus (Rosch, 1973). In einer Interventionsstudie konnte sogar gezeigt werden, dass eine durch Training gesteigerte Sensibilität gegenüber der Form von Objekten zu einem schnelleren Lernen von Substantiven bei Zweijährigen führt (Smith et al., 2002). Allerdings verliert eine solche Heuristik ihre Gültigkeit, je mehr Wörter gelernt werden, die übergeordnete Kategorien bezeichnen, deren Mitglieder sich also in ihrer Form nicht unbedingt ähneln wie etwa die Kategorien Säugetier, Fahrzeug oder Gemüse.

Die pädagogische Relevanz der vorliegenden Forschungsarbeit ergibt sich aus zwei Punkten: Zum Einen verdeutlichen wir am Beispiel des Kategorienlernens eine klare Diskrepanz zwischen Kompetenz und Performanz bei jungen Kindern. Um schnell und sparsam Entscheidungen zu treffen bzw. Probleme zu lösen, verlassen sich Kinder (aber auch Erwachsene) auf so wenig Information wie möglich. An Heuristiken wird festgehalten, solange sie sich bewähren. Führen sie zunehmend zu falschen Schlüssen, bedarf es einer Anpassung. Falsche Antworten gehen daher nicht zwangsläufig auf fehlendes Wissen zurück, sondern können auch auf eine inadäquate Auswahl der verfügbaren Informationen hindeuten. Zum Anderen veranschaulicht unsere Studie, dass bzw. wie man das relevante Wissen aktivieren kann. In unserem Fall reichten einfache Fragen zur Zielkategorie, um die relevante Information der Aufgabenbearbeitung zuzuführen. Eine andere Möglichkeit, Wissen zu aktivieren, könnte die Anregung von Vergleichsprozessen bieten. In einer Studie zum naturwissenschaftlichen Lernen im Bereich *Schwimmen und Sinken* zeigten etwa Saalbach, Leuchter und Hardy (2008), dass eine Anregung zum Vergleich von verschiedenen Objekten aus dem gleichen Material zu einer Aktivierung des Wissens über Material führt (siehe auch den Beitrag derselben Autoren in diesem Band). Jungen Kindern gelang es daraufhin, sich bei der Vorhersage des Schwimmverhaltens von Objekten von den Dimensionen Gewicht und Größe zu lösen, die bisher die Grundlage einer bewährten Entscheidungsheuristik darstellten, und nun ihre Aufmerksamkeit auf die Materialdimension zu lenken. So lassen sich gezielte Fragen genauso wie das Anregen von Vergleichsprozessen als strukturierende Unterstützung beim Lernprozess im Sinne eines

Scaffoldings bezeichnen. Lehrpersonen bietet dies daher eine einfache und adaptive Möglichkeit, jungen Kindern bei der aufgabenadäquaten Auswahl verfügbarer Informationen zu unterstützen.

Literatur

Bowerman, M. (1978). Systematizing semantic knowledge: changes over time in the child's organization of word meaning. *Child Development, 49,* 977-987.
Carey, S. (1985). *Conceptual change in childhood.* Cambridge, MA: Bradford Books MIT Press.
Clark, E. V. (1973). What's in a word? On the child's acquisition of semantics in his first language. In T. E. Moore (Ed.), *Cognitive development and the acquisition of language* (pp. 65-110). New York: Academic Press.
Gelman, S. A., Collman, P. & Maccoby, E. E. (1986). Inferring properties from categories versus inferring categories from properties: The case of gender. *Child Development, 57* (2), 396-404.
Gelman, S. A. & Markman, E. M. (1986). Categories and induction in young children. *Cognition, 23* (3), 183-209.
Gelman, S. A. & Markman, E. M. (1987). Young children's inductions from natural kinds: The role of categories and appearances. *Child Development, 58* (6), 1532-1541.
Gelman, S. A. & Wellman, H. M. (1991). Insides and essences: Early understandings of the non-obvious. *Cognition, 38,* 213-244.
Gentner, D., Holyoak, K. J. & Kokinov, B. (2001). *The analogical mind.* Cambridge, MA: MIT Press.
Gentner, D. & Namy, L. L. (1999). Comparison in the development of categories. *Cognitive Development, 14* (4), 487-513.
Gigerenzer, G. (2008). Why heuristics work. *Perspectives on Psychological Science, 3* (1), 20-29.
Gigerenzer, G., Todd, P. M. & ABC Research Group (1999). *Simple heuristics that make us smart.* Oxford, NY: Oxford University Press.
Heyman, G. D. & Gelman, S. A. (2000). Preschool children's use of novel predicates to make inductive inferences about people. *Cognitive Development, 15,* 263-280.
Imai, M., Gentner, D. & Uchida, N. (1994). Children's theories of word meaning: The role of shape similarity in early acquisition. *Cognitive Development, 9* (1), 45-75.
Inhelder, B. & Piaget, J. (1964). *The early growth of logic in the child.* New York: Norton.
Murphy, G. L. (2002). *The big book of concepts.* Cambridge, MA: MIT Press.
Namy, L. L. & Gentner, D. (2002). Making a silk purse out of two sow's ears: Young children's use of comparison in category learning. *Journal of Experimental Psychology: General, 131* (1), 5-15.

Rosch, E. (1973). On the internal structure of perceptual and semantic categories. In T. E. Moore (Ed.), *Cognitive development and the acquisition of language* (pp. 111-144). New York: Academic Press.

Saalbach, H., Hardy, I. & Leuchter, M. (2008). Using comparison to promote young children's concepts of material kind. *Poster presented at the 29th International Congress of Psychology, Berlin.*

Saalbach, H. & Imai, M. (2006). Categorization, label extension, and inductive reasoning in Chinese and German preschoolers: Influence of a classifier system and universal cognitive constraints. *Proceedings of the 27th Annual Conference of the Cognitive Science Society.*

Samuelson, L. K. & Smith, L. B. (1999). Early noun vocabularies: Do ontology, category structure and syntax correspond? *Cognition, 73* (1), 1-33.

Smiley, S. S. & Brown, A. L. (1979). Conceptual preference for thematic or taxonomic relations: A nonmonotonic trend from preschool to old age. *Journal of Experimental Child Psychology, 28,* 437-458.

Smith, L. B., Jones, S. S., Landau, B., Gershkoff-Stowe, L. & Samuelson, L. K. (2002). Object name learning provides on-the-job training for attention. *Psychological Science, 13* (1), 13-19.

Waxman, S. R. & Namy, L. L. (1997). Challenging the notion of a thematic preference in young children. *Developmental Psychology, 33* (3), 555-567.

Franziska Bertschy, Christine Künzli David

Vernetztes Denken im Rahmen einer Bildung für Nachhaltige Entwicklung auf der Primarschulstufe fördern

Ausgangslage und Zielsetzung der Interventionsstudie

Die Vermittlung von vernetztem Denken ist eine häufig gestellte Forderung in der Diskussion um eine Bildung für eine Nachhaltige Entwicklung (BNE), denn die Fähigkeit zu vernetztem Denken gilt als wichtige Voraussetzung für die Beteiligung an der Mitgestaltung einer Nachhaltigen Entwicklung. Insgesamt kann festgestellt werden, dass es zwar einige Studien zur Förderung von vernetztem Denken gibt, die jedoch nicht auf einen bestimmten inhaltlichen Gegenstand bezogen sind (vgl. z.B. Sommer, 2005; Wylie, Sheehy, McGuinness & Orchad, 1998; Stern, Möller, Hardy & Jonen, 2002), aber kaum empirische Untersuchungen zur Förderung vernetzten Denkens im Rahmen einer BNE (eine Ausnahme bildet Rode, 2005). Untersuchungen auf der Primarschulstufe und insbesondere bei jüngeren Schülerinnen und Schülern fehlen sogar gänzlich. Im vorliegenden Beitrag werden Ergebnisse einer Studie[1] präsentiert, die einen Beitrag zur Schließung dieser Lücke leistet.

Vernetztes Denken in einer BNE

Die Bestimmung dessen, was „vernetztes Denken" im Kontext einer BNE bedeutet, erfolgte auf der Grundlage des didaktischen Konzepts „Bildung für eine Nachhaltige Entwicklung" von Künzli David und Bertschy (2008)[2] sowie ausgehend von Erkenntnissen zu vernetztem Denken, die nicht in Zusammenhang mit einem spezifischen Lernbereich (wie z.B. BNE) gewonnen wurden (vgl. dazu ausführlicher Bertschy, 2007).

---

1 Diese Studie ist Teil des umfassenden Forschungsprojektes „Bildung für eine nachhaltige Entwicklung auf der Unterstufe: Didaktische Konzeption und Umsetzung in die Schulpraxis" (BINEU) unterstützt durch den Schweizerischen Nationalfonds (Nr. 11-63780.00) und die Pädagogische Hochschule Bern (Nr. 0201s004) (vgl. auch die ausführliche Darstellung der Teilstudie „Intervention" (Bertschy, 2007) oder die Teilstudie zur Umsetzung und Umsetzbarkeit von BNE (Künzli David, 2007)).
2 Das didaktische Konzept kann herunter geladen werden unter: www.ikaoe.unibe.ch/forschung/bineu.

Für vernetztes Denken in einer BNE sind folgende drei Aspekte zentral:
- *Ausrichtung an übergeordneten Zielen einer BNE*: Vernetztes Denken muss sich auf die übergeordneten Ziele einer BNE beziehen. Dabei geht es darum, Menschen zu befähigen, sich an Aushandlungs- und Mitgestaltungsprozessen im Hinblick auf eine Nachhaltige Entwicklung zu beteiligen und ein Bewusstsein für die Bedeutung einer Nachhaltigen Entwicklung zu schaffen (vgl. Künzli David, 2007).
- *Inhaltliche Bestimmung*: Forschungsergebnisse weisen daraufhin, dass Lernende nicht ohne weiteres neue Situationen vor dem Hintergrund einer ähnlichen Situation bewältigen können (Mandl & Friedrich, 1992; Funke, 2003). Vernetztes Denken kann somit nicht als rein formale Kompetenz beschrieben werden, die man abstrakt erwerben und dann im Hinblick auf jegliche Fachgebiete anwenden kann. Es muss folglich inhaltlich festgelegt werden, worauf sich die Vernetzungsleistung im Rahmen einer BNE beziehen soll. Diese inhaltliche Bestimmung orientiert sich an den drei Vernetzungsbereichen Nachhaltiger Entwicklung (vgl. auch Abbildung 1), welche sich aus Anforderungen an die Verwendung des Begriffs ‚Nachhaltigkeit' (Di Giulio, 2004) ergeben:
  1. Die Vernetzung von lokalen und globalen Gegebenheiten – Was bedeuten unsere Beschlüsse und unser Handeln für Menschen in meiner Umgebung und in anderen Ländern und umgekehrt? Welche globalen Folgen hat unser Handeln? Hinter diesem Vernetzungsbereich steht die Forderung nach intragenerationeller Gerechtigkeit, einer der zentralen Aspekte der Idee der Nachhaltigkeit.
  2. Die Vernetzung von Gegenwart und Zukunft – Was bedeuten unsere Beschlüsse und unser Handeln für die gegenwärtig lebenden und die nächsten Generationen? Dieser Vernetzungsbereich beruht auf der Forderung nach intergenerationeller Gerechtigkeit, die ebenfalls zentraler Bestandteil der Idee der Nachhaltigkeit ist.
  3. Die Vernetzung der ökologischen, ökonomischen und soziokulturellen Dimensionen – Steht unser Beschluss im Einklang mit ökonomischen, mit ökologischen und mit soziokulturellen Wertvorstellungen? Wo ergeben sich Widersprüche, wo Chancen? Wie hängen ökonomische, ökologische und soziokulturelle Aspekte in einem Handlungsfeld zusammen? Hintergrund ist hier die mit der Idee der Nachhaltigkeit verbundene Forderung nach Retinität, d.h. nach der Integration der Dimensionen Umwelt, Soziokulturelles und Wirtschaft.

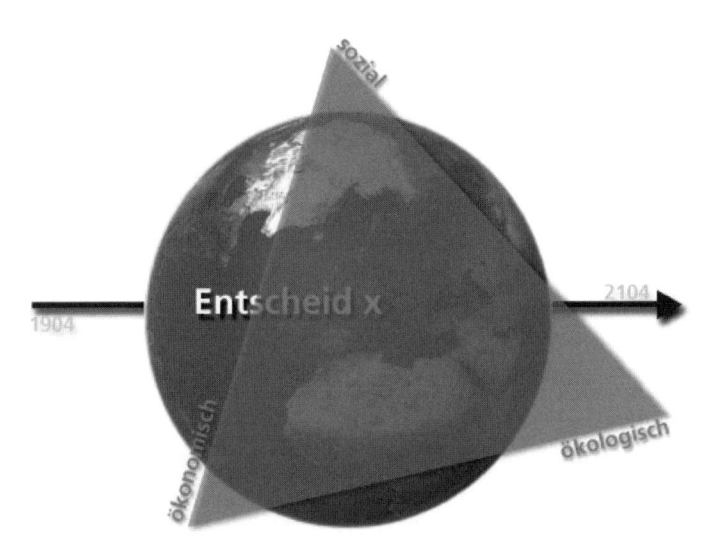

Abbildung 1: Vernetzungsbereiche der Idee ‚Nachhaltigkeit'.
Legende: Wichtiger Bestandteil der Idee ‚Nachhaltigkeit' ist es, bei Entscheidungsprozessen die soziokulturellen, ökonomischen und ökologischen sowie die lokalen und globalen Auswirkungen und die Folgen für die zukünftig lebenden Generationen gleichwertig zu berücksichtigen (Bertschy & Künzli, 2004, S. 303).

- *Vernetztes Denken besteht aus verschiedenen Komponenten*: Studien zum vernetzten Denken in Zusammenhang mit Nachhaltiger Entwicklung (z.B. Sommer, 2005) sowie Studien zu vernetztem Denken, die nicht auf einen bestimmten Lernbereich bezogen sind (Senge, 2003; Sweeney, 2001; Klieme & Maichle, 1994; Ossimitz, 2000), machen deutlich, dass vernetztes Denken aus mehreren Komponenten besteht. Für das vernetzte Denken in einer BNE sind die folgenden drei Komponenten zu unterscheiden: 1. Perspektivenidentifikation und -differenzierung, 2. Folgenbetrachtung und 3. Perspektivenzusammenführung.

Nachfolgend soll der Begriff ‚vernetztes Denken' im oben genannten Sinne von ‚vernetztes Denken in einer BNE' verwendet werden.

In didaktischer Hinsicht findet das vernetzte Denken seine Entsprechung im didaktischen Prinzip des vernetzenden Lernens. Das vernetzende Lernen ist eines der spezifischen didaktischen Prinzipien einer BNE, die für Lehrpersonen für den Unterricht zu BNE handlungsleitend sind.

Ziele und Fragestellungen

Die im Rahmen des Forschungsprojekts durchgeführte Interventionsstudie verfolgte insgesamt das Ziel, die Wirkung von Unterricht im Rahmen einer BNE auf das vernetzte Denken von 7- bis 8-jährigen Kindern zu überprüfen. Im vorliegenden Beitrag soll auf die Wirkung des Unterrichts auf die Fähigkeit der Kinder zur Perspektivenzusammenführung fokussiert werden: Gelingt es den Kindern der Interventionsgruppe besser, Interessen der Akteure zusammenzuführen, als Kindern der Kontrollgruppe und gelingt es den Kindern nach der Intervention besser als vorher? Wie zeigt sich die Perspektivenzusammenführung bei den Kindern der Interventionsgruppe in Bezug auf ihre Wünsche für die Zukunft, auf ihre Reaktion auf eine vorgegebene Konfliktsituation sowie auf ihre Vorstellungen von fairen Lösungen?

Methode

Nachfolgend werden in einem ersten Schritt das Design und die Stichprobe der Untersuchung präsentiert. In einem zweiten Schritt wird beschrieben, in welchem Rahmen der Unterricht zu BNE geplant wurde und welche Hilfsmittel den Lehrerinnen speziell für die Förderung des vernetzten Denkens zur Verfügung gestellt wurden. In einem dritten Schritt wird das Messinstrument, welches neu entwickelt wurde, vorgestellt und abschließend im vierten Schritt die Auswertung beschrieben.

Design und Stichprobe

Die Interventionsstudie hat den Charakter einer Feldforschung. De Facto handelt es sich um zwei quasi-experimentelle Forschungsdesigns: Eine Pre-post-Studie in 6 Klassen der 2. Primarschulstufe zum Thema ‚Apfel' und eine Pre-post1-post2-Studie[3] in 2 altersgemischten Klassen (1./2. Klasse) zum Thema ‚Schokolade'. Für beide Studien gilt, dass je die Hälfte der Schülerinnen und Schüler einem Unterricht im Rahmen einer BNE folgte, durch den u.a. das vernetzte Denken gefördert werden sollte (Interventionsgruppe); die andere Hälfte der Kinder erhielt einen konventionellen Unterricht (Kontrollgruppe). Dieser konventionelle Unterricht wurde von den

---

3   Auf weitere Ausführungen in Bezug auf den dritten Messzeitpunkt wird im Rahmen dieses Beitrags verzichtet (vgl. dazu Bertschy, 2007).

Lehrpersonen ohne zusätzliche didaktische Impulse von Seiten des Projektteams geplant.
Die Stichprobe bestand aus 124 Schülerinnen und Schülern der 1. und 2. Primarschulstufe im Alter von 7 bis 8 Jahren (vgl. Tabelle 1).

Tabelle 1: Übersicht über Gruppen, Geschlecht, Anzahl und durchschnittliches Alter der Schülerinnen und Schüler.

Interventions- und Kontrollgruppen	Anzahl Sch.[1]	w.[2]	m.[2]	Anzahl Sch. der 2. Klasse	Anzahl Sch. der 1. Klasse	Alter zum Zeitpunkt t1 (Mittelwert)
Interventionsgruppe ‚Apfel'	51	24	27	51	–	8
Kontrollgruppe ‚Apfel'	39	18	21	39	–	8;1
Interventionsgruppe ‚Schokolade'	18	7	11	7	11	8;2
Kontrollgruppe ‚Schokolade'	16	7	9	10	6	7;4

[1] Sch = Schülerinnen und Schüler, [2] w = weiblich, m = männlich

Planung der Unterrichtsreihen zu BNE und die Begleitung der Lehrerinnen

Die Planung und Durchführung des Unterrichts im Rahmen einer BNE erfolgte durch die Lehrerinnen der an der Untersuchung beteiligten Interventionsklassen. In regelmäßig stattfindenden Workshops[4] wurden die Lehrerinnen vor und während der Planungsphase mit dem didaktischen Konzept einer BNE vertraut gemacht und bezüglich der Unterrichtsplanung durch das Projektteam[5] begleitet und unterstützt. In diesen Workshops erhielten die Lehrerinnen zahlreiche didaktische Impulse zur Umsetzung einer BNE und insbesondere auch zur Förderung vernetzten Denkens. Jede Lehrerin führte anschließend eine der beiden im Team geplanten Unterrichtsreihen zum Thema ‚Schokolade' resp. zum Thema ‚Apfel' mit ihrer Klasse durch. Die Unterrichtsreihen umfassten rund 50 Lektionen des Sach- und zum Teil des Deutschunterrichts und erstreckten sich über rund 11 Wochen.

---

4 Zu den verschiedenen Workshops liegen Drehbücher vor, welche detailliert Auskunft zum Ablauf, zu den Aktivitäten und zu den abgegebenen Unterlagen geben (Künzli David, 2007). Ersichtlich wird aus diesen Drehbüchern auch, welche didaktischen Impulse die Lehrerinnen erhielten.
5 Die Personen, welche gleichzeitig auch das Forschungsprojekt ‚BINEU' leiteten, führten die Workshops durch und begleiteten die Planungsarbeiten der Lehrerinnen der Interventionsklassen.

In beiden Unterrichtsreihen war die Orientierung an Akteursperspektiven zentral: Die Sichtweise verschiedener Akteure auf spezifische Aspekte des Themas wurde deutlich gemacht, und die Kinder wurden auch aufgefordert, Entscheidungen angesichts von Interessen- und Zielkonflikten zu begründen (z.B. bei Themen wie Hoch- oder Niederstammobstbäume, spritzen ja oder nein, Konsum von Schokolade oder Verzicht, Konsum von fair gehandelter oder konventioneller Schokolade). Die Entscheidungen wurden hinsichtlich ihrer soziokulturellen, ökonomischen und ökologischen sowie ihrer lokalen und globalen Auswirkungen reflektiert. Zu den verschiedenen Konfliktfeldern wurden von den Kindern ‚Win-win-Lösungen' erarbeitet.[6]

Spielbasiertes Leitfaden-Interview

Die Befragung der Schülerinnen und Schüler erfolgte mit Hilfe eines spielbasierten, halbstrukturierten Interviews. Dieses Messinstrument, welches in einer Version ‚Apfel' und einer Version ‚Schokolade' konzipiert wurde, besteht aus einem Interviewleitfaden inkl. Bildmaterial sowie Holzfiguren (vgl. Abbildung 2) und einem Codierleitfaden. Mit dem Instrument werden die Komponenten und Vernetzungsbereiche des vernetzten Denkens operationalisiert (vgl. 1.1). Inhaltlich ist der Interviewleitfaden auf die in den Unterrichtsreihen behandelten Teilthemen abgestützt. Eine andere inhaltliche Ausrichtung des Interviews hätte die Frage des Transfers, der an einem bestimmten Inhalt erworbenen Kompetenz des vernetzten Denkens auf einen anderen Inhalt, zu sehr in den Vordergrund gestellt (Mandl & Friedrich, 1992; Funke, 2003). Für eine ausführliche Darstellung der Interviewfragen sei auf Bertschy (2007) verwiesen.

Während des Interviews zum Thema ‚Apfel' wurden die Akteure, die am Produkt ‚Apfel' beteiligt sind, mit Hilfe von Holzfiguren auf den Plan eines Dorfes gestellt und je nach Interviewfrage durch das Kind gelenkt: lokale Apfelproduzenten (Apfelbäuerin oder Apfelbauer), Handel (Chef eines Großverteilers), Konsumierende (die Familie Pfister) ausländische Apfelproduzenten (Herr Mbeki ein Apfelbauer aus Südafrika) sowie weitere von Entscheidungen rund um Apfelproduktion und -handel Betroffene (z.B. Figuren von Tieren) (vgl. Abbildung 2). Bei der Version ‚Schokolade' waren es folgende Akteure: Der Chef der Schokoladenfabrik, die Chefin des Großverteilers, Familie Pfister, Transportleute sowie eine Kakaobauernfamilie.

---

6 Eine ausführliche Beschreibung, wie die Lehrerinnen insbesondere das Prinzip des vernetzenden Lernens didaktisch und methodisch umsetzten, findet sich in Bertschy (2007) und Künzli David, Bertschy, de Haan und Plesse (2008).

Abbildung 2: Spielplan für das spielbasierte Leitfadeninterview ‚Apfel'.

Der Interviewleitfaden selbst war in fünf Abschnitte unterteilt: 1. Angewöhnungsphase, Beschreibung des Spielplans, 2. Akteure und deren Interessen, 3. Wünsche für die Zukunft, 4. Lösungen für die Apfel- bzw. Kakaobäuerin, Folgenbetrachtung, 5. Faire Regeln für die Akteure. Die Reihenfolge der Interviewabschnitte war durch den Interviewleitfaden bestimmt. Die Reihenfolge der Fragen innerhalb der Abschnitte hingegen richtete sich nach den Antworten des Kindes. Festgehalten war im Leitfaden auch, an welchen Stellen durch die interviewende Person nachgefragt werden sollte. Die Interviewerinnen waren so geschult worden, dass ihnen der Leitfaden lediglich als Erinnerungsstütze diente. Auf diese Weise nahm das Interview die Form eines natürlichen Gespräches mit Spielcharakter an.

Auswertungsverfahren

Die Auswertung erfolgte sowohl qualitativ als auch quantitativ. Es wurde ein Codierleitfaden inkl. Kategoriensystem entwickelt. An mehreren Interviews des Pretests wurden das Kategoriensystem erprobt sowie die Kategorien, Definitionen und Kodierregeln revidiert oder präzisiert. Anschließend erst wurde das gesamte Datenmaterial codiert. Die Codierung der transkribierten Interviews erfolgte mithilfe des Text- und Inhaltsanalyseprogramms

MAXqda. Für die Codierarbeiten wurde nach einer mehrteiligen Schulung der Codiererinnen und Codierer[7] insgesamt eine Intercoderreliabilität von 0.878[8] erreicht. Die erreichten Werte sind gemäß Früh (2004) als gut bis sehr gut zu betrachten.

Für die quantitative Auswertung wurden die Daten folgendermaßen quantifiziert: Das Inhaltsanalyseprogramm MAXqda erlaubt neben der Codierarbeit die Erstellung einer Variablenliste und deren Überführung in das Statistikprogramm SPSS. Es wurden mit wenigen Ausnahmen parametrische Tests durchgeführt. Auf der einen Seite waren dies univariate Varianzanalysen mit Messwiederholung. Auf der anderen Seite kamen aber auch zweifaktorielle Varianzanalysen zur Anwendung. In Ausnahmefällen, wenn die Voraussetzung betreffend Varianzhomogenität nicht erfüllt war, wurden auch nonparametrische Verfahren durchgeführt. Nicht in jedem Fall war die Voraussetzung der Normalverteilung der Rohwerte gegeben, aber varianzanalytische Verfahren lassen Ausnahmen zu, wenn die Stichprobe genügend groß ist (Everitt, 1996).

Für den anschließenden Auswertungsschritt, ging es in erster Linie darum, ausgehend von den Fragen zur qualitativen Analyse, zu prüfen, ob sich typische Inhalte in den Aussagen der Kinder in Abhängigkeit von Messzeitpunkt und Gruppenzugehörigkeit bestimmen lassen (für ausführliche Angaben zum Vorgehen bei der qualitativen und auch der quantitativen Auswertung vgl. Bertschy, 2007).

Ergebnisse

Die nachfolgenden Ausführungen beschränken sich auf die Ergebnisse zur Perspektivenzusammenführung. Diese werden insbesondere anhand ausgewählter Ergebnisse der qualitativen Analyse näher ausgeführt – die diesbezüglichen quantitativen Ergebnisse werden lediglich kurz erwähnt. Die Auswertung der Daten zeigt, dass sich die Kinder der Interventionsgruppe im Vergleich zur Kontrollgruppe in Bezug auf die Komponente der Perspektivenzusammenführung zwischen Messzeitpunkt 1 und 2 verbesserten. Die Perspektivenzusammenführung gelingt dann, wenn verschiedene

---

7   Die codierenden Personen waren weder an der Befragung noch an der Erstellung der Transkripte beteiligt.
8   Die Berechnung der Intercoderreliabilität wurde mit folgender Formel berechnet: Codierer-Reliabilität = 2 x Anzahl der übereinstimmenden Codierungen : Anzahl der Codierungen von Codierer1 + Anzahl der Codierungen von Codierer2 (vgl. Früh, 2004, S. 179).

Sichtweisen gleichzeitig in den Blick genommen werden können. Nachfolgend soll ausgeführt werden, ob die Kinder in den verschiedenen Teilen des Interviews die Perspektiven der Akteure zusammenführten: d.h., wie den Kindern das Zusammenführen von Akteurperspektiven in ihrem Zukunftswunsch, im Erkennen einer Konfliktsituation und im Formulieren von fairen Regeln gelingt. Außerdem wird ausgeführt, dass die Perspektivenzusammenführung zu einem durchgängigen Argumentationsmuster für Kinder der Interventionsgruppe wurde.

Zukunftswunsch der Kinder

Im Interview wurden die Kinder nach ihren Wünschen für die Zukunft in einem bestimmten Handlungsfeld gefragt. Ihre Aussagen wurden dahingehend untersucht, ob die Kinder die Interessen von mehreren Akteuren einbeziehen und ob der Wunsch darüber hinaus einen Konsens in Bezug auf diese Interessen darstellt ('Win-win-Wünsche'). Die Daten zeigen, dass signifikant mehr Kinder der Interventionsgruppe bei Messzeitpunkt 2 die Interessen mehrerer Akteure in den Zukunftswunsch für den „Apfelbaumgarten" und das Dorf einbeziehen ($F(1, 88) = 7.352$, $p \leq .01^{**}$) und mehr ‚Win-win-Wünsche' nennen ($Z = -1.396$, $p \leq .05^{*}$) als die Kinder der Kontrollgruppe und als vor der Intervention.

Die qualitative Auswertung der Wünsche für die Zukunft zeigt ganz verschiedenartige Wünsche, die die Kinder formulieren. Es sind keine Typen von Wünschen oder Argumentationsmuster je nach Messzeitpunkt oder Gruppe erkennbar. Bei den ‚Win-win-Wünschen' zeigt die qualitative Analyse jedoch, dass die Kinder der Interventionsgruppe bei der zweiten Befragung mit dem Wissen aus dem Unterricht argumentierten. Ihre Argumentationen fallen inhaltlich reicher aus als diejenigen der Kontrollgruppe und als diejenigen bei der ersten Befragung. Dieses Ergebnis, wird auch durch die vertiefte Analyse einiger Fallbeispiele nochmals bestätigt (vgl. dazu ausführlicher Bertschy, 2007).

Konfliktsituation der Bäuerin

Die Kinder mussten sich, ausgehend von einer konkret beschriebenen Situation im Handlungsfeld Apfel bzw. Schokolade entscheiden, wie sie die Folgen dieser Situation auf die verschiedenen Akteure einschätzen. In der Auswertung wurde u.a. untersucht, ob die Kinder den in der Situation angelegten Interessenkonflikt der Bäuerin im Hinblick auf die unterschiedlichen Folgen für die Akteure erkennen. Es konnte bestätigt werden, dass mehr Kinder der Interventionsgruppe im Vergleich zur Kontrollgruppe den Konflikt der Apfelbäuerin bzw. der Kakaobäuerin benennen (Pearson = df3, 24.733, p ≤ .001). Dieser Unterschied trifft auch im Vergleich t1 und t2 zu. Kinder, welche den Konflikt nennen, erwähnen zum Beispiel, dass die Apfelbäuerin nun mehr und schönere Äpfel liefern könne, sehen gleichzeitig aber auch negative Folgen für die Tier- und Pflanzenwelt resp. für gesundheitsbewusste Konsumentinnen und Konsumenten.

Regeln für die Akteure

Die Kinder wurden dazu aufgefordert, faire Regeln für die Akteure im Handlungsfeld Apfel bzw. Schokolade zu formulieren. Untersucht wurde, ob die Kinder die Interessen mehrerer Akteure in ihren Regeln berücksichtigen. Die Analyse der Regeln zeigt, dass die Interventionsgruppe bei der zweiten Befragung tendenziell mehr ‚Win-win-Regeln' formulierte als die Kontrollgruppe und als vor der Intervention. Diese Tendenz erweist sich jedoch statistisch als nicht signifikant. Weiter zeigte sich, dass einige dieser Kinder bei den ‚Win-win-Regeln' auf das erworbene Wissen aus dem Unterricht zurückgegriffen haben.

Durchgängiges Argumentationsmuster

Die Fokussierung auf einzelne Kinder im Hinblick auf die Fähigkeit zur Perspektivenzusammenführung zeigt, dass es den Kindern der Interventionsgruppe an mehreren Stellen im Interview gelingt, die Perspektive von verschiedenen Akteuren zu berücksichtigen und aufeinander zu beziehen. Dies gelingt nach der Intervention, nicht aber beim ersten Messzeitpunkt. Die Kinder der Kontrollgruppe können die Perspektivenzusammenführung nur punktuell an wenigen Stellen vollziehen. Sie wirkt so eher zufällig. Auch ist die Argumentation der Kinder aus der Interventionsgruppe reicher an Sachwissen als bei der ersten Befragung und reicher als bei denjenigen der Kontrollgruppe. Die Analyse zeigt, dass es sich um Sachwissen handelt, das im Unterricht im Rahmen einer BNE behandelt wurde.

Diskussion

Bezogen auf die Perspektivenzusammenführung konnte bestätigt werden, dass signifikant mehr Kinder der Interventionsgruppe bei Messzeitpunkt 2 diese Fähigkeit zeigen als noch vor der Intervention und im Vergleich zur Kontrollgruppe. Zusätzlich verdeutlicht die qualitative Analyse eine inhaltlich reichere Argumentation bei den Kindern der Interventions- im Vergleich zur Kontrollgruppe. Unterricht im Rahmen einer BNE kann demgemäß, bezogen auf die Perspektivenzusammenführung, zur Förderung des vernetzten Denkens beitragen. Es gelingt den Kindern der Interventionsgruppe, wenn auch nicht allen, aufbauend auf ihrem Wissen aus dem Unterricht zu BNE den Zukunftswunsch für den Apfelbaumgarten und das Dorf zu formulieren und zu begründen. Im Unterricht haben sie gelernt, Zukunftsvorstellungen zu entwickeln und zu äußern. Sie haben in Bezug auf verschiedene Akteure und die Natur ‹Win-win-Lösungen› zu den Themen Pflanzenschutz, Hoch- und Niederstammbäumen und den Konsum in- oder ausländischer Äpfel erarbeitet. Insbesondere diese anspruchsvollen Lernprozesse scheinen die Kinder in ihrer Fähigkeit zur Perspektivenzusammenführung gefördert zu haben. In beiden Unterrichtsreihen setzten die Lehrerinnen verschiedene Elemente ein, um den Kindern die Interdependenzen zwischen den Akteuren zu verdeutlichen, um ‹Win-win-Lösungen› zu erarbeiten und um so schlussendlich die Perspektivenzusammenführung zu fördern. Den Lehrerinnen ist diese Förderung, wie die Ergebnisse der Interventionsstudie zeigen, gelungen. Auch andere Studien im Zusammenhang mit der Komponente ‹Perspektivenzusammenführung› weisen darauf hin, dass ein entsprechender Unterricht zur Förderung dieser Komponente beitragen kann (vgl. Sommer, 2005; Wylie et al., 1998; Stern et al., 2002).

Die Ergebnisse zeigen auch, dass die Argumentation der Kinder aus der Interventionsgruppe reicher an Sachwissen aus dem Unterricht im Rahmen einer BNE ausfällt als bei der ersten Befragung und reicher als bei denjenigen der Kontrollgruppe ist. Bedeutet dies nun, dass für die Fähigkeit zur Perspektivenzusammenführung lediglich die Vermittlung von Sachwissen im Unterricht eine zentrale Rolle spielt? Das Sachwissen ist sicherlich wichtig, damit die Argumentation vielfältiger und reichhaltiger wird. Die Beispiele der Kontrollgruppe zeigen jedoch, dass eine Perspektivenzusammenführung in Einzelfällen auch ohne das durch Unterricht vermittelte Sachwissen gelingen kann. Der Grund dafür ist vermutlich auf die Anlage des Interviews zurückzuführen. Es wurde gewährleistet, dass die Kinder der Kontrollgruppe nicht einfach aufgrund ihres mangelnden Sachwissens an der Perspektivenzusammenführung scheiterten. Alle Schülerinnen und Schüler erhielten deshalb, vermittelt durch die Versuchsleiterin, im Verlaufe des Interviews das notwendige Wissen über die Produktion, den Handel von Äpfeln bzw. Schokolade sowie über die Rolle und Interessen der jeweiligen Akteure. Ausgehend von diesem Wissen erreichten auch Kinder der Kontrollgruppe an einzelnen Stellen eine Perspektivenzusammenführung.

Bei diesen Kindern wurde es aber nicht zu einem Denkmuster, das sich durchzieht. Erst wenn die Zusammenführung von Perspektiven geübt wird, was durch den Unterricht zu BNE erfolgte, kann dies gelingen.

Zusammengefasst zeigen die Ausführungen, dass für den Erwerb vernetzten Denkens die Unterstützungsmassnahmen, die den Kindern zum Beispiel durch Unterricht geboten werden, wichtig sind. Es müssen anspruchsvolle Lernumgebungen mit Bezug zur Lebenswelt der Kinder geschaffen werden, in denen neue und sachgemäße Einsichten erarbeitet werden können. Unsere Studie hat gezeigt, dass Primarschulkinder grundsätzlich in der Lage sind, das Zusammenführen von Perspektiven auf einem einfachen, altersgemäßen Niveau zu erwerben. Sie zeigen dabei auch einen Zugewinn in der Menge und Komplexität ihres Wissens. Schülerinnen und Schüler, die einen solchen Unterricht erfahren, argumentieren in der Tendenz differenzierter und inhaltlich reicher. Diese Ergebnisse bestärken Bestrebungen in Hinblick auf den Einbezug von BNE in das Curriculum der Primarschule. Sie ermutigen insbesondere dazu, das Thema ‚vernetztes Denken' in die Ausbildung von Primarschullehrerinnen und -lehrern aufzunehmen und im Unterricht dieses Denken zu fördern.

Literatur

Bertschy, F. (2007). *Vernetztes Denken in einer Bildung für eine nachhaltige Entwicklung. Interventionsstudie zur Förderung vernetzten Denkens bei Schülerinnen und Schülern der 1. und 2. Primarschulstufe.* Bern: Dissertation der Philosophisch-humanwissenschaftlichen Fakultät der Universität.
Bertschy, F. & Künzli, Ch. (2004). Studentische Arbeiten an der Schnittstelle Theorie-Praxis. Projektarbeiten im Rahmen des Forschungsprojektes „Bildung für Nachhaltige Entwicklung". *Gaia, 13* (4), 303-306.
Di Giulio, A. (2004). *Die Idee der Nachhaltigkeit im Verständnis der Vereinten Nationen. Anspruch, Bedeutung und Schwierigkeiten.* Münster: Lit.
Everitt, B. S. (1996). *Making Sense of Statistics in Psychology.* Oxford: Oxford University Press.
Früh, W. (2004). *Inhaltsanalyse. Theorie und Praxis.* Konstanz: UKV Verlagsgesellschaft.
Funke, J. (2003). *Problemlösendes Denken.* Stuttgart: Kohlhammer.
Klieme, E. & Maichle, U. (1994). *Modellbildung und Simulation im Unterricht der Sekundarstufe I. Auswertungen von Unterrichtsversuchen mit dem Modellbildungssystem MODUS.* Bonn: Institut für Bildungsforschung.
Künzli David, Ch. (2007). *Zukunft mitgestalten. Bildung für eine nachhaltige Entwicklung – Didaktisches Konzept und Umsetzung in der Grundschule.* Bern: Haupt.

Künzli David, Ch., Bertschy, F., Haan, G. de & Plesse, M. (2008). *Zukunft gestalten lernen durch Bildung für nachhaltige Entwicklung. Didaktischer Leitfaden zur Veränderung des Unterrichts in der Grundschule.* Berlin: Transfer-21.

Künzli David, Ch. & Bertschy, F. (2008). *Didaktisches Konzept Bildung für eine nachhaltige Entwicklung.* IKAÖ: Bern (3. überarb. Aufl.). Online unter: http://www.ikaoe.unibe.ch/forschung/bineu/index.html [03.03.2011].

Mandl, H. & Friedrich, H. F. (1992). Lern- und Denkstrategien – ein Problemaufriss. In: H. Mandl & H. F. Friedrich (Hrsg.), *Lern- und Denkstrategien. Analyse und Intervention* (S. 3-54). Göttingen: Hogrefe.

Ossimitz, G. (2000). *Entwicklung systemischen Denkens. Theoretische Konzepte und empirische Untersuchungen.* München: Profil.

Rode, H. (2005). *Motivation, Transfer und Gestaltungskompetenz. Ergebnisse der Abschlussevaluation des BKL-Programms „21".* Berlin: Verlag

Senge , P. (2003). *Die fünfte Disziplin.* Stuttgart: Klett-Cotta.

Sommer, C. (2005). *Untersuchung der Systemkompetenz von Grundschülern im Bereich Biologie.* Kiel: Dissertation. Online unter: http://eldiss.uni-kiel.de/macau/receive/dissertation_diss_00001652 [03.03.2011].

Stern, E., Möller, K., Hardy, I. & Jonen, A. (2002). Warum schwimmt ein schwerer Baumstamm im Wasser? Der Erwerb physikalischer Konzepte im Grundschulalter. *Physik Journal, 1,* 63-67.

Sweeney, L. B. (2001). *When a butterfly sneezes: A guide for helping kids explore interconnections in our world through favorite stories.* Waltham, MA: Pegasus Communication.

Wylie, J. W., Sheehy, N. P., McGuinness, C. & Orchad, G. (1998). Children's thinking about air pollution: a systems theory analysis. *Environmental Education Research, 4,* 117-137.

Kirsten Herger
Förderung der Metakognition in der Schuleingangsstufe
Wichtigkeit aus Sicht der Lehrpersonen und Rahmenbedingungen zur Umsetzung

Einleitung

Seit den nationalen und internationalen Leistungsvergleichsstudien wird deutlich, dass während des Unterrichts neben dem Faktenwissen zu wenig Wert auf die Vermittlung von prozeduralem Wissen (d.h. das Wissen, *wie* etwas anzugehen ist) gelegt wird (Killus, 2009, S. 130). Aus der PISA-Studie ist bekannt, dass gerade dieses Wissen für den Lernerfolg wichtig ist. Schülerinnen und Schüler schneiden leistungsmäßig besser ab, wenn sie über prozedurales Wissen – wie etwa Lernstrategien oder metakognitive Fähigkeiten und Fertigkeiten – verfügen und diese während des Lernprozesses einsetzen (Moschner, 2003, S. 56). Auch Pressley, Brokowski und Schneider (1987 in Lauth, 2004, S. 13) zeigen in ihrem Modell ‚Good Strategy User‘, dass Schülerinnen und Schüler mit guten schulischen Leistungen sich von Schülerinnen und Schülern mit schlechten schulischen Leistungen dahingehend unterscheiden, dass Erstere ihr Denken und Verhalten planen, ihr Lernen und ihre Leistung überwachen und über mehrere Lernstrategien verfügen, also auch prozedurales Wissen einsetzen. Die im Modell von Pressley, Brokowski und Schneider beschriebenen Fähigkeiten und Fertigkeiten Planen, Überwachen und Reflektieren sind Bestandteile der Metakognition. Metakognition ist bereits bei 4- bis 8-jährigen Kindern ein Thema. DeLaoche, Sugarman und Brown (1985) oder Pramling (1990) zeigen, dass metakognitive Fähigkeiten und Fertigkeiten sich bereits im Vorschulalter zu entwickeln beginnen, wenn auch unterschiedlich schnell. Eine gezielte Förderung hilft den Kindern, Basisfertigkeiten in Bezug auf die Metakognition aufzubauen und so schon früh Grundsteine für das erfolgreiche und effiziente Lernen zu legen. Außerdem erleichtern metakognitive Fähigkeiten und Fertigkeiten das Lernen und sind auch für alltägliche Problemlösesituationen relevant (vgl. Gisbert, 2004, S. 138f.).

Das selbstständige Lernen besteht aus verschiedenen Komponenten. So sind Lernstrategien und die Metakognition wichtige Voraussetzungen dafür, dass das selbstständige Lernen gelingt. Als Ganzes ist das selbstständige Lernen ein Aspekt des Konzeptes des ‚Classroom Management' nach Evertson, Emmer und Worsham (2003). Deshalb werden in einem ersten theoretischen Teil das Konzept des ‚Classroom Management' und die Begrifflichkeit der Metakognition beschrieben. In einem zweiten Teil werden die präzisen Fragestellungen für den vorliegenden Beitrag, die Stichprobe, die Erhebungsinstrumente sowie die Ergebnisse der Untersuchung in Bezug auf die Fragestellungen erläutert.

Classroom Management

Im Forschungsprojekt ‚Classroom Management in der Schuleingangsstufe'[1] wird das Konzept von Evertson, Emmer und Worsham (2003) als Grundlage verwendet. Dieses Konzept beinhaltet die folgenden Elemente: Klassenraum vorbereiten, Regeln und Verfahrensweisen planen, Konsequenzen festlegen, Unterbindung von unangemessenem Schülerverhalten, Regeln und Prozeduren unterrichten, Aktivitäten zum Schulbeginn, Strategien für potenzielle Probleme, Beaufsichtigen und Überwachen, Vorbereiten des Unterrichts, Verantwortlichkeit der Schülerinnen und Schüler sowie unterrichtliche Klarheit.

Der Aspekt ‚Verantwortlichkeit der Schülerinnen und Schüler' kann als Rahmen des selbstständigen Lernens verstanden werden. Die Verantwortlichkeit umfasst Punkte wie die Entwicklung eines Verantwortungsgefühls für das eigene Arbeiten, die Steigerung der Selbstwirksamkeit oder die Organisation eigener Lernprozesse. Damit die Schülerinnen und Schüler Verantwortung übernehmen können, muss die Lernumgebung so gestaltet sein, dass sie die Übernahme von Verantwortung auch zulässt. Zudem müssen die Schülerinnen und Schüler wissen, wie sie in Situationen, in denen sie eine gewisse Selbständigkeit haben und demnach auch Verantwortung übernehmen, vorgehen können und wie sie ihr Lernen gestalten sollen, damit es erfolgreich ist. Vor allem in offenen Situationen oder individualisierenden Unterrichtssequenzen ist das selbstständige Lernen möglich. Damit das Durchführen von solchen Lernprozessen gelingt, müssen

---

1 Projekt der PHBern, geleitet von E. Wannack, Projektnummer 07 s 00 03.

die Schülerinnen und Schüler über metakognitive Fähigkeiten und Fertigkeiten verfügen.

Metakognition

Den Begriff Metakognition zu definieren fällt schwer. Bereits Brown (1987) warnte: „*... metacognition is not only a monster of obscure parentage, but a many headed monster at that*" (Brown, 1987, S. 105).

Oftmals wird Metakognition als das „Denken über das Denken" beschrieben. Diese einfache Umschreibung des Begriffs greift jedoch angesichts der Komplexität der darin enthaltenen Prozesse zu kurz. Auch wenn der Begriff schon länger existiert, wird bis heute darüber diskutiert, was mit Metakognition genau gemeint ist. Die Hauptschwierigkeit dabei ist es, die verschiedenen Begriffe, welche ein ähnliches Phänomen umschreiben, voneinander abzugrenzen. In der Literatur tauchen beispielsweise Begriffe wie Selbstregulation, exekutive Kontrolle oder Selbststeuerung auf. Diese stammen aus unterschiedlichen Forschungsrichtungen und werden zum Teil synonym und zum Teil nur für gewisse Teilaspekte des Phänomens verwendet. Obwohl es gewisse Unterschiede bezüglich den einzelnen Definitionen gibt, betonen alle Konzepte die Rolle von exekutiven Prozessen beim Überblick und bei der Regulation von kognitiven Prozessen (vgl. Livingstone, 2003, S. 2f.).

John Flavell (1979) ist einer der ersten, der sich mit dem Begriff Metakognition beschäftigt. Flavell unterscheidet:
- *Metakognitives Wissen:* Wissen über Personenvariabeln, Aufgabenvariabeln und Strategievariabeln
- *Metakognitive Erfahrung und Regulation:* Benutzung von metakognitiven Strategien und metakognitiver Regulation (vgl. Flavell, 1979, S. 609ff.; Livingstone, 2003, S. 2f.)

In den verschiedenen Definitionen der metakognitiven Regulation besteht Einigkeit darüber, dass die Metakognition Regulations- und Kontrollprozesse beinhaltet. Der Begriff wurde vor allem von Brown (1978) geprägt, welche die Regulations- und Kontrollprozesse noch weiter aufschlüsselt. Sie unterscheidet drei Tätigkeiten, die für die Steuerung und Überwachung des Lernens große Relevanz aufweisen und zudem eine zeitliche Komponente enthalten:

- *Planungsaktivitäten*: Aktivitäten vor dem Bearbeiten der Aufgabe (Vorhersage von Ergebnissen, Entwerfen von Strategien und Durchspielen unterschiedlicher Möglichkeiten von Versuch und Irrtum)
- *Überwachungsaktivitäten*: Aktivitäten während des Lernens (Steuerung, Prüfung, Abänderung und Neuplanung der Lernstrategien)
- *Ergebnisüberprüfung*: Überprüfung der Ergebnisse der Strategieanwendung nach Effizienz- und Effektivitätskriterien. Die Ergebnisprüfung ist ein zirkulärer Prozess, d.h. während der Überwachungsaktivitäten kann der Lernende bzw. die Lernende in die Phase der Planungsaktivitäten zurückfallen (vgl. Brown, 1978, S. 77ff.)

Mit diesen drei Aktivitäten werden wesentliche Aspekte formuliert, welche in Bezug auf das selbstständige Lernen vorhanden sein müssen. Kinder der Vorschulstufe und Primarunterstufe zeigen schon erste Ansätze dieser Aktivitäten (z.B. den spontanen Strategieeinsatz bei Problemlösungen). Die Förderung der einzelnen Aspekte ist eine gute Voraussetzung für die Weiterentwicklung des selbstständigen Lernens.

Fragestellungen

Damit das selbstständige Lernen von Kindern gefördert werden kann, muss einerseits die Lehrperson die Elemente der Metakognition als wichtig erachten. Andererseits müssen gewisse Rahmenbedingungen gegeben sein, damit die Schülerinnen und Schüler in der Klasse überhaupt selbstständig lernen können. Basierend auf die durchgeführte Fragebogenerhebung lassen sich folgende Fragen formulieren:
- Als wie wichtig beurteilen Lehrpersonen des Kindergartens und der Primarunterstufe Aspekte der Metakognition wie z.B. das Vermitteln von Lernstrategien oder das Reflektieren von Lernprozessen?
- Ergeben sich Zusammenhänge zwischen Aspekten der Metakognition und Aspekten der Unterrichtsgestaltung bzw. des ‚Classroom Management'?

Untersuchungsdesign

In der Fragebogenuntersuchung wurden Lehrpersonen des Kindergartens und der Primarunterstufe mittels eines standardisierten Fragebogens zu ihrem ‚Classroom Management' und ihrer Unterrichtsgestaltung befragt. Die Items der Unterrichtsgestaltung beinhalteten Fragen bezüglich verschiedener Unterrichtsmethoden (offener Unterricht, geschlossener Unterricht, individualisierende Möglichkeiten etc.). Weitere Items wurden basierend auf den vorgestellten Aspekten des ‚Classroom Management' operationalisiert. Der Aspekt ‚Verantwortlichkeit der Schülerinnen und Schüler' umfasste Items zum selbstständigen Lernen und zur Förderung der Metakognition. Die Items stützten sich auf die Begrifflichkeit von Brown. So entstanden pro Aspekt der Metakognition (Planungsaktivitäten, Überwachungsaktivitäten und Ergebnisprüfung) drei bis vier Items. Die Lehrpersonen sollten diese Items auf einer fünfstufigen Skala einschätzen, die von „stimmt gar nicht", „stimmt eher nicht", „stimmt teils-teils", „stimmt eher" bis zu „stimmt voll und ganz" reichte. Die Lehrpersonen wurden zwischen Sommer und Herbst 2008 angeschrieben (vgl. Wannack, Herger, Barblan & Gruber 2008).[2]

Stichprobe

Der Fragebogen wurde an 612 Lehrpersonen des Kindergartens und der Primarunterstufe im Kanton Bern versandt. Die Kontaktaufnahme zu den Lehrpersonen erfolgte über die Schulleitungen des Kantons Bern. Alle Schulleitungen wurden mit der Bitte angeschrieben, den beiliegenden Brief an die Lehrpersonen des Kindergartens und der Primarunterstufe weiterzugeben. In diesem Brief befanden sich einige Angaben zum Projekt und einen Link zur Online-Befragung, wo sich die Lehrpersonen für die schriftliche Befragung registrieren konnten. Weitere Lehrpersonen suchten wir über die Websites von Gemeinden und Schulen. Bei der Stichprobenziehung wurde nebst der Stufe auf das Pensum ($\geq 50\%$) und auf eine proportionale Verteilung der Gemeinden geachtet. 392 Lehrpersonen (207 Lehrpersonen des Kindergartens und 185 Lehrpersonen der Primarunterstufe) sendeten den Fragebogen zurück. Dies entspricht einer Rücklaufquote von 62%.

---

2 Siehe Dokumentationsband zum Projekt ‚Classroom Management in der Schuleingangsstufe': <schuleingangsstufe.phbern.ch>.

Ergebnisse

Wichtigkeit verschiedener Aspekte der Metakognition

Die erste Fragestellung kann anhand einer Frage des Fragebogens beantwortet werden, welche sich mit der Wichtigkeit verschiedener Themen des ‚Classroom Management' und der Unterrichtsgestaltung beschäftigt. Die Lehrpersonen sollten hier anhand einer 5er Skala („nicht wichtig", „eher wichtig", „weder-noch", „wichtig", „sehr wichtig") beurteilen, welche Themen für sie wichtig sind und anschließend den gleichen Themen einen Rang zuteilen. Jeder Rang durfte nur einmal verwendet werden. Insgesamt wurden zwölf Themen vorgegeben, was demnach die Zuteilung der Ränge 1-12 bedeutete. Durchschnittlich wurde diese Frage von 351 Lehrpersonen beantwortet. Die Anzahl variiert von Thema zu Thema leicht. Die restlichen 41 Lehrpersonen haben die Frage nicht oder nur teilweise ausgefüllt. Um eine Gesamtreihenfolge bilden zu können, wurde die Summe aus den vergebenen Rangplätzen aller Antworten berechnet. Das Thema, mit der tiefsten Summenzahl besetzt den ersten Rang – die meisten Lehrpersonen teilen diesem Thema einen vorderen Rang zu. Das Thema mit der höchsten Punktzahl besetzt den letzten Rang – die meisten Lehrpersonen wählen hier einen hohen Rang.

Zwei der aufgelisteten Themen beschäftigen sich mit metakognitiven Aspekten, nämlich „Lernstrategien vermitteln" und „Lernprozesse mit den Kindern reflektieren". Das Thema „Offene Unterrichtsformen zur Förderung des selbstständigen Lernens nutzen" wird ebenfalls genauer betrachtet, da davon ausgegangen werden kann, dass Kinder beim selbstständigen Lernen für den Lernprozess eigenverantwortlich handeln und dabei metakognitive Fähigkeiten und Fertigkeiten einsetzen. Wie aus der Tabelle ersichtlich wird, nehmen die beiden Themen „Lernstrategien vermitteln" und „Lernprozesse mit den Kindern reflektieren" gemäß der Summe eher hintere Rangplätze ein. Das Thema „Offene Unterrichtsformen zur Förderung des selbstständigen Lernens nutzen" befindet sich im Mittelfeld. In der Tabelle zwei ist die Einschätzung der Wichtigkeit bezüglich der drei erwähnten Themen detaillierter dargestellt.

Tabelle 1: Rangverteilung zur Wichtigkeit verschiedener Themen des ‚Classroom Management'

Frage: Welche Themenfelder erachten Sie innerhalb Ihres Unterrichts als besonders wichtig? Vergeben Sie Rangplätze von 1–12, wobei jeder Rang nur einmal vorkommen darf. Der erste Rang bedeutet, dass Sie dieses Thema als am wichtigsten innerhalb Ihres Unterrichts bezeichnen. Falls Ihnen ein Themenbereich fehlt, können Sie diesen unten anfügen und dafür einen anderen Themenbereich streichen.		
Thema	Summe	Rang
Rituale für die Gemeinschaftsbildung durchführen	1345	1
Ein klarer und strukturierter Unterrichtsablauf	1408	2
Wichtige Verhaltensregeln einführen und anwenden	1489	3
Flexibel sein bei der Unterrichtsdurchführung	2043	4
Individualisierung beim Lernen der Kinder	2132	5
Offene Unterrichtsformen zur Förderung des selbstständigen Lernens nutzen	2266	6
Einen genauen Überblick über Vorkommnisse in der Klasse haben	2488	7
Arbeitsabläufe für einen reibungslosen Unterricht mit den Kindern einüben	2656	8
Rituale zur Konfliktvorbeugung durchführen	2706	9
Lernstrategien vermitteln	2715	10
Geschlossene Unterrichtssituationen für das Erarbeiten und Üben von Lerninhalten nutzen	3093	11
Lernprozesse mit den Kindern reflektieren	3407	12

Tabelle 2: Einschätzung der Wichtigkeit zu verschiedenen Themen des ‚Classroom Management'

	Gar nicht wichtig	Nicht wichtig	Weder-noch	Wichtig	Sehr wichtig
Lernstrategien vermitteln (n=379)	2	6	59	246	66
Lernprozesse mit den Kindern reflektieren (n=383)	1	20	97	209	56
Offene Unterrichtsformen zur Förderung des selbstständigen Lernens nutzen (n=379)	0	2	23	226	128

Das Thema „Lernstrategien vermitteln" beurteilen 246 Personen als wichtig, 66 als „sehr wichtig", 59 als „weder-noch" und lediglich 8 Personen schätzen ein, dass „Lernstrategien vermitteln" „eher nicht wichtig" oder „gar nicht wichtig" ist. Das heißt, die Mehrheit der Lehrpersonen findet

"Lernstrategien vermitteln" im Unterricht wichtig. In der Summentabelle erreicht dieses Thema den 10. Rang.

Beim Thema "Lernprozesse mit den Kindern reflektieren" zeigt sich ein ähnliches Phänomen:

Dieses Thema wird von 209 Lehrpersonen als wichtig beurteilt, von 97 als weder-noch, von 56 als sehr wichtig, von 20 als nicht wichtig und von einer Person als gar nicht wichtig. Gemäße der Summenberechnung belegt dieses Thema im Vergleich zu den anderen Themen den letzten Rang.

"Offene Unterrichtsformen zur Förderung des selbstständigen Lernens nutzen" beurteilt der größte Teil der Lehrpersonen als "wichtig" (226) oder sogar "sehr wichtig" (128). Keine Lehrperson findet dieses Thema "gar nicht wichtig", zwei Lehrpersonen kreuzen an, dass dieses Thema ihnen "nicht wichtig" ist und 23 Lehrpersonen entscheiden sich für "weder-noch". Dieses Thema landet bei der Rangverteilung auf Platz 6.

Alle drei Themen werden aus Sicht der Lehrperson als wichtig eingeschätzt, wobei das Thema "Offene Unterrichtssituationen zur Förderung des selbstständigen Lernens nutzen" den besten Rang erhält. Themen wie Individualisierung, Regeln einführen oder ein klarer und strukturierter Unterrichtsablauf scheinen jedoch in einem direkten Vergleich wichtiger zu sein, als Themen, die sich mit dem selbstständigen Lernen bzw. der Metakognition beschäftigen.

Es stellte sich die Frage, ob die Stufe (Kindergarten oder Primarunterstufe) respektive die Berufserfahrung einen Einfluss auf die Beurteilung der drei Themen haben.

Die dazugehörige Varianzanalyse zeigte, dass die Berufserfahrung keinen Einfluss auf die Einschätzung der Themen hat, sich Lehrpersonen des Kindergartens und Lehrpersonen der Primarunterstufe jedoch in ihren Beurteilungen unterscheiden. So schätzen Lehrpersonen der Primarunterstufe das Thema "Lernstrategien vermitteln" signifikant höher ein als Lehrpersonen des Kindergartens ($F[378] = 9.57$, $p<.01$). Auch das Thema "Lernprozesse mit den Kindern reflektieren" wird von den Lehrpersonen der Primarunterstufe als wichtiger eingeschätzt ($F[378] = 5.84$, $p<.05$). Ein Grund für die höhere Beurteilung auf der Primarunterstufe könnte sein, dass diese Themen in den ersten Schuljahren an Wichtigkeit gewinnen, da der Fokus bewusst auf das systematische Lernen gelegt wird. Deshalb leuchtet es ein, dass Lehrperson der Primarunterstufe mit den Kindern Lernstrategien thematisieren oder Lernprozesse reflektieren. Hingegen beurteilen Lehrpersonen des Kindergartens das Thema "Offene Unterrichtssituationen zur Förderung des selbstständigen Lernens nutzen" im Vergleich zu den Lehrpersonen der Primarunterstufe als wichtiger (F[382] = 10.09, p<.01). Im Freispiel haben die Kinder des Kindergartens die Möglichkeit, selbstständig zu spielen und zu lernen. Das Freispiel als eine Form von offener Unterrichtssituation nimmt einen zentralen Stellenwert im Kindergarten ein, weshalb es denkbar ist, dass die Lehrpersonen deshalb dieses Thema höher bewerten als Lehrpersonen der Primarunterstufe.

Zusammenhang Metakognition und Unterrichtsgestaltung bzw. ‚Classroom Management'

Um die zweite Frage zu beantworten, wurden verschiedene Faktoren aus dem Fragebogen gebildet. Ein Faktor entstand aus der Itembatterie zum selbstständigen Lernen und bekam den Titel ‚Das Lernen thematisieren' (α=.62). Dieser Faktor enthielt folgende Items:
- Ich merke immer wieder, dass Kinder, die ihr Lernen selbst planen, durchführen und reflektieren leistungsmäßig in der Schule oder im Kindergarten besser abschneiden als Kinder, die das nicht tun.
- Die Kinder bekommen bei mir die Gelegenheit, verschiedene Vorgehensweisen beim Lernen auszuprobieren.
- Wenn Kinder wissen, wie sie eine Aufgabe planen, durchführen und reflektieren können, können sie auch selbstständig lernen.
- Mir ist wichtig, dass die Kinder wissen, worauf sie beim Lernen achten sollen, deshalb nehme ich mir im Unterricht bewusst Zeit dafür.
- Ich reflektiere mit den Kindern die Aufgaben, um ihnen verschiedene Lösungswege aufzuzeigen.
- Die Kinder kennen Handlungsmöglichkeiten, wenn sie bei einer Aufgabe nicht weiterkommen.

Ebenso wurden zu den Themen des ‚Classroom Management' und der Unterrichtsgestaltung Faktoren gebildet.[3] Um die Frage des Zusammenhangs zwischen der Variabel ‚Das Lernen thematisieren' und den verschiedenen Variabeln des ‚Classroom Management' bzw. der Unterrichtsgestaltung zu ergründen, wurden Korrelationen nach Pearson gerechnet. Die signifikanten (p<0.01) Zusammenhänge sind in der Tabelle ersichtlich. Die Korrelationsfaktoren, welche die Enge des Zusammenhangs beschreiben, bewegen sich zwischen 0.4 und 0.5.

---
3 Siehe Dokumentationsband zum Projekt ‚Classroom Management in der Schuleingangsstufe': <schuleingangsstufe.phbern.ch>.

Tabelle 3: Korrelationen zwischen den Variabeln des ‚Classroom Management' und dem Faktor ‚Das Lernen thematisieren'

Variabeln	N	Das Lernen thematisieren	p
Offene Unterrichtsphasen und Individualisierung (α=.67)	371	0.37**	<.01
Individualisierende Lernmöglichkeiten (α=.63)	369	0.49**	<.01
Aufbau und Strukturierung von Lerninhalten (α=.64)	372	0.48**	<.01
Das Lernen unterstützen (α=.73)	388	0.43**	<.01
Differenzieren und beurteilen (α=.76)	368	0.47**	<.01

Aus der Tabelle wird ersichtlich, dass Lehrpersonen, die angeben das „Lernen zu thematisieren" auch eher offene Unterrichtsphasen zur Individualisierung nutzen und individualisierende Lernmöglichkeiten zur Verfügung stellen. Sie achten darauf, Lerninhalte strukturiert aufzubauen und versuchen, das Lernen der Kinder zu unterstützen. Die Lehrpersonen differenzieren verschiedene Lernprozesse und setzten unterschiedliche Beurteilungsformen ein.

Auffallend bei diesen Ergebnissen ist, dass es sich bei den signifikanten Korrelationen eher um unterrichtsgestaltende Elemente handelt. Offene Unterrichtsphasen sowie individualisierende Lernmöglichkeiten führen anscheinend tatsächlich dazu, dass Lehrpersonen mit den Kindern ihr Lernen besprechen. Dies wahrscheinlich deshalb, weil gerade in offenen Unterrichtsphasen und bei individualisierenden Lernmöglichkeiten die Kinder auch selbstständig arbeiten und Hilfe in Bezug auf ihr Lernen benötigen.

Fazit

Metakognitive Fähigkeiten und Fertigkeiten sind in Bezug auf das Lernen von Kindern wichtig. Mit diesen Fähigkeiten und Fertigkeiten können Schülerinnen und Schüler ihr Lernen planen, ihren Lernprozess überwachen und das Ergebnis reflektieren.

In der hier beschriebenen Fragebogenuntersuchung wurden Lehrpersonen des Kindergartens und der Primarunterstufe des Kantons Bern gefragt, wie wichtig ihnen Aspekte der Metakognition wie z.B. das Vermitteln von Lernstrategien oder das Reflektieren von Lernprozessen sind. Die Ergebnisse dieser Frage zeigen, dass die Lehrpersonen zwar Aspekte der Metakognition wichtig finden, anderen Themen jedoch den Vorzug geben. In den vorderen Rängen waren vor allem Themen des ‚Classroom Management' zu finden, wie etwa Rituale durchführen oder Verhaltensregeln vermitteln. In der Einschätzung der drei oben beschriebenen Themen unterscheiden sich die Lehrpersonen der Primarunterstufe und die Lehrpersonen des Kindergartens voneinander. So schätzten die Lehrpersonen der Primarunterstufe die Themen ‚Lernstrategien vermitteln' und ‚Lernprozesse mit den Kindern reflektieren' signifikant höher ein als die Lehrpersonen des Kindergartens. Verantwortlich für diesen Unterschied könnte das systematische Lernen sein, welches in der Primarunterstufe an Wichtigkeit gewinnt. Dies führt oft dazu, dass Lernprozesse intensiver besprochen werden. Das Thema ‚Offene Unterrichtssituationen zur Förderung des selbstständigen Lernens nutzen' wurde hingegen von den Lehrpersonen des Kindergartens durchschnittlich als wichtiger beurteilt. In Kindergärten nimmt das Freispiel als offene Unterrichtssituation einen wichtigen Stellenwert ein. Dies könnte ein möglicher Grund für die unterschiedliche Beurteilung darstellen.

Weiter wurde untersucht, ob es bestimmte Zusammenhänge zwischen der Metakognition und des ‚Classroom Management' bzw. der Unterrichtsgestaltung gibt. Offene und individualisierende Lernmöglichkeiten führen dazu, dass Lehrpersonen mit den Kindern das Lernen besprechen. Der Aufbau und die Strukturierung von Lerninhalten macht selbstständiges Lernen möglich, wobei auch hier das Lernen thematisiert wird. Wer das Lernen thematisiert, versucht, das Lernen der Kinder zu unterstützen sowie die Lernprozesse zu differenzieren und setzt verschiedene Beurteilungsformen ein.

Ausblick

Das Forschungsprojekt ‚Classroom Management in der Schuleingangsstufe' führt neben der Fragebogenuntersuchung eine Videountersuchung an insgesamt zwölf Klassen durch. Die zwölf Klassen bestehen aus sechs Kindergartenklassen und sechs Unterstufenklassen. Die Lehrpersonen erhalten nach den Filmaufnahmen die Gelegenheit, auf drei Schlüsselszenen in einem fokussierten Interview zu reagieren (vgl. Wannack, 2008).

In den Videountersuchungen steht wiederum das Thema des ‚Classroom Management' im Zentrum, d.h. dass die Verantwortlichkeit der Kinder und das selbstständige Lernen ebenso näher betrachtet werden. Ein nächstes Ziel wird es sein, diese Videodaten mit den Ergebnissen der Fragebogenuntersuchung zu vergleichen.

Literatur

Brown, A. L. (1987). Knowing When, Where, and How to Remember: A Problem of Metacognition. In: R. Glaser (Ed.): *Advances in instructional psychology* (Vol. 1., pp. 77-165). Hilsdale: Lawrence Erlbaum
DeLoache, J. S., Sugarman, S. & Brown, A. L. (1985). The Development of Error Correction Strategies in Young Children's manipulative Play. *Child Development, 56*, 928-939.
Evertson, C. M., Emmer E. T. & Worsham, M. E. (2003). *Classroom Management for Elementary Teachers*. Boston: Allyn and Bacon.
Flavell, J. H. (1979). Metacognition and Cognitive Monitoring. A New Area of Cognitive-Developmental Inquiry. *American Psychologist, 34*, 906-911.
Gisbert, K. (2004): *Lernen lernen: Lernmethodische Kompetenzen von Kindern in Tageseinrichtungen fördern*. Weinheim: Beltz Verlag.
Killus, D. (2009). Förderung selbstgesteuerten Lernens im Kontext lehrer- und organisationsbezogener Merkmale. *Zeitschrift für Pädagogik, 55* (1), 130-150.
Lauth, M. (2004). *Interventionen bei Lernstörungen*. Göttingen: Hogrefe.
Livingston, J. A. (2003). *Metacognition: An Overview*. University of Buffalo.
Moschner, B. (2003). Wissenserwerbsprozesse und Didaktik. In: B. Moschner, H. Kiper, B. & U. Kattmann (Hrsg.): *PISA 2000 als Herausforderung: Perspektiven für Lehren und Lernen*. (S. 3-64). Baltmannsweiler Hohengehren: Schneider Verlag Hohengehren.
Noushad, P. P. (2008). *Cognitions about cognitions: The Theory of Metacognition*. Calcut: Farook Rining College.
Pramling, I. (1990). *Learning to Learn: A Study of Swedish Preschool Children*. New York: Springer.
Wannack, E. (2008). *Forschungsantrag: Classroom Management in der Schuleingangsstufe*. Unveröffentlichtes Manuskript.
Wannack, E., Herger, K., Gruber, M. & Barblan A. (2008): *Classroom Management in der Schuleingangsstufe. Dokumentation der Fragebogenstudie*. Online unter: www.schuleingangsstufe.phbern.ch [31.8.09].

Melanie Kuhn
‚Verstehen' ethnographisch
Eine professionstheoretische Perspektive

Einleitung

„Verstehen (...)", so konstatieren Gaus und Uhle (2006, S. 9, Hervg. i.O.), „ist eine *Grundkategorie*, die für pädagogische Professionalität und disziplinäre Pädagogik / Erziehungswissenschaft unabdingbar und bedeutungshaltig ist". Uhle (vgl. 2006, S. 215) proklamiert, dass sich Erziehung überhaupt erst durch ‚Verstehen' konstituiere. ‚Verstehen' sei dabei nicht nur als eine Zielkategorie pädagogischen professionellen Handelns zu betrachten, sondern vielmehr als eine *„generelle Zielkategorie allen kommunikativen Handelns"* (Gaus & Uhle, 2006, S. 10, Hervg. i.O.). Zugleich verweisen beide Autoren auch auf die Vielschichtigkeit und Widersprüchlichkeit unterschiedlicher theoretischer und alltagssprachlicher Konzepte von ‚Verstehen'.

Diesem komplexen Phänomen des ‚Verstehens' will der folgende Beitrag im pädagogischen Alltagsgeschehen der Institution Kindergarten in einem ethnographischen Zugang nachspüren. Das analytische Interesse richtet sich dabei auf das pädagogische Handeln der Erzieherinnen. Dabei erzeugt die in diesem Beitrag eingenommene ethnomethodologische Theorieperspektive einen spezifischen Blick auf den Gegenstand ‚Verstehen'. Im Verständnis der Ethnomethodologie wird Wirklichkeit von Akteurinnen in sozialen Praktiken geschaffen (vgl. Garfinkel, 1967). Die Ethnomethodologie analysiert nun diese ‚Methoden', mit denen die Akteurinnen soziale Bedeutung herstellen und gesellschaftliche Realität erschaffen und erhalten. Demnach richtet sich das Erkenntnisinteresse der Ethnomethodologie in erster Linie auf den ‚gewöhnlichen' Alltag. Die Ethnographie als Forschungsstrategie erweist sich in besonderem Maße als geeignet, um konkrete Alltagsinteraktionen teilnehmend beobachtend in den Blick zu nehmen und unter der klassischen Prämisse Geertz' (1983, zitiert nach Amann & Hirschauer, 1997, S. 20) „What the hell is going on here?" zu untersuchen, *wie* soziale Wirklichkeit interaktiv hergestellt wird. Eine solche mikroanalytische Beschreibung der ablaufenden Interaktionen zielt auf die methodische Befremdung des scheinbar Vertrauten (vgl. Amann & Hirschauer, 1997,

S. 12). Dies ermöglicht es, einen geschärften Blick auf pädagogisches Handeln einzunehmen, mit dem normativ-bewertende Fragen nach einer gelingenden pädagogischen Praxis bewusst zurückstellt werden können.

Unter einer solchen ethnomethodologischen Theorieperspektive und einem ethnographischen Zugang kann auch ‚Verstehen' als eine soziale Praxis gelesen und erforscht werden, die von den Akteurinnen in Alltagsinteraktionen erzeugt wird. Dementsprechend widmet sich dieser Beitrag der Frage, *wie* – also mit welchen Handlungspraktiken – die Erzieherinnen im Kindergartenalltag ‚Verstehen' in Interaktionen mit den Kindern herstellen. Analysiert man ‚Verstehen' als eine soziale Praxis, kommen darüber hinaus – so wird im Folgenden am vorliegenden Beobachtungsmaterial zu zeigen sein – pädagogische Handlungsparadoxien in den Blick, die professionstheoretisch eingeordnet werden können.

In diesem Beitrag wird die von Fritz Schütze (1996; 2000) vertretene interaktionistische Professionstheorie, die pädagogische Handlungsparadoxien ins Zentrum der Aufmerksamkeit rückt, für die Mikroanalyse elementarpädagogischen Handelns fruchtbar gemacht (2). Daraufhin wendet sich der Artikel der empirischen Rekonstruktion der Interaktionen zwischen zwei Erzieherinnen und einem Kind in einem Erzählkreis zu. In einem ersten Schritt wird der Eingangsfrage nachgegangen und herausgearbeitet, *wie* – mit welchen Prozessen – die Akteurinnen hier interaktiv ‚Verstehen' erzeugen (3). In einem zweiten Schritt wird dann der Versuch unternommen, pädagogische Handlungsparadoxien, die in diesen Inszenierungsprozessen von ‚Verstehen' virulent werden, zu rekonstruieren (4).

Eine professionstheoretische Perspektive auf elementarpädagogisches Handeln

Insgesamt kann der aktuelle elementarpädagogische Diskurs eher als ein *professionalisierungs*theoretischer denn als ein *professions*theoretischer beschrieben werden. Im Vordergrund der Debatten steht die Forderung nach einer weitergehenden *Professionalisierung* der Elementarpädagogik, die in der Literatur weitgehend einhellig in einem Plädoyer für eine Akademisierung der Ausbildung für Erzieherinnen mündet (vgl. exempl. Thole & Cloos, 2006; Thole, 2008; Cloos, 2008).

Würde man das Thema *elementar*pädagogische Professionalität im Lichte strukturfunktionalistischer Professionstheorien diskutieren, fiele die Antwort auf die Frage, ob die Elementarpädagogik überhaupt eine Profession sei, eindeutig zu ihren Ungunsten aus (vgl. Thole, 2008, S. 274). Es sind die klassischen Professionen Jura, Medizin und Theologie, die solchen *merkmals*bestimmten Professionstheorien als Referenzmodelle dienen und dabei als Gradmesser für den oftmals als defizitär attribuierten Professionalisierungsgrad anderer Professionen fungieren. Professionen wären in dieser Perspektive gekennzeichnet durch ein systematisches, über ein akademisches Studium und Bildungstitel verbrieftes Fachwissen, die relative Autonomie in der Ausübung der Berufspraxis, eine am Gemeinwohl orientierte Berufsethik und das Verfügen über ein exklusives Professionswissen (vgl. Combe & Helsper, 1996; Thole, 2008). In Anlehnung an Etzioni (1969) wurde zunächst der Sozialpädagogik in einer solchen Defizitperspektive bescheinigt, dass sie lediglich eine „Semi-" oder eine „bescheidene" Profession (Schütze, 1992) sei. Dass sich die Zuschreibung einer „Semi-Profession" auch an die der Sozialpädagogik strukturell wie historisch nahen Elementarpädagogik richtet, erstaunt wenig angesichts des Umstandes, dass in Deutschland zudem nur ein minimaler Prozentsatz der in der Elementarpädagogik tätigen Professionellen über eine akademische Ausbildung verfügt. „Er [der Erzieherinnenberuf, Anm. M.K.] gilt allenfalls als ‚Semi-Profession', da seine Autonomie innerhalb der Organisation wenig ausgeprägt ist (Daheim, 1992), seine Angehörigen ein geringes Maß an Spezialisierung aufweisen, keinen eigenen Expertenstatus haben, sondern ihr Wissen aus der Forschung anderer Professionen rezipieren" (Dippelhofer-Stiem, 2001, S. 18). Weiterführend erscheint eine solche tradierte makrosoziologische indikatoren- oder merkmalsbestimmte Professionstheorie weder für die Sozial- noch für die Elementarpädagogik, da sie „*institutionenfixiert* und *formalistisch*" lediglich die „*institutionelle Ausprägung* des professionellen Handelns" (Dewe & Otto 2001, S. 1407, Hervg. i. O.) analysiert.

Die wenig aufschlussreiche Frage nach dem formalen Professionalisierungsgrad der Elementarpädagogik kann vernachlässigt werden, wenn man demgegenüber mit Schütze (1996; 2000) eine interaktionistische Theorieperspektive auf (elementar-)pädagogische Professionalität einnimmt, die ihre Aufmerksamkeit mikroanalytisch auf die Binnenlogik professionellen Handelns richtet. In der empirischen Analyse der pädagogischen Interaktion zwischen Professionellen und Klientinnen lassen sich Paradoxien professionellen Handelns rekonstruieren, die in einer interaktionistischen Professionstheorie als konstitutive Strukturmerkmale professionellen pädagogischen Handelns verstanden werden (vgl. ebd.). Diese unaufhebbaren Kernprobleme professionellen Handelns „sind *immer* und unvermeidbar gegeben" und müssen reflexiv eingeholt werden, um „die Fehlerpotentiale der Profession bewusst und wirksam [zu] kontrollieren (Schütze, 1996, S. 188, Hervg. i. O.). Die Fehlerpotentiale professionellen Handelns liegen in dieser Theorieperspektive in einem misslingenden Ausbalancieren und der einseitigen Auflösung dieser Paradoxien mit weit reichenden, in aller Regel negativen Auswirkungen für die Klientinnen. Im Interesse der interaktionistischen Professionstheorien steht so nicht die idealtypische Bestimmung professionellen Handelns, sondern vielmehr die Rekonstruktion des Paradoxen, Zerbrechlichen und des Fehlerhaften des professionellen Handelns (vgl. Schütze, 1996, S. 187). Dieser interaktionistischen Professionstheorie folgend nimmt der vorliegende Beitrag die Binnenlogik elementarpädagogischen Handelns exemplarisch an einer Beobachtungssequenz eines Erzählkreises in den Blick.

Eine mikroanalytische Perspektive auf ‚Verstehen'

Die analytische Beschäftigung mit dem Phänomen des ‚Verstehens' stellt einen Teilaspekt eines laufenden ethnographischen Promotionsprojekts dar, das pädagogische Professionalität im Kindergarten der Migrationsgesellschaft untersucht. Die vorliegende Beobachtungssequenz stammt aus dem Datenmaterial dieser Studie, in der der pädagogische Alltag in zwei Kindertagesstätten einer westdeutschen Großstadt in 3 vierwöchigen Feldphasen, jeweils an 4 Tagen die Woche für etwa 4-6 Stunden teilnehmend beobachtet wurde. Alle Namen im Beobachtungsprotokoll sind anonymisiert. An dieser Beobachtungssequenz soll nun zunächst rekonstruiert werden, *wie, – mit welchen Praktiken – die beiden Erzieherinnen interaktiv ‚Verstehen' erzeugen.*

Die Kinder sitzen mit den Erzieherinnen im Kreis und sollen „von ihrem Wochenende erzählen". (...) Als nächstes Kind ist Cora (4 Jahre, russischer Migrationshintergrund) an der Reihe. Sie hält den ‚Redestein' mit beiden Händen in ihrem Schoß, hat ihren Blick auf ihn gerichtet, schaut nur einmal kurz in die Runde und beginnt dann laut auf Russisch zu erzählen. Ich kann sie nicht verstehen, höre dazwischen aber deutlich das Wort „Kindergarten". Die Erzieherin Angelika (rumänischer Migrationshintergrund) lächelt sie an, nickt und sagt: „Ja, du warst nicht im Kindergarten am Wochenende." Cora schaut auf zu Angelika und nickt. Die Erzieherin Irina (polnischer Migrationshintergrund) schüttelt darauf flüchtig den Kopf, wendet sich an Cora *und sagt: „Wenn alle arbeiten...", unterbricht mitten im Satz, dreht sich zu Angelika und wiederholt an diese gerichtet einige von Coras russischen Worten und fährt dann mit Blick in die Runde fort, „...und die Oma und der Opa, dann gehe ich in den Kindergarten, hat sie gesagt." Angelika hebt ihre Augenbrauen, nickt, sagt leise „ah". Irina wendet sich dann wieder an Cora: „Genau Cora, <u>du</u> arbeitest hier im Kindergarten." Cora lächelt Irina an, entgegnet „mhm" und gibt den Stein an das Kind links neben ihr weiter.*

Das Beobachtungsprotokoll verweist auf den ritualisierten Ablauf von Kreisgesprächen, wie sie im Kindergartenalltag üblich sind (vgl. hierfür Jäger, Biffi & Halfhide, 2006). Nur das Kind, welches das Objekt ‚Redestein' in den Händen hält, darf und soll sprechen, in diesem Fall – so ist es die thematische Vorgabe der beiden Erzieherinnen – „vom Wochenende erzählen". Danach wird der Stein an das nächste Kind weitergegeben, welches dann legitimiert und zugleich auch aufgefordert ist, zu sprechen. Das Kind Cora scheint in die soziale Praxis des Setting Kreisgespräche eingeübt: Ohne dass es der weiteren Aufforderung einer Erzieherin bedarf, beginnt sie „laut auf Russisch zu erzählen", sobald sie den ‚Redestein' in den Händen hält. Die Beobachterin ist dabei einzig in der Lage, das Wort „Kindergarten" zu verstehen.

Das über das temporäre Verfügen über das Objekt ‚Redestein' vermittelte Sprachrecht der Kinder scheint für die Erzieherinnen selbst keine Verbindlichkeit zu haben. Die Erzieherin Angelika ist legitimiert zu sprechen, ohne im Besitz des Steins zu sein und darüber hinaus legitimiert, die Aussage Coras zu kommentieren. Sie „lächelt sie an, nickt und sagt: ‚Ja, du warst nicht im Kindergarten am Wochenende.'"

Sequenzanalytisch rekonstruiert und die spätere Intervention der Kollegin Irina zunächst ausgeblendet, wäre für die Interpretation dieses Aussagesatzes in einer ersten Lesart (A) zunächst anzunehmen, dass die Erzieherin Angelika über russische Sprechkompetenzen verfügt und dass sie – anders als die teilnehmende Beobachterin – damit prinzipiell in der Lage ist, Coras Erzählung zu verstehen. Fast man nun ethnomethodologisch ‚Verstehen' als eine soziale Praxis, ist zu fragen, *wie* – mit welchen Methoden – dieses ‚Verstehen' interaktiv hergestellt wird: Angelika inszeniert ‚Verstehen', indem sie Coras Satz wiederholend aufgreift und ihn mit einem „ja" und einem Nicken in dessen Richtigkeit bestätigt. Durch dieses bestätigende Aufgreifen von Coras Erzählung in der deutschen Mehrheitssprache transportiert die Erzieherin Coras Redebeitrag in die Kindergruppe, ohne dies dabei explizit als eine Übersetzung zu deklarieren. Weiter weist diese Bestätigung ganz grundsätzlich darauf hin, dass die Verwendung der russischen Sprache nicht sanktionierungsbedürftig, sondern vielmehr eine für diesen Kontext legitime Praxis zu sein scheint.

Berücksichtigt man für die Interpretation von Angelikas Aussagesatz *„Ja, du warst nicht im Kindergarten am Wochenende"* aber auch den weiteren Vollzug der Interaktionen in dieser Sequenz, legt die auf Angelikas Aussage folgende Intervention ihrer Kollegin Irina allerdings eine andere Lesart nahe: In einer konträren Lesart (B) soll davon ausgegangen werden, dass die Erzieherin Angelika über keine russischen Sprachkompetenzen verfügt und dass sie Coras Redebeitrag nicht verstehen kann.

Dieses ‚Nicht-Verstehen' kann – wie auch das ‚Verstehen' in Lesart (A) – allerdings nur *unterstellt* werden, gleichwohl sich im Beobachtungsmaterial Hinweise finden, die auf die Plausibilität dieser Lesart hindeuten. Diese Unterstellung ist in mehrfacher Weise problematisch: Auf der Ebene von Konstruktionen ersten Grades (Schütz, 1971, S. 68) suggeriert diese idealtypische, binär schematisierte Unterscheidung zwischen ‚Verstehen' und ‚Nicht-Verstehen', dass die Akteurinnen im Feld ihr Gegenüber entweder ganz oder gar nicht oder nur richtig oder falsch verstehen könnten. Zudem vernachlässigt diese Unterscheidung die erkenntnistheoretische Frage, inwiefern ‚Verstehen' überhaupt möglich sein kann (vgl. Schorr, 1985; Wulf, 1999). Alltägliches ‚Verstehen' kann in einer wissenssoziologischen Perspektive letztlich immer nur als eine Annäherung an den subjektiven Sinn von Akteurinnen gelesen werden (vgl. Schröer, 1997, S. 110ff.). Für die Konstruktionen zweiten Grades (Schütz, 1971, S. 68), den wissenschaftlichen Konstruktionen von den alltagsweltlichen Konstruktionen der Teilnehmerinnen, gilt dies in gleicher Weise. Sinnrekonstruktive Forschung kann nicht beanspruchen, ‚in die Köpfe der Akteurinnen zu blicken' und positivistische Aussagen über deren sprachliche oder kognitive Kompetenzen oder deren Intentionen treffen zu können. Hitzler (2002 [32], Hervg. i. O.) argumentiert dazu in Rekurs auf Schütz: „Denn dass dem Interpreten allenfalls eine *Annäherung* an den subjektiven Sinn eines anderen gelingt, ist evident: Zugänglich ist grundsätzlich *nicht* dessen Bewusstsein. Erfassbar, aufzeichenbar und damit interpretierbar sind lediglich die intersubjektiv wahrnehmbaren (…) *Realisationen*, nicht aber die *Intentionen* des Sich-Äußernden." Aus *heuristischen* Gründen wird für die Interpretation dieser Sequenz eine Unterstellung von russischer Sprachkompetenz und ‚Verstehen' (Lesart A) und russischer Sprach*in*kompetenz und ‚Nicht-Verstehen' (Lesart B) auf einer *Bewusstseins*ebene dennoch vorgenommen. Denn Angelikas Aussagesatz kommt unter der ethnomethodologischen Ausgangsfrage, *wie ‚Verstehen'* auf der *Interaktions*ebene von den Akteurinnen interaktiv hergestellt wird, in diesen beiden konträren Lesarten eine jeweils grundlegend differente Beutung zu, die für die Interpretation fruchtbar gemacht werden soll.

Unterstellt man nun in Lesart (B) ein ‚Nicht-Verstehen' und fragt nach dem Umgang der Erzieherin Angelika mit ihrem ‚Nicht-Verstehen' in der Interaktion mit dem Kind, fällt auf, dass hier dennoch ‚Verstehen' inszeniert wird: Mit verbalen und nonverbalen Mitteln, dem „ja", ihrem Nicken und ihrem Lächeln, signalisiert Angelika dem Kind Cora und den anderen Kindern, dass sie das Erzählte verstanden habe. Diese Inszenierung von ‚Verstehen' erfolgt darüber hinaus aber auch dadurch, dass Angelika den Sinn von Coras Aussagen willkürlich bestimmt und festlegt. Aus der thematischen Aufforderung „*von ihrem Wochenende* [zu] *erzählen"* und dem einzigen von Cora auch im Deutschen zu verstehenden Wort „*Kindergarten"* bildet Angelika einen nach ihren Kenntnissen der organisatorischen Ordnung des Kindergartens als einer Institution, die nur von Montag bis Freitag geöffnet ist, einen logischen und aller Voraussicht nach auch zutreffenden Satz: „*Ja, du warst nicht im Kindergarten am Wochenende."* In dieser Lesart (B), so soll an dieser Stelle festgehalten werden, vollzieht sich die interaktive Herstellung von ‚Verstehen' über eine willkürliche Zuweisung und Festlegung von Sinn durch die Erzieherin Angelika.

Während das Kind Cora mit seinem Nicken der Kommentierung Angelikas zustimmt (*Cora schaut auf zu Angelika und nickt*), symbolisiert das flüchtige Kopfschütteln der Erzieherin Irina dagegen einen Widerspruch (*Die Erzieherin Irina schüttelt darauf flüchtig den Kopf*).

Die intervenierende Erzieherin Irina *wendet sich an Cora und sagt:* „*Wenn alle arbeiten...",* unterbricht mitten im Satz, *dreht sich zu Angelika und wiederholt an diese gerichtet einige von Coras russischen Worten und fährt dann mit Blick in die Runde fort,* „... *und die Oma und der Opa, dann gehe ich in den Kindergarten, hat sie gesagt."* An diesem Satz fällt der zweimalige Adressatinnenwechsel Irinas auf, der auf leiblicher Ebene mit einem Hinwenden zu Cora, einem Drehen zur Kollegin Angelika und einem Blick in die Runde der Kinder angezeigt ist. Gleichzeitig ist dieser Adressatinnenwechsel durch einen Wechsel der gewählten Sprache symbolisiert. Spricht Irina zuerst das Kind Cora mit „*Wenn alle arbeiten..."* auf Deutsch an, wiederholt sie dann an die Kollegin Angelika *gerichtet einige von Coras russischen Worten*. Daraufhin wendet sie sich wieder in der deutschen Mehrheitssprache an die Gruppe der Kinder. Nimmt man den vollständigen Satz in den Blick, wird deutlich, dass Irina Coras russische Worte wiederholt und für die Gruppe übersetzt hat. Mit dem angehängten Zusatz „... *hat sie gesagt*" kennzeichnet Irina dies auch deutlich als eine Übersetzung. Die Erzählung Coras, so verdeutlicht es Irinas Intervention, soll nicht auf irgendeine beliebige Weise – wie etwa durch die eigenmächtige Festlegung von Sinn – erfolgen, sondern über die möglichst originalgetreue Wiedergabe. Eine besondere legitimatorische Absicherung erfährt diese Übersetzung durch das erneute Aufgreifen der von Cora gesprochenen russischen Worte.

Die interaktive Herstellung von ‚Verstehen' erfolgt in diesem Fall über die Übersetzung von und das Sprechen in der Erstsprache des Kindes Cora. *Angelika hebt ihre Augenbrauen, nickt, sagt leise „ah". Irina wendet sich dann wieder an Cora: „Genau Cora, du arbeitest hier im Kindergarten."* Ohne auf die Kollegin Angelika weiter Bezug zu nehmen, bestätigt nun Irina das Kind mit „*Genau Cora...*" auf eine ganz explizite und nachdrückliche Weise und nimmt ähnlich wie zuvor Angelika eine *eigene* Sinnkonstruktion vor. Sie greift Coras Erzählung auf und wandelt deren Bedeutung um: Anstelle des Konditionalsatzes „Genau Cora, wenn alle arbeiten, gehst Du in den Kindergarten", was nach Irinas Übersetzung der Erzählung des Kindes entspräche, legt Irina in einem Aussagesatz eigenmächtig fest, dass Cora hier im Kindergarten arbeite. Sie nimmt die Wörter „arbeiten" und „Kindergarten" von Cora auf und verschiebt im neu gebildeten Satz die Bedeutung von Coras Erzählung. Das „*genau*" kennzeichnet diese Bedeutungsverschiebung allerdings nicht, sondern suggeriert, dass Irina exakt wiedergeben würde, was das Kind zuvor gesagt hat. Wogegen Irina bei ihrer Kollegin Angelika zuvor interveniert hat, nämlich den kindlichen Erzählungen eigenmächtig Sinn zuzuweisen, nimmt sie an dieser Stelle nun für sich selbst in Anspruch.

Cora lächelt Irina an, entgegnet „mhm" und gibt den Stein an das Kind links neben ihr weiter. Cora stimmt auch diesem Aussagesatz zu. Mit der Weitergabe des ‚Redesteins' an das nächste Kind beendet sie nun die Situation für sich.

Dilemmata und Paradoxien der interaktiven Herstellung von ‚Verstehen'

Die exemplarisch an dieser Kreissequenz rekonstruierten interaktiven Herstellungsprozesse von ‚Verstehen', die Zuweisung und Festlegung von Sinn und das Übersetzen von und Sprechen in der Erstsprache des Kindes, werden abschließend nun im Hinblick auf mit diesen Inszenierungen verbundenen Handlungsparadoxien befragt. Hierfür werden ein Dilemma und eine Paradoxie kurz skizziert werden. Dabei markiert der Begriff ‚Dilemma' ein Handlungsproblem, dessen Nebenwirkungen sich nicht auf das Kind, sondern auf die Kollegin beziehen. Demgegenüber soll der Begriff der ‚Paradoxie' hier auf ein zentrales Kernproblem professionellen (elementar-) pädagogischen Handelns verweisen, das Auswirkungen auf das Kind selbst hat.

In der Rekonstruktion der Vollzugslogik des Interaktionsgeschehens in dieser Kreissequenz wurde Irinas Inszenierung von ‚Verstehen' als eine Intervention gegen Angelikas Verstehensinszenierung gelesen. Wenn die Erzieherin Irina der Sinnkonstitution des Kindes „Wenn alle arbeiten und die Oma und der Opa, dann gehe ich in den Kindergarten" innerhalb der Kindergruppe Geltung verschaffen wollte, musste sie dafür die eigenmächtige Sinnzuweisung Angelikas „Ja, Du warst nicht im Kindergarten am Wochenende" zurückweisen. Mit diesem Widerspruch gegen Angelikas Verstehensinszenierung kennzeichnet Irina die Inszenierungsleistung ihrer Kollegin aber unweigerlich auch als missglückt – vor der Gruppe der anderen Kinder und nicht zuletzt auch vor der teilnehmenden Beobachterin. Damit geht die parteiliche Intervention im Sinne eines Kindes hier notweniger Weise auch – ob intendiert oder nicht – mit einer zumindest impliziten Kritik an der Kollegin einher. Die Erzieherin Irina befindet sich so in einer dilemmatischen Situation, die sich aufspannt zwischen einer Orientierung an der Sinnkonstitution des Kindes und einer Solidarisierung mit dem Kind auf der einen Seite und einer Orientierung an der Sinnkonstitution der Kollegin Angelika und der Solidarisierung mit der Kollegin auf der anderen Seite. Im *Allgemeinen* betrachtet kann ein Dilemma zwischen einer Solidarisierung mit dem Kind oder mit der Kollegin prinzipiell überall dort auftreten, wo pädagogisches Handeln organisatorisch als kollegiale Teamarbeit verfasst ist. Im *Besonderen* dieses einen Falles allerdings waren die – für jede elementarpädagogische Praxis absolut wünschenswerten – mehrsprachigen Kompetenzen der Erzieherin Irina die notwendige Grundbedingung dafür, dass diese sich überhaupt in einer dilemmatischen Situation befinden konnte.

Neben dem Dilemma einer Solidarisierung mit dem Kind oder der Kollegin, deutet sich im Datenmaterial eine für einen breiten Bereich pädagogischen Handelns konstitutive Paradoxie an: Das pädagogische Grundproblem im Spannungsfeld zwischen Advokatorik und Paternalismus (Brumlik, 2004). Pädagogisches advokatorisches Handeln beansprucht die Herstellung von Mündigkeit der Klientel und muss sich zugleich fragen, ob durch dieses Handeln das Gegenüber nicht zugleich entmündigt wird (vgl. ebd., S. 159ff.). Diese Paradoxie, die sich im vorliegenden Beobachtungsmaterial aufspannt zwischen einem advokatorischen ‚Sprechen für' das Kind und einem gleichzeitigen ‚Sprechen über' das Kind in dessen Anwesenheit, zwischen einer ‚Ermächtigung' des Kindes bei dessen gleichzeitiger ‚Entmündigung', soll nun skizziert werden. Irina, so sollte in der Rekonstruktion der Sequenz deutlich geworden sein, hat in einer advokatorischen Intervention für Cora die Stimme ergriffen, indem sie der Sinnkonstitution Angelikas widersprochen und Coras Redebeitrag für die Gruppe übersetzt hat. Sie sprach nicht nur *für* Cora, sondern sprach damit auch *über* Cora, was durch Irinas Zusatz „*hat sie gesagt*" auch deutlich markiert ist. Cora wird dadurch auch zum Objekt, über dessen Sprechen vor der Gruppe gesprochen wird. Als paternalistisch kann diese Intervention insofern gelten, als Irina damit unweigerlich unterstellt, Cora könne – zumindest bei ihrem derzeitigen deutschen Sprachstand – nicht für sich selbst sprechen. Vielmehr noch: Irina interveniert gegen Angelikas Verstehensinszenierung, *obwohl* Cora Angelikas Kommentierung mit einem deutlichen Nicken zugestimmt hatte. Damit wird nicht nur Angelikas Verstehensinszenierung als falsch markiert, sondern zugleich auch die Zustimmung Coras für falsch und damit ungültig erklärt. Irina setzt sich über die nonverbale Äußerung des Kindes eigenmächtig hinweg und entmündigt es so paradoxerweise mit einer Intervention, die eigentlich darauf ausgerichtet ist, der Sinnkonstitution des Kindes innerhalb der Gruppe Ausdruck zu verleihen und ihrem Redebeitrag Bedeutung zu verschaffen.

Fazit

Der vorliegende Beitrag beanspruchte, exemplarisch an einer Beobachtungssequenz eines Erzählkreises zu rekonstruieren, *wie* in der elementarpädagogischen Alltagspraxis ‚Verstehen' hergestellt wird und welche Paradoxien professionellen pädagogischen Handelns daran geknüpft sind. In dieser mikroanalytischen Perspektive konnte herausgearbeitet werden, wie hoch komplex der ‚gewöhnliche' pädagogische Alltag ist, der die beiden Erzieherinnen vor die Herausforderung stellt, unter Unsicherheitsbedingungen und dem Druck der konkreten Handlungssituation kompetent agieren zu müssen. Beide richteten ihr Handeln dabei in wertschätzender und anerkennender Weise am Kind und an dem, was es an Sprachkompetenzen in die Kindertagesstätte mit einbringt, aus. Mit Blick auf die Paternalismusparadoxie mag Cora wohl die Erfahrung gemacht haben, dass die Erzieherin Irina ihr zustimmendes Nicken übergangen und damit unlegitimiert für sie interveniert hat. Cora hat damit zugleich aber auch erfahren, dass ihrem Redebeitrag so große Bedeutung zugemessen wird, dass er auch um den Preis einer impliziten Kritik an der Kollegin richtig gestellt und den anderen Kindern vermittelt wird.

Unter *Professionalisierungs*gesichtspunkten unterstreicht diese paradoxale Verfasstheit des elementarpädagogischen Alltags die immense Bedeutung von ethnographischen Erkundungen des künftigen Praxisfeldes für angehende Praktikerinnen, wie sie schon an vielen Fach- und Hochschulen curricular verankert sind. Auf Ebene der elementarpädagogischen Berufspraxis sind in dieser Perspektive strukturell verankerte Reflexionsräume zur Sensibilisierung für und Reflexion von Paradoxien der eigenen Handlungspraxis unabdingbar.

Unter *professions*theoretischen Gesichtspunkten verspricht eine weiter und tiefer gehende ethnographische Rekonstruktion der Binnenlogik elementarpädagogischen Handelns eine fruchtbare Theoretisierung der Elementarpädagogik. Gerade das Primat der „ethnomethodologischen Enthaltsamkeit" (Kelle, 2004, S. 637), mit der die sozialen Praktiken der Akteurinnen im Feld beschrieben und nicht bewertet werden, erscheint als besonders geeignet, um die gängige Defizitperspektive auf die Elementarpädagogik, die sich auch in ihrer struktur-funktionalen *Ab*wertung als einer „Semi-"Profession spiegelt, zu überwinden. Für eine grundlegende Theoretisierung elementarpädagogischer Professionalität wäre es in dieser Perspektive erforderlich, auf empirisch-rekonstruktivem Wege die Frage zu klären, welche professionellen Handlungsparadoxien für dieses spezifische pädagogische Feld *konstitutiv* sind.

Dank

Mein herzlicher Dank gilt den Erzieherinnen beider Kindertagesstätten für ihre Bereitschaft, ihren Alltag von einer Forscherin begleiten zu lassen, und meinen Kolleginnen, die in unterschiedlichen Interpretationskontexten an der Interpretation dieser Sequenz mitgewirkt haben.

Literatur

Amann, K. & Hirschauer, S. (1997). Die Befremdung der eigenen Kultur. Ein Programm. In S. Hirschauer & K. Amann (Hrsg.), *Die Befremdung der eigenen Kultur. Zur ethnographischen Herausforderung soziologischer Empirie* (S. 7-52). Frankfurt/Main: Suhrkamp.

Brumlik, M. (2004). *Advokatorische Ethik. Zur Legitimation pädagogischer Eingriffe.* Berlin: Philo.

Cloos, P. (2008). *Die Inszenierung von Gemeinsamkeit. Eine vergleichende Studie zu Biografie, Organisationskultur und beruflichem Habitus von Teams in der Kinder- und Jugendhilfe.* Weinheim: Juventa.

Combe, A. & Helsper, W. (1996). Einleitung: Pädagogische Professionalität. Historische Hypotheken und aktuelle Entwicklungstendenzen. In A. Combe & W. Helsper (Hrsg.), *Pädagogische Professionalität. Untersuchungen zum Typus pädagogischen Handelns* (S. 9-48). Frankfurt/Main: Suhrkamp.

Daheim, H. (1992). Zum Stand der Professionssoziologie. Rekonstruktion machttheoretischer Modelle der Profession. In B. Dewe, W. Ferchhoff & F.-O. Radtke (Hrsg.), *Erziehen als Profession. Zur Logik professionellen Handelns in pädagogischen Feldern* (S. 21-35). Opladen: Leske und Budrich.

Dewe, B. & Otto, H.-U. (2001). Profession. In H.-U. Otto & H. Thiersch (Hrsg.), *Handbuch Sozialarbeit/Sozialpädagogik* (S. 1399-1423). Neuwied: Luchterhand.

Dippelhofer-Stiem, B. (2001). *Erzieherinnen im Vorschulbereich. Soziale Bedeutung berufliche Sozialisation und Professionalität im Spiegel sozialwissenschaftlicher Forschung.* Online unter: http://www.uni-magdeburg.de/isoz/publikationen/download/11.pdf [30.04.09].

Etzioni, A. (Hrsg.) (1969). *The Semi-Professions and Their Organisations.* New York: Free Press.

Garfinkel, H. (1967). *Studies in ethnomethodologie.* Englewood Cliffs: Prentice-Hall.

Gaus, D. & Uhle, R. (2006). Verstehen und Pädagogik. Annäherungen an ein nicht zu vergessendes Thema. In Dies. (Hrsg.), *Wie verstehen Pädagogen? Begriff und Methode des Verstehens in der Erziehungswissenschaft* (S. 7-14). Wiesbaden: VS Verlag für Sozialwissenschaften.

Geertz, C. (1983). *Dichte Beschreibung. Beiträge zum Verstehen kultureller Systeme.* Frankfurt/Main: Suhrkamp.

Hitzler R. (2002). Sinnrekonstruktion. Zum Stand der Diskussion (in) der deutschsprachigen interpretativen Soziologie. [Forum Qualitative Sozialforschung / Forum: Qualitative Social Research [Online Journal]. Online unter: http://www.qualitative-research.net/index.php/fqs/article/view/867/1885 [30.04.2009].

Jäger, M., Biffi, C. & Halfhide, T. (2006). *Grundstufe als Zusammenführung zweier Kulturen – Teil 1: Eine Ethnographie des Kindergartens.* Online unter: http://www.phzh.ch/dotnetscripts/ForschungsDB/Files/129/Bericht_EthnographieKG.pdf [30.04.2009].

Kelle, H. (2004). Ethnographische Ansätze. In E. Glaser, D. Kilka & A. Prengel (Hrsg.), *Handbuch Gender und Erziehungswissenschaft* (S. 636-650). Bad Heilbrunn: Klinkhardt.
Schorr, K. E. (1986). Das Verstehensdefizit der Erziehung und die Pädagogik. In N. Luhmann & K. E. Schorr (Hrsg.), *Intransparenz und Verstehen. Fragen an die Pädagogik* (S. 11-39). Frankfurt/Main: Suhrkamp.
Schröer, N. (1997). Wissenssoziologische Hermeneutik. In R. Hitzler & A. Honer (Hrsg.), *Sozialwissenschaftliche Hermeneutik. Eine Einführung* (S. 109-132). Opladen: Leske und Budrich.
Schütz, A. (1971). *Gesammelte Aufsätze I. Das Problem der sozialen Wirklichkeit.* Den Haag: Martinus Nijhoff.
Schütze, F. (1992). Sozialarbeit als „bescheidene" Profession. In B. Dewe, W. Ferchhoff & F.-O. Radtke (Hrsg.), *Erziehen als Profession. Zur Logik professionellen Handelns in pädagogischen Feldern* (S. 132-170). Opladen: Leske + Budrich.
Schütze, F. (1996). Organisationszwänge und hoheitsstaatliche Rahmenbedingungen im Sozialwesen: Ihre Auswirkungen auf die Paradoxien professionellen Handelns. In A. Combe & W. Helsper (Hrsg.), *Pädagogische Professionalität. Untersuchungen zum Typus pädagogischen Handelns* (S. 183-275). Frankfurt/Main: Suhrkamp.
Schütze, F. (2000). Schwierigkeiten bei der Arbeit und Paradoxien des professionellen Handelns. Ein grundlagentheoretischer Aufriss. *Zeitschrift für qualitative Bildungs-, Beratungs- und Sozialforschung, 1* (1), 49-96.
Thole, W. (2008). „Professionalisierung" der Pädagogik der Kindheit. In W. Thole, H.-G. Rossbach, M. Fölling-Albers & R. Tippelt (Hrsg.), *Bildung und Kindheit. Pädagogik der frühen Kindheit in Wissenschaft und Lehre.* (S. 271-294). Opladen: Barbara Budrich.
Thole, W. & Cloos, P. (2006). Akademisierung des Personals für das Handlungsfeld Pädagogik der Kindheit. Zur Implementierung kindheitspädagogischer Studiengänge an Universitäten. In A. Diller & Th. Rauschenbach (Hrsg.), *Reform oder Ende der Erzieherinnenausbildung? Beiträge zu einer kontroversen Fachdebatte* (S. 47-77). Wiesbaden: VS Verlag für Sozialwissenschaften.
Uhle, R. (2006). Konzepte praktischen Verstehens in der Pädagogik. In D. Gaus & R. Uhle (Hrsg.), *Wie verstehen Pädagogen? Begriff und Methode des Verstehens in der Erziehungswissenschaft* (S. 213-227). Wiesbaden: VS Verlag für Sozialwissenschaften.
Wulf, C. (1999). Der Andere: Perspektiven zur interkulturellen Bildung. In C. Wulf & P. Dibie (Hrsg.), *Vom Verstehen des Nichtverstehens. Ethnosoziologie interkultureller Begegnungen.* (S. 61-75). Frankfurt/Main: Campus.

Katja Mackowiak, Anke Lenging
Emotionsregulation im Kindesalter und deren Bedeutung für die Entwicklung von „theory of mind"-Fähigkeiten

Abstract

In dem vorliegenden Beitrag wurde die Bedeutung der kindlichen Ängstlichkeit sowie der Fähigkeit zur Emotionsregulation für die Entwicklung von „theory of mind"-Fähigkeiten im Vorschul- und Grundschulalter untersucht. Hierzu wurden 178 Kinder im Alter von fünf bis neun Jahren mit Hilfe eines Interviews zu ihrem Erleben und Verhalten (Regulation) in emotional belastenden (angstthematischen) Situationen befragt. Anschließend wurden die Kinder mit verschiedenen „theory of mind"-Aufgaben konfrontiert. Die Ergebnisse zeigen, dass nicht das Erleben (Angst), sondern die bevorzugten Emotionsregulationsstrategien die „theory of mind"-Leistungen vorhersagen. Problembewältigende Strategien gehen mit besseren, problemvermeidende Strategien mit schlechteren „theory-of mind"-Leistungen einher. Die Befunde sprechen für eine frühe Entwicklungsförderung der kindlichen Emotionsregulation.

Einleitung

Die „theory of mind"-Forschung hat seit den 1980er Jahren einen großen Stellenwert in der entwicklungspsychologischen Forschung eingenommen. Die Literatur zu diesem Thema ist bis heute so umfangreich geworden, dass ein Überblick über das gesamte Spektrum der Forschungsinhalte kaum mehr möglich ist. Ganz allgemein werden unter einer „theory of mind" (Theorie des Denkens) Annahmen über mentale Zustände (z.B. Wünsche, Bedürfnisse, Überzeugungen, Absichten) verstanden, die zur Verhaltenserklärung und -vorhersage für das eigene und das Handeln anderer genutzt werden (vgl. etwa Astington & Gopnik, 1991; Bischof-Köhler, 2000; Sodian, 2002). Im Vorschulalter werden dabei ein Reihe sehr unterschiedlicher

Teilfähigkeiten unterschieden, die Bischof-Köhler (1998) folgendermaßen zusammenfasst:
- die Fähigkeit zur Perspektivenübernahme (Wahrnehmung; referentielle Kommunikation),
- das Verständnis falscher Überzeugungen („false belief"),
- das Erkennen von Veränderungen in den eigenen Überzeugungen („representational change") und die Unterscheidung zwischen Schein und Sein („appearance-reality-distinction"),
- die Fähigkeit zu Lüge und Täuschung („deception").

Diese Fähigkeiten entwickeln sich in den ersten vier bis sechs Lebensjahren, und es verwundert daher nicht, dass sich die Vielzahl der Untersuchungen mit dieser Altersgruppe beschäftigen. Ab dem Grundschulalter nimmt dagegen die Anzahl der „theory of mind"-Studien deutlich ab.

Mähler (1999) kritisiert, dass der erreichte Entwicklungsstand im Bereich der „theory of mind" mit sechs Jahren bei weitem noch nicht vergleichbar mit dem eines Erwachsenen ist. Sie zählt eine Reihe von „theory of mind"-Fähigkeiten auf, welche sich erst in den ersten Grundschuljahren entwickeln; so etwa die Fähigkeit, zwischen *Scherz und Lüge/ Betrug* zu unterscheiden (vgl. Perner, 1988), *Humor und Ironie* oder auch *Metaphern* zu verstehen (vgl. Hirsh-Pasek, Gleitman & Gleitman, 1978; McGhee, 1979; Winner & Leekam, 1991; Wellman und Hickling, 1994), die Fähigkeit, *echte von vorgegebenen Emotionen* zu unterscheiden (vgl. Harris & Gross, 1988; Josephs, 1992) oder das Verständnis dafür, dass Wissen auch durch schlussfolgerndes Denken entstehen kann (vgl. Sodian, 1986).

Carpendale und Chandler (1996) nennen zudem das Verständnis für den interpretativen Charakter von Informationen. Hierbei geht es um die Erkenntnis, dass Menschen nicht nur aufgrund *unterschiedlicher* Informationen zu diskrepanten Überzeugungen (klassische „false belief"-Aufgaben) kommen können, sondern auch durch *identische* Informationen („*interpretive diversity*", z.B. aufgrund unterschiedlicher Vorerfahrungen oder Repräsentationen desselben Sachverhaltes), was nach Carpendale und Chandler (1996) wesentlich schwieriger ist. Sie folgern daraus, dass die Entwicklung einer „theory of mind" sich in zwei Stufen vollzieht, wobei auf der ersten „false belief"-Fähigkeiten erworben werden und auf der zweiten der interpretative Charakter mentaler Prozesse stärker in den Mittelpunkt rückt.

Da „theory of mind"-Fähigkeiten in einem eher engen Entwicklungsfenster (etwa im Alter von vier bis fünf Jahren) bei nahezu allen Kindern auftreten, wurde in der „theory of mind"-Forschung in erster Linie der Frage nachgegangen, *wann* diese Fähigkeiten erworben werden. *Interindividuelle Unterschiede* wurden dagegen selten thematisiert. Schaut man sich die Literatur an, so gibt es kaum Arbeiten, die den Einfluss von Dispositionen, z.b. Ängstlichkeit oder Neugier, auf den Erwerb einer „theory of mind" untersuchen. Dies verwundert umso mehr, als interindividuelle Unterschiede in sehr vielen Studien beobachtet werden können (vgl. etwa Bartsch & Estes, 1996).

In der vorliegenden Untersuchung sollen insbesondere diese dispositionellen Unterschiede berücksichtigt und ihre Bedeutung für die Entwicklung einer „theory of mind" analysiert werden. Konkret geht es dabei um die dispositionelle Ängstlichkeit von Kindern im Vorschul- und Grundschulalter sowie um die Fähigkeit, diese zu regulieren. Warum könnten gerade derartige Zusammenhänge interessant sein, und welche Vorhersagen lassen sich aus der Forschung ableiten?

In der Angstforschung gibt es eine große Anzahl von Theorien und empirischen Befunden, die sich mit dem Zusammenhang zwischen Angst und kognitiver Leistung beschäftigen. Lazarus-Mainka und Siebeneick (2000) gehen davon aus, dass Dispositionen die Informationsaufnahme und -verarbeitung sowie den Abruf von Informationen beeinflussen können. Hoch ängstliche Personen neigen beispielsweise dazu, eine Vielzahl von Situationen als bedrohlich zu erleben und mit Angst zu reagieren (Spielberger, 1972; Heckhausen, 2003). Außerdem tendieren sie zu Besorgtheitskognitionen, welche die Aufmerksamkeit binden und in Leistungssituationen mit kognitiven Prozessen konkurrieren, die für die Aufgabenbearbeitung erforderlich sind (Liebert & Morris, 1967, Wine, 1971; Vasey, Crnic & Carter, 1994). Dies kann zu einer „rigiden Wahrnehmungs-, Verhaltens- und Selbsteinschätzungstendenz" führen (Schellhas, 1993, S. 175). Auch die flexible Nutzung von Strategien sowie die metakognitive Handlungssteuerung können durch eine ausgeprägte Angst beeinträchtigt werden (vgl. Hasselhorn, 1995). Langfristig könnte dadurch die Auseinandersetzung mit neuen Situationen behindert werden, was möglicherweise zu Wissenslücken und Entwicklungsbeeinträchtigungen führen könnte (vgl. Mackowiak, 1998; Mackowiak & Trudewind, 2001).

Andererseits argumentieren Lazarus-Mainka und Siebeneick (2000), dass hoch ängstliche Personen über eine spezifische Wissensstruktur verfügen, die sie zu Experten hinsichtlich des Themas Angst macht. Möglicherweise ist dies bereits bei Kindern der Fall; so könnten hoch ängstliche Kinder in vielfältigen Situationen Diskrepanzen zwischen dem eigenen Erleben/Verhalten und dem anderer Kinder wahrnehmen, die sie sich zu erklären versuchen. Aufgrund dieser Erfahrungen könnten sie eventuell schneller und/oder umfassender ein Verständnis dafür entwickeln, dass ein und dieselbe Situation unterschiedlich interpretiert bzw. bewertet werden kann, vorausgesetzt sie übertragen dieses Wissen aus angstthematischen Kontexten auch auf andere Arten von Situationen. Dies hätte dann einen positiven Einfluss auf die Entwicklung von „theory of mind"-Fähigkeiten („interpretive diversity").

Vor dem Hintergrund dieser eher heterogenen Theorie- und Befundlage zum Zusammenhang zwischen Ängstlichkeit/Angst und Leistung lassen sich folglich keine eindeutigen Vorhersagen über den Zusammenhang zwischen der dispositionellen Angst und den Fähigkeiten einer „theory of mind" von Kindern treffen. Hinzu kommt, dass ein weiterer wichtiger Einflussfaktor berücksichtigt werden muss: die Fähigkeit zur Emotionsregulation (Fähigkeit, seine eigenen Emotionen so zu beeinflussen, dass das Denken und Handeln nicht beeinträchtigt wird). Für den Zusammenhang zwischen Ängstlichkeit und Leistung ist unseres Erachtens sehr entscheidend, welches Repertoire von Regulationsstrategien (z.B. die Situation trotz Angst bewältigen, sich Unterstützung holen oder die Situation vermeiden) den Kindern zur Verfügung steht, um ihre Angst zu regulieren und die Situation zu bewältigen. In der vorliegenden Arbeit sollen diese Zusammenhänge zwischen dispositioneller Angst, der Fähigkeit zur Emotionsregulation und den „theory of mind"-Leistungen im Vorschul- und Grundschulalter geklärt werden.

Methode

Stichprobe

Die Stichprobe dieser Studie bestand aus 178 Vorschul- und Grundschulkindern im Alter von vier bis neun Jahren. Aus sieben deutschen Kindergärten und vier Grundschulen (1. und 2. Klassen) nahmen 91 Jungen und 87 Mädchen an der Untersuchung teil (vgl. Buschmann, 2004, Mackowiak, 2007). Im Durchschnitt waren die Kindergartenkinder 5;5 Jahre, die Grundschulkinder 7;8 Jahre alt.

Tabelle 1: Zusammensetzung der Stichprobe

	Jungen	Mädchen	Gesamt
Kindergarten (KG)			
Anzahl der Kinder	n=45	n=56	n=102
Durchschnittliches Alter	64 Mon.	65 Mon.	65 Mon.
Grundschule (GS)			
Anzahl der Kinder	n=45	n=31	n=76
Durchschnittliches Alter	93 Mon.	91 Mon.	92 Mon.
Gesamt			
Anzahl der Kinder	n=91	n=87	N=178
Durchschnittliches Alter	79 Mon.	74 Mon.	77 Mon.

Messinstrumente

Erfassung der Ängstlichkeit und der Emotionsregulation

Zur Erfassung der dispositionellen Ängstlichkeit und der bevorzugten Emotionsregulation wurde das Bochumer Angstverfahren (BAV 3-11) eingesetzt (vgl. Mackowiak, 2007; Mackowiak & Lengning, 2011). Die Kinderversion des BAV 3-11 besteht aus einem Interview für Kinder im Alter von vier bis elf Jahren und beinhaltet Fragen zum Befinden und Verhalten des Kindes in unterschiedlichen potentiell angstauslösenden Alltagssituationen (z.B. Kontakt zu fremden Kindern aufnehmen, etwas vortragen, ein Gewitter erleben, auf einer Mauer balancieren). Die insgesamt 26 Items werden den Kindern in Form kleiner Geschichten präsentiert und mit jeweils einem Bild illustriert. Das Kind wird aufgefordert, sich in die Situation des Protagonisten zu versetzen und zu jeder Geschichte verschiedene Fragen zu beantworten. Die erste Frage („*Wie fühlst du dich?*") bezieht sich auf die Ebene des subjektiven Erlebens und erfasst die dispositionelle Angst der Kinder (eingeschätzt auf einer mehrstufigen Emotionsskala, die vorab mit dem Kind eingeübt wurde). Die zweite Frage („*Was tust du?*") spricht die Ebene der Emotionsregulation an; hier werden die spontanen Antworten der Kinder aufgezeichnet und im Nachhinein verschiedenen Regulationsstrategien zugeordnet (vgl. Mackowiak, 2007).

Zusätzlich zur Kinderversion gibt es einen BAV-Elternfragebogen für den Altersbereich von drei bis elf Jahren, der dieselben Items enthält und schriftlich bearbeitet wird (Elternversion; vgl. Mackowiak, 2007; Mackowiak & Lengning, 2010).

Bildung von Angstgruppen: Für die weiteren Analysen wurden die Kinder in eine hoch und niedrig ängstliche Gruppe eingeteilt. Dazu wurden die Punkte für die BAV-Items, bei denen die Kinder Angst angaben, zu einem Gesamtwert aufsummiert. Da die Kindergartenkinder nur eine Parallelversion des BAV 3-11 mit 13 Items bearbeiteten (in Voruntersuchungen zeigte sich, dass die Durchführung der Gesamtversion im Kindergarten zu lange dauerte und die Kinder überforderte), die Grundschüler dagegen alle 26 Items, wurden die Summenwerte aller Grundschulkinder der Vergleichbarkeit wegen halbiert. Anschließend wurden zwei Extremgruppen gebildet: Anhand der Verteilung des Summenwertes wurden die jeweils 25 Prozent der Kinder mit besonders hoher (HÄ) bzw. besonders geringer (NÄ) Ängstlichkeit den beiden interessierenden Extremgruppen zugeordnet (zum Vorgehen vgl. Kagan et al., 1988; Asendorpf, 1991; Lengning, 2004).

Kennwerte für die Emotionsregulation: In allen von den Kindern angegebenen Angstsituationen wurden die spontan genannten Regulationsstrategien mittels eines Kategoriensystems, das in Anlehnung an Lazarus und Launier (1978) entwickelt wurde und insgesamt neun Regulationsstrategien enthält, kodiert. Die erhobenen Einzelstrategien wurden dann zu drei übergeordneten Regulationsarten zusammengefasst: 1. die *„Problemorientierung"* bezeichnet die aktive und selbstständige Bewältigung der Situation; 2. die *„Problemvermeidung"* umfasst Bewältigungsstrategien, welche ein Vermeiden der Situation oder eine Flucht beinhalten und somit Schwierigkeiten bei der Regulation indizieren; 3. die *„Soziale Unterstützungssuche"* fasst Kategorien zusammen, in denen Trost und Hilfe von anderen eingeholt werden (vgl. Mackowiak, 2007).

Erfassung der „theory of mind"-Fähigkeit

Die „theory of mind"-Aufgaben sind in ihrer ursprünglich englischsprachigen Fassung von Carpendale und Chandler (1996) entwickelt und an deutsche Verhältnisse angepasst worden. In diesen Aufgaben handeln verschiedene Protagonisten, die ein und dieselbe Situation erleben und unterschiedlich auslegen. Die Kinder werden nach ihren Meinungen und Erklärungen für diese divergierenden Interpretationen gefragt. Im einzelnen wurden folgende Aufgaben im Rahmen einer Spielhandlung (mit Playmobilfiguren) präsentiert (vgl. Carpendale & Chandler, 1996; Mackowiak, 2007):

- *„Lexikalische Ambiguität"*: In dieser Art von Aufgabe wählen zwei Protagonisten jeweils eine unterschiedliche Bedeutung für ein und denselben Begriff (z.B. Schloss: Gebäude vs. Türschloss). Die Begriffe werden jeweils mit passenden und unpassenden Bildern (Distraktoren) illustriert.
- *„Mehrdeutige referentielle Kommunikation"*: In dieser Aufgabe wird ein Gegenstand unter einer von vier verschiedenen Dosen (eine große und eine kleine runde Dose sowie eine große und eine kleine eckige Dose) versteckt. Die zwei Protagonisten werden aufgefordert, das Spielzeug unter der runden Dose zu suchen. Eine Spielfigur entscheidet sich für die große runde Dose, die andere für die kleine runde Dose.
- *„Mehrdeutige Abbildungen"*: Hierzu wurden Bilder gewählt, die zwei unterschiedliche Interpretationen ermöglichen (sog. Kippbilder, z.B. ein Bild, das als Hase oder als Ente interpretiert werden kann). Die Protagonisten wählen jeweils eine der Bedeutungen.
- *„Unterschiedliche Geschmackspräferenzen"*: Die Aufgaben zu den „unterschiedlichen Geschmackspräferenzen" beinhalteten zum einen das Mögen bzw. Nichtmögen einer Gemüsesuppe (analog zu den Aufgaben von Carpendale & Chandler, 1996), zum anderen das Gefallen/Nicht-Gefallen eines Bildes mit einer Berglandschaft. Die beiden Protagonisten zeigen hier ebenfalls unterschiedliche Präferenzen.

„Theory of mind"-Fragen: Bei den Aufgaben zur „interpretive diversity" werden den Kindern immer dieselben Fragen gestellt:
1. *„Explanation question"*: Zunächst sollen die Kinder entscheiden, ob die unterschiedlichen Interpretationen und Meinungen der beiden Protagonisten möglich sind oder nicht; außerdem sollen sie ihre Antwort begründen.
2. *„Prediction question"*: Hier wird überprüft, ob die Kinder verstanden haben, dass eine eindeutige Vorhersage der Meinung und Interpretation einer mehrdeutigen Situation für eine fremde Person nicht möglich ist. Dazu wird eine dritte Spielfigur eingeführt. Die Kinder werden gefragt, wie dieser Protagonist sich in dieser Situation wohl entscheiden würde und warum.
3. *„Deviant interpretation question"*: Diese Kontrollfrage überprüft, ob die Kinder zwischen sinnvollen und abwegigen Interpretationen entscheiden können. Die Kinder müssen angeben, ob die (unpassende) Antwort eines weiteren Protagonisten (z.B. beim „Hase/Ente"-Bild die Antwort, es sei ein Elefant) in den Geschichten sinnvoll ist oder nicht.

Außerdem müssen sie wiederum ihre Antworten begründen (bei den Aufgaben zur Geschmackspräferenz ist diese Frage nicht sinnvoll zu realisieren und wurde daher nicht gestellt).

„Theory of mind"-Kennwerte: Die verschiedenen Aufgaben zur Erfassung der „theory of mind"-Fähigkeiten werden anhand folgender Kriterien bewertet: Für die drei Fragetypen („explanation", „prediction", „deviant interpretation") gibt es jeweils einen Punkt für die richtige Entscheidung und einen Punkt für die richtige Begründung dieser Entscheidung. Ein halber Punkt wird vergeben, wenn die Antworten vermuten lassen, dass die Kinder die zweite Alternative bereits repräsentiert haben, aber noch nicht richtig verbalisieren können (zu den genauen Kriterien vgl. Mackowiak, 2007).

Nach Vergabe der Punkte für die einzelnen Antworten wurden folgende Leistungskennwerte gebildet:
- *ToM-Gesamtwert:* Dieser ergibt sich aus der Summe der Punkte über alle Aufgaben (0 bis 38 Punkte).
- *Summenwerte pro Fragetyp:* Für jeden einzelnen Fragetyp („explanation question"; „prediction question" und „deviant interpretation question") werden die erzielten Punkte für die Entscheidung und Begründung aufaddiert (je 0 bis 10/14 Punkte).

Da ein Teil der Kinder nicht alle Aufgaben vollständig bearbeiten konnte (z.B. gab es viele Kinder, die bei den doppeldeutigen Abbildungen nicht beide Alternativen erkannten und folglich nicht in der Lage waren, die Fragen zu beantworten), wurden relative Kennwerte gebildet, d.h. alle Summenwerte wurden an der Anzahl der jeweils bearbeiteten Aufgaben relativiert. Die ermittelten Kennwerte drücken also den Prozentsatz richtig gelöster Aufgaben aus.

Beurteiler-Übereinstimmung

Die Beurteiler-Übereinstimmung für die Auswertung der „theory of mind"-Aufgaben wurde nach einem ausführlichen Training für 20 Kinder berechnet. Sie liegt für die beiden geschulten Kodiererinnen bei 93%.

Ergebnisse

Im Folgenden sollen in einem ersten Schritt die „theory of mind"-Leistungen in Abhängigkeit von der Ängstlichkeit der Kinder untersucht werden. In einem zweiten Schritt werden anschließend die Emotionsregulationsstrategien der Kinder in die Analysen einbezogen. Da „theory of mind"-Leistungen in der Regel vom Alter bzw. Entwicklungsstand und manchmal auch vom Geschlecht der Kinder abhängig sein können (vgl. Mackowiak, 2007), sollen diese beiden Faktoren zusätzlich berücksichtigt werden. Als Leistungsmaße gehen die oben beschriebenen Kennwerte ein: der „theory of mind"-Gesamtwert sowie die Kennwerte für die drei Fragetypen („explanation question"; „prediction question" und „deviant interpretation question").

In einer ersten *univariaten* Varianzanalyse wurde der *Gesamtwert für die „theory of mind"-Aufgaben* als abhängiges Maß genutzt und die drei Faktoren Geschlecht, Altersgruppe (Kindergarten vs. Grundschule) und Ängstlichkeit (25% extrem hoch vs. 25% extrem niedrig ängstlich) einbezogen. Die Ergebnisse dieser Analyse sind in Tabelle 2 zusammengefasst.

Es zeigt sich ein signifikanter Haupteffekt für die Altersgruppe ($F(1;86)=44.782$; $p \leq 0.0001$): die Grundschülerinnen und Grundschüler schneiden signifikant besser ab als die Vorschulkinder. Ein Haupteffekt des Geschlechts oder der Ängstlichkeit konnte ebenso wenig nachgewiesen werden wie Wechselwirkungen zwischen den Faktoren.

Die nachfolgende multivariate Analyse mit den drei Fragetypen bestätigt den Altersgruppeneffekt ($F(3;84)=13.511$; $p \leq 0.0001$). In den Einzelanalysen wird dieser Haupteffekt für alle drei Fragetypen signifikant. Haupteffekte für das Geschlecht oder die Angst lassen sich nicht beobachten (vgl. Tabelle 2). In dieser Analyse zeigt sich zusätzlich ein signifikanter Interaktionseffekt zwischen dem Geschlecht und dem Alter der Kinder ($F(1;86)=5.744$; $p \leq 0.019$) für den Kennwert „explanation question":

Tabelle 2: Mittelwerte und Standardabweichungen (in Klammern) der „theory of mind"-Kennwerte, getrennt für Jungen und Mädchen, für zwei Altersgruppen (KG: Kindergartenkinder vs. GS: Grundschüler der 1./2. Klasse) und für hoch (HÄ, 25%) und niedrig ängstliche (NÄ, 25%) Kinder sowie Ergebnisse der (M)ANOVA

(N=94)	Geschlecht		Altersgruppen		Angstgruppen				
	Jungen (n=41)	Mädchen (n=53)	KG (n=55)	GS (n=39)	NÄ (n=42)	HÄ (n=52)			
Univariater Tests	F(1;86)=1.936; n.s.		F(1;86)=44.782; p≤0.0001		F1;86)=0.186; n.s.				
ToM-Gesamtwert	0.48 (0.17)	0.53 (0.17)	0.43 (0.13)	0.63 (0.15)	0.50 (0.16)	0.52 (0.18)	Effekte der ANOVA		
Multivariate Tests	F(3;84)=0.663; n.s.		F(3;84)=13.511; p≤0.0001		F(3;84)=0.120; n.s.		df (1;86)	df (1;86)	df (1;86)
„Explanation question"	0.56 (0.32)	0.65 (0.26)	0.49 (0.27)	0.78 (0.22)	0.61 (0.28)	0.62 (0.30)	F=1.818 n.s.	F=30.226 p≤0.0001	F=0.006 n.s.
„Prediction question"	0.10 (0.16)	0.13 (0.23)	0.05 (0.09)	0.21 (0.27)	0.10 (0.17)	0.13 (0.23)	F=0.642 n.s.	F=14.665 p≤0.0001	F=0.316 n.s.
„Dev. interpretation question"	0.91 (0.10)	0.92 (0.10)	0.88 (0.11)	0.96 (0.07)	0.91 (0.10)	0.92 (0.10)	F=0.227 n.s.	F=13.227 p≤0.002	F=0.079 n.s.

Zwar ist sowohl für Jungen als auch für Mädchen ein signifikanter Leistungsanstieg mit dem Alter zu beobachten. Trotzdem sind geschlechtsabhängige Unterschiede in der Weise zu verzeichnen, dass im Kindergartenalter die Mädchen bessere Leistungen in der „explanation question" zeigen als die Jungen (M=0.58 vs. 0.38); im Grundschulalter holen die Jungen diese Leistungsunterschiede jedoch auf und zeigen dann gleich gute Leistungen wie die Mädchen (M=0.80 vs. 0.77). Da dieser Interaktionseffekt allerdings in keiner weiteren der durchgeführten Analysen nachweisbar ist, sollte er zunächst vorsichtig interpretiert werden (Mackowiak, 2007).

Da sich in den Analysen kein Effekt der dispositionellen Angst auf die Leistungen nachweisen lassen konnte, sollen im folgenden die von den Kindern berichteten Regulationsstrategien mit den „theory of mind"-Leistungen in Beziehung gesetzt werden.

In Tabelle 3 sind die Korrelationen zwischen den drei im BAV 3-11 ermittelten Angstbewältigungsstilen („Problemorientierung"; Problemvermeidung" und „Soziale Unterstützungssuche") und den Leistungen in den „theory of mind"-Aufgaben getrennt für die extrem niedrig (NÄ) vs. hoch ängstlichen (HÄ) Kinder dargestellt.

Die Ergebnisse bestätigen in beeindruckender Weise den Zusammenhang zwischen der Emotionsregulation und kognitiven Leistungen für die Gruppe der *hoch ängstlichen* Kinder. Für diese Gruppe zeigen sich hoch signifikante positive Zusammenhänge zwischen dem Regulationsstil „Problemorientierung" und allen „theory of mind"-Kennwerten. Erwartungsgemäß ergeben sich zudem signifikante negative Zusammenhänge zwischen dem BAV-Bewältigungskennwert „Problemvermeidung" und allen „theory of mind"-Kennwerten. Für die Bewältigungsform „Soziale Unterstützungssuche" lassen sich dagegen für diese Gruppe keine Zusammenhänge nachweisen.

Für die Gruppe der *wenig ängstlichen* Kinder sind keine signifikanten Korrelationen zwischen dem Bewältigungsverhalten und den „theory of mind"-Leistungen zu verzeichnen.

Tabelle 3: Korrelationen zwischen den kindlichen Emotionsregulationsstilen und den „theory of mind"-Kennwerten, getrennt für hoch (HÄ, 25%) und niedrig (NÄ, 25%) ängstliche Kinder

BAV-Strategiekennwerte	Problem-orientierung		Problem-vermeidung		Soziale Unterstützungssuche	
Ängstlichkeit	NÄ	HÄ	NÄ	HÄ	NÄ	HÄ
ToM-Leistungen	(n=38)	(n=50)	(n=38)	(n=50)	(n=38)	(n=50)
ToM-Gesamtwert	.19	.53**	.14	-.47**	-.03	.14
„Explanation question"	.21	.48**	.20	-.44**	-.14	.19
„Prediction question"	.10	.37**	-.09	-.29*	.16	-.05
„Dev. interpretation question"	-.01	.34**	.17	-.34**	-.09	.23

* Die Korrelation ist auf einem Niveau von 0.05 signifikant (1-seitig).
** Die Korrelation ist auf einem Niveau von 0.01 signifikant (1-seitig).

Die bisherigen Ergebnisse sprechen für einen Zusammenhang zwischen den „theory of mind"-Leistungen und der Emotionsregulation insbesondere bei den hoch ängstlichen Kindern. Da jedoch nachgewiesen werden konnte, dass sich die „theory of mind"-Fähigkeiten mit dem Alter verbessern, ist zu klären, ob der nachgewiesene Zusammenhang durch einen anderen Einflussfaktor, wie etwa den Entwicklungsstand, determiniert wird. Daher wurde zusätzlich eine *regressionsanalytische Auswertung* durchgeführt, um den zusätzlichen Beitrag der Regulationsfähigkeit an der Varianzaufklärung der „theory of mind"-Leistung zu überprüfen. Diese Analysen wurden nur mit der Gruppe der hoch ängstlichen Kinder durchgeführt, weil sich theoriekonform nur für diese Teilstichprobe der Zusammenhang zwischen „theory of mind"-Leistung und Emotionsregulationsstilen als relevant herausgestellt hat (vgl. Mackowiak, 2007).

Die Ergebnisse der Regressionsanalysen bestätigen, dass neben dem Alter sowohl der Regulationsstil „Problemorientierung" als auch der Regulationsstil „Problemvermeidung" einen zusätzlichen Beitrag zur Aufklärung der Varianz leistet (zusätzlich aufgeklärte Varianz, korrigiert: „Problemorientierung": 5.7%; „Problemvermeidung": 6.9%). Eine Wechselwirkung beider Regulationsstile konnte nicht nachgewiesen werden (vgl. Mackowiak, 2007).

Diskussion

Bei der Klärung der Frage nach möglichen Effekten der Ängstlichkeit und der Emotionsregulation auf kognitive Leistungen, speziell auf „theory of mind"-Leistungen, müssen zunächst Alters- bzw. Entwicklungseffekte überprüft werden. Hier zeigten sich bei allen „theory of mind"-Kennwerten signifikante Leistungsunterschiede in der erwarteten Richtung: Grundschülerinnen und -schüler erzielen höhere Werte als Kindergartenkinder. Wie sieht es aber mit dem Einfluss weiterer Faktoren auf die „theory of mind"-Leistungen aus? Die Untersuchung des Einflusses der kindlichen *Ängstlichkeit* auf die „theory of mind"-Leistungen wurde in der „theory of mind"-Forschung bisher eher vernachlässigt. In der Fragestellung dieser Studie wurden verschiedene Mechanismen diskutiert, in welcher Weise sich die dispositionelle Ängstlichkeit auf Leistungsprozesse insgesamt auswirken können. Entscheidend war hierbei, dass nicht allein die Ängstlichkeit, sondern vor allem die Regulationsfähigkeiten der Kinder als bedeutsam erachtet werden – ein Ergebnis, das für die pädagogische Praxis von besonderer Relevanz ist.

In der vorliegenden Studie konnte entsprechend kein genereller Effekt der Ängstlichkeit nachgewiesen werden. Hoch ängstliche Kinder zeigen im Vergleich zu wenig ängstlichen Kinder ähnlich gute Leistungen in allen Aufgaben und Fragen. Dieser Befund lässt sich mit den vorab diskutierten Annahmen vereinbaren. Es könnte sein, dass die hier beschriebenen Aufgaben nicht in besonderer Weise Angst anregen und/oder dass die hoch ängstlichen Kinder dieser Stichprobe keine Erfahrungsdefizite im Umgang mit „theory of mind"-Aufgaben dieser Art aufweisen. Eine dritte Möglichkeit besteht darin, dass die Regulationsfähigkeit einen moderierenden Einfluss auf den Zusammenhang zwischen der dispositionellen Ängstlichkeit und den gezeigten Leistungen hat. Dieser sollte sich in besonderer Weise bei den hoch ängstlichen Kindern zeigen.

Eine entsprechende Überprüfung der Zusammenhänge zwischen den Regulationsstilen und den Leistungskennwerten der „theory of mind" ergab ein dazu passendes Bild: In der für hoch und niedrig ängstliche Kinder getrennten Analyse zeigten sich die oben beschriebenen Zusammenhänge in erster Linie für die *hoch ängstlichen Kinder*; für diese sind fast durchgängig hoch signifikante Koeffizienten für die beiden genannten Regulationsstile „Problemorientierung" und „Problemvermeidung" zu verzeichnen. Bei den niedrig ängstlichen Kindern sind die Zusammenhänge zwischen Regulation und „theory of mind"-Leistungen dagegen nicht signifikant. Folglich scheint die Fähigkeit zur Emotionsregulation insbesondere dann von Bedeutung und mit Leistungen assoziiert zu sein, wenn eine hohe Angstdisposition vorliegt.

Die regressionsanalytische Auswertung macht zudem deutlich, dass es sich bei diesem Zusammenhang nicht um einen Artefakt handelt, der sich durch entwicklungsbedingte oder geschlechtsspezifische Einflüsse ergibt. Auch wenn man diese beiden Faktoren in der Analyse berücksichtigt, bleiben bei den hoch ängstlichen Kindern die Zusammenhänge zwischen den präferierten Regulationsstilen und den „theory of mind"-Leistungen bestehen; eine Wechselwirkung der beiden Bewältigungsstile auf die Leistungen konnte dagegen nicht nachgewiesen werden. Hoch ängstliche Kinder, die *entweder* problemlösungsorientierte Strategien bevorzugen *oder* problemvermeidende Strategien seltener präferieren, können die „theory of mind"-Aufgaben besonders gut lösen.

Welche Schlussfolgerungen können aus den Ergebnissen abgeleitet werden? Da hoch ängstliche Kinder im Vergleich zu wenig ängstlichen eine größere Anzahl von Situationen als bedrohlich oder angstauslösend erleben und in der Regel mit stärkerer Angst reagieren, spielen bei ihnen Angstbewältigungskompetenzen eine ungleich größere Rolle als bei wenig ängstlichen Kindern. Daher scheint es u.E. wichtig, insbesondere hoch ängstliche Kinder beim Erwerb von Regulationsstrategien zu unterstützen. Diese können im Vorfeld mit den Kindern gemeinsam erarbeitet („was tue ich wenn ...?") und in Rollenspielen erprobt werden. Wenig ängstliche Kinder können hierbei als Vorbilder dienen, weil sie Situationen seltener als bedrohlich erleben und mit Angst reagieren und daher oft andere Verhaltensweisen in der Situation zeigen als hoch ängstliche Kinder. Ziel sollte sein, dass hoch ängstliche Kinder auch in angstthematischen Situationen ihre

Emotionen so regulieren können, dass ein weitgehend unbeeinträchtigtes Denken und Handeln möglich ist.

Regulationsfähigkeiten können darüber hinaus auch antizipatorisch wirksam werden. Verfügen hoch ängstliche Kinder über effektive Bewältigungsstrategien und sind sie sich dessen auch bewusst (können sie also beispielsweise darüber Auskunft geben), so können bereits vor einer potentiell angstauslösenden Situation auftretende Besorgtheitskognitionen reguliert werden mit der möglichen Folge, dass die anschließenden Handlungen weitgehend unbeeinträchtigt ausgeführt werden können (Vasey et al., 1994; Rost & Schermer, 1997).

Das bedeutet nicht, dass diese Kinder vor oder während einer angstauslösenden Situationen gar keine Angst mehr empfinden sollten (das wäre unrealistisch), sondern dass sie sich zunehmend mehr zutrauen und sicherer werden, auch angstauslösende Situationen bewältigen zu können. Langfristig kann die wiederholte Erfahrung, dass eine Situation gar nicht so schlimm war, wie vorher angenommen, kognitive Prozesse vor und während der Situation möglicherweise günstig beeinflussen und so die Angst vor vielen Situationen mindern.

Für die pädagogische Gestaltung von Lernsituationen in Kindergarten und Grundschule können die Ergebnisse der vorliegenden Studie wichtige Hinweise liefern; ein wesentliches Ziel sollte u.E. die frühzeitige Stärkung und Förderung von Regulationskompetenzen sein, um mögliche negative Folgen einer hohen Angstdisposition auf die (kognitive) Entwicklung zu reduzieren bzw. zu vermeiden.

Literatur

Asendorpf, J. B. (1991). Development of inhibited children's coping with unfamiliarity. *Child Development, 62,* 1460-1474.

Astington, J. W. & Gopnik, A. (1991). Theoretical explanations of children's understanding of the mind. *British Journal of Developmental Psychology, 9,* 7-31.

Bartsch, K. & Estes, D. (1996). Individual differences in children's developing theory of mind and implications for metacognition. *Learning and Individual Differences, 8,* 281-304.

Bischof-Köhler, D. (1998). Zusammenhänge zwischen kognitiver, motivationaler und emotionaler Entwicklung in der frühen Kindheit und im Vorschulalter. In H. Keller (Hrsg.), *Lehrbuch Entwicklungspsychologie* (S. 354-362), Bern: Huber

Bischof-Köhler, D. (2000). *Kinder auf Zeitreise. Theory of Mind, Zeitverständnis und Handlungsorganisation.* Bern: Huber.
Buschmann, A. (2004). *Bindungsqualität und „Theory of mind"-Fähigkeit im Vorschul- und Grundschulalter.* (Unveröffentlichte Diplomarbeit). Bochum: Ruhr-Universität Bochum, Fakultät für Psychologie.
Carpendale, J. I. & Chandler, M. J. (1996). On the distinction between false belief understanding and subscribing to an interpretive theory of mind. *Child Development, 67,* 1686-1706.
Harris, P. L. & Gross, D. (1988). Children's understanding of real and apparent emotion. In J. W. Astington, P. L. Harris & D. R. Olson (Eds.), *Developing theories of mind* (pp. 295-314). New York: Cambridge University Press.
Hasselhorn, M. (1995). Individuelle Differenzen im Bereich des Lernens und des Gedächtnisses. In M. Amelang (Hrsg.), *Enzyklopädie der Psychologie. Differentielle Psychologie und Persönlichkeitspsychologie. Verhaltens- und Leistungsunterschiede.* (Band 2, S. 435-470). Göttingen: Hogrefe.
Heckhausen, H. (2003). *Motivation und Handeln.* Berlin: Springer.
Hirsch-Pasek, K., Gleitman, L. R. & Gleitman, H. (1978). What did the brain say to the mind? A study of the detection and report of ambiguity by young children. In A. Sinclair, R. J. Jarvella & W. J. M. Levelt (Eds.), *The child's conception of language* (pp. 97-132). Berlin: Springer.
Josephs, I. E. (1992). *The regulation of emotional expression in preschool children.* Münster: Waxmann.
Kagan, J., Reznick, J. S., Snidman, N., Gibbons, J. & Johnson, M. O. (1988). Childhood derivatives of inhibition and lack of inhibition to the unfamiliar. *Child Development, 59,* 1580-1589.
Lazarus, R. S. & Launier, R. (1978). Stress-related transactions between person and environment. In L. Pervon & M. Lewis (Eds.), *Perspectives in interactional psychology* (pp. 287-327). New York: Plenum Press.
Lazarus-Mainka, G. & Siebeneick, S. (2000). *Angst und Ängstlichkeit.* Göttingen: Hogrefe.
Lengning, A. (2004). *Gehemmtheit in neuen Situationen.* Frankfurt/Main: Peter Lang.
Liebert, R. M. & Morris, L. W. (1967). Cognitive and emotional components of test anxiety: A distincton and some initial data. *Psychological Reports, 20,* 975-978.
Mackowiak, K. (1998). *Ängstlichkeit, Selbstregulation und Problemlösen im Vorschulalter.* Frankfurt/Main: Peter Lang.
Mackowiak, K. (2007). *Ängstlichkeit, Angstbewältigung und Fähigkeiten einer „theory of mind" im Vorschul- und Grundschulalter: Zusammenhänge zwischen motivationaler und kognitiver Entwicklung* (Habilitationsschrift). Hamburg: Dr. Kovač.
Mackowiak, K. & Lengning, A. (2010). *Das Bochumer Angstverfahren für Kinder im Vorschul- und Grundschulalter (BAV 3-11).* Bern: Huber Testverlag.
Mackowiak, K. & Trudewind, C. (2001). *Die Bedeutung von Neugier und Angst für die kognitive Entwicklung.* www.familienhandbuch.de.
Mähler, C. (1999). Naive Theorien im kindlichen Denken. *Zeitschrift für Entwicklungspsychologie und Pädagogische Psychologie, 31,* 53-66.

McGhee, P. E. (1979). *Humor: Its origin and development*. San Francisco: W. H. Freeman.
Perner, J. (1988). Higher-order beliefs and intention in children's understanding of social interaction. In J. W. Astington, P. L. Harris & D. R. Olson (Eds.), *Developing theories of mind* (pp. 271-294). New York: Cambridge University Press.
Rost, D. H. & Schermer, F. J. (1989). Diagnostik des Leistungsangsterlebens. *Diagnostica, 35*, 287-315.
Schellhas, B. (1993). *Die Entwicklung der Ängstlichkeit in Kindheit und Jugend*. Berlin: Ed Sigma.
Sodian, B. (1986). *Wissen durch Denken? Über den naiven Empirismus im Denken von Vorschulkindern*. Münster: Aschendorff.
Sodian, B (2002). Entwicklung begrifflichen Wissens. In R. Oerter & L. Montada (Hrsg.), *Entwicklungspsychologie* (S. 443-468). Weinheim: Psychologie Verlags Union.
Spielberger, C. D. (1972). Anxiety as an emotional state. In C. D. Spielberger (Ed.), *Anxiety: Current trends in theory and research* (Vol. 1, pp. 24-49). New York: Academic Press.
Vasey, M. W., Crnic, K. A. & Carter, W. G. (1994). Worry in childhood: A developmental perspective. *Cognitive Therapy and Research, 18*, 529-547.
Wellman, H. M. & Hickling, A. K. (1994). The mind's „I": Children's conceptions of the mind as an active agent. *Child Development, 65*, 1564-1580.
Wine, J. (1971). Test anxiety and direction of attention. *Psychological Bulletin, 76*, 92-104.
Winner, E. & Leekam, S. (1991). Distinguishing irony from deception: Understanding the speaker's second-order intention. *British Journal of Developmental Psychology, 9*, 257-270.

Elizabeth Wood
Entwicklung einer integrierten Pädagogik für die frühe Bildung

Einleitung

Die Bildungspläne für die frühe Kindheit in den vier Ländern Großbritanniens (England, Nordirland, Schottland und Wales) geben alle ähnliche Empfehlungen zu einer Integration von Aktivitäten, die durch Erwachsene oder vom Kind initiiert werden. Die Bildungspläne für England und Wales liefern eine starke Begründung für das Lehren und Lernen durch Spiel, welches sowohl durch Erwachsene als auch vom Kind initiiert sein kann. Demzufolge sind zumindest theoretisch betrachtet das strukturierte Spiel und das freie Spiel Merkmale ‚guter' und ‚effektiver' Unterrichtspraxis. Ich werde jedoch darlegen, dass ein integrierter pädagogischer Ansatz erhebliche Anforderungen an Pädagoginnen und Pädagogen der frühen Kindheit stellt, insbesondere da die gesetzlichen Rahmenbedingungen Lernergebnisse festlegen, die von den Kindern erreicht werden sollten. Forschungsergebnisse zeigen, dass durch die Betonung des Lernstandes und des Lernzuwachses durch die Bildungspolitik das Pendel der Bildungsinhalte aufgrund dieser gesetzlichen Vorgaben stärker zu den von Erwachsenen initiierten Aktivitäten als den vom Kind initiierten Tätigkeiten ausschlägt. Innerhalb der vom Kind initiierten Aktivitäten zeigen sich aus verschiedenen Gründen Probleme bei den frei wählbaren Tätigkeiten (inkl. freies Spiel). Somit mag die pädagogische Praxis zwar vielfältige Ansätze verwenden und diese *mischen*, diese aber nicht durchwegs *integrieren*.

Ziel dieses Beitrags ist es,
1. Forschungsergebnisse und theoretische Grundlagen für integrierte Ansätze in der Bildung der frühen Kindheit zu reflektieren;
2. die Herausforderungen aufzuzeigen, die dieses Modell an die Lehrpersonen stellt, die mit jungen Kindern in Vorschule und Kindergarten arbeiten und
3. einige herausfordernde Fragen betreffend der Rolle und des Wertes von Spiel innerhalb eines integrierten pädagogischen Ansatzes anzusprechen.

Integrierte Pädagogik

Das Konzept der integrierten Pädagogik wird in vielen verschiedenen Lehrplänen für die Eingangsstufe in Großbritannien wie auch in anderen Ländern (Wood & Attfield, 2005; Wood, 2009) gefordert und wird in den bildungspolitischen Vorgaben in England und Wales stark befürwortet. Es besteht eine große Übereinkunft darüber, dass effektive Pädagoginnen und Pädagogen Umgebungen für Spiel und Lernen so vorbereiten sollen, dass die Kinder wählen und in ihren selbstinitiierten Aktivitäten Autonomie erleben können. Pädagoginnen und Pädagogen planen zudem auch Aktivitäten ein, die von den Erwachsenen initiiert sind und auf bestimmte Bildungsinhalte oder Fertigkeiten zielen, welche dem Lehrplan entsprechen oder die Interessen der Kinder aufnehmen, wie sie sie bei den selbstinitiierten Aktivitäten der Kinder beobachtet hatten. Im Bereich Spiel ist eine Verschiebung in Richtung Lehrerzentrierung festzustellen. Pädagoginnen und Pädagogen planen Spielaktivitäten stärker, sie interagieren mit den Kindern während dem Spiel und beurteilen den Lernfortschritt und die Lernleistung durch Spielbeobachtung (Broadhead, Howard & Wood, 2010). Dies bedeutet nicht, dass das Kinderspiel überwacht werden soll, sondern erkennt vielmehr an, dass Erwachsene wie auch Peers im Spiel der Kinder eine wichtige Rolle einnehmen, zu Hause wie auch in Bildungseinrichtungen. Gemeinsame Erlebnisse können den Kindern zu Wissen und Fertigkeiten über Spiel verhelfen. Studien von Broadhead (2004; 2010) zeigen auf, wie sich das Spiel von Kindern in seiner sozialen und symbolischen Komplexität entwickelt. Dies zeigt sich durch den Gebrauch von Werkzeugen, Symbolen und Objekten wie auch in der Art und Weise, wie die Kinder ihre soziale und kulturelle Welt durch Spielskripts verbinden. Broadhead betont, dass die pädagogische Schlüsselaufgabe von Erwachsenen darin bestehe, diese Entwicklungen durch die Bereitstellung von gut ausgestatteten spielerischen Lernumgebungen (sowohl im Haus als auch im Freien) zu unterstützen und durch gut abgestimmte Interaktionen, die die Kreativität und Verspieltheit der Kinder unterstützen statt einschränken.

Ein integriertes pädagogisches Modell

Diese Empfehlungen sind Teil eines integrierten pädagogischen Modells, das von einem Kontinuum zwischen Aktivitäten, die vom Kind und Aktivitäten, die von Erwachsenen initiiert werden, ausgeht. Anstatt die Dichotomie zwischen Spiel und Arbeit zu betonen, verbindet dieses Modell Elemente von Verspieltheit über das gesamte Kontinuum hinweg (Abbildung 1).

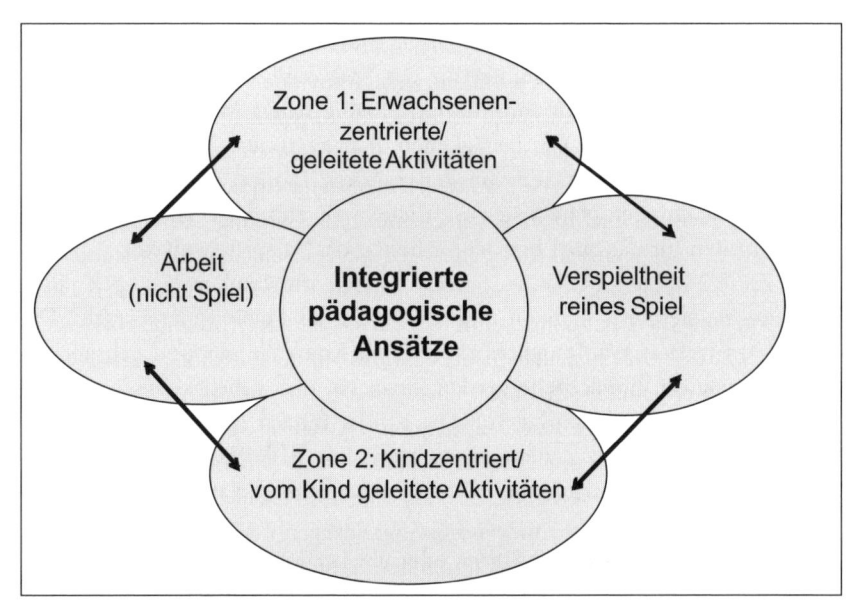

```
                  Zone 1: Erwachsenen-
                     zentrierte/
                  geleitete Aktivitäten

     Arbeit           Integrierte          Verspieltheit
   (nicht Spiel)      pädagogische          reines Spiel
                        Ansätze

                   Zone 2: Kindzentriert/
                 vom Kind geleitete Aktivitäten
```

Abbildung 1: Integriertes pädagogisches Modell des Spiels

Dieses integrierte pädagogische Vorgehen baut auf dem Zyklus von Planung von Spiel- und Lernumgebungen, den vielfältigen Aktivitäten und Interaktionen der Kinder, Beobachtung, Reflexion, Evaluation und weitere Planung. Bezweckt wird ein Informationsfluss bezüglich des kindlichen Spielens und Lernens über die zwei pädagogischen Hauptrichtungen hinweg: durch Erwachsene gesteuert (Zone 1) und vom Kind initiiert (Zone 2). Beide Ansätze beinhalten gegensätzliche aber sich gegenseitig ergänzende Formen der Erwachsenen-Kind-Mitwirkung: ko-konstruktives Engagement und pädagogische Strategien.

In Zone 1 planen Pädagoginnen und Pädagogen Lernumgebungen, die sowohl erwachsenenzentrierte als auch vom Kind initiierte Aktivitäten wie das freie Spiel ermöglichen. Erwachsenenzentrierte Aktivitäten werden als „Arbeit" bezeichnet, wenn sie stark kontrolliert werden. Sie sind stark instruktiv ohne Wahlmöglichkeiten oder Flexibilität für die Kinder und auf die Lehrplanziele ausgerichtet. In der strukturierten Spielzone werden Kinder durch Aktivitäten, die von Erwachsenen geleitet werden, auf spielerische Weise mit Lehrplaninhalten konfrontiert. Diese Aktivitäten können imaginative Elemente enthalten. Die Wahlmöglichkeiten und Eigenkontrolle der Kinder sind jedoch eingeschränkt. Beispielsweise könnte eine Pädagogin Kinder beauftragen eine Geschichte mit Puppen zu spielen oder ein mathematisches Problem in einem imaginativen Kontext zu lösen. Aktivitäten, die von Erwachsenen geleitet werden, können Vorläufer für das Spiel sein, wie beispielsweise die Durchführung einer Exkursion, die Einführung neuer Materialien oder die Vermittlung von technischen Fertigkeiten. Pädagoginnen und Pädagogen beobachten Spielsituationen, die von den Kindern initiiert wurden. Aufgrund dieser Beobachtungen planen sie zusätzliche, weiterführende Aktivitäten, stellen Requisiten für das Spiel her oder erhöhen das Anspruchsniveau.

In Zone 2 wählen die Kinder Spielaktivitäten, die dem „reinen Spiel" ähnlich sind, da sie die Qualitäten und Merkmale des Spiels widerspiegeln. Die Spielenden nutzen Wahlmöglichkeiten, üben Kontrolle aus und gebrauchen ihre Imagination. Erwachsene greifen kaum ein und geben keine konkreten Lernergebnisse oder Produkte vor. Die Kinder dürfen eine erwachsene Person zum Mitspielen auswählen, Erwachsene um Hilfe bitten und sich eigene Ziele setzen. Sie dürfen aber auch strukturierte Spielaktivitäten, wie Regelspiele wählen oder eher schulische Aktivitäten wie eine Geschichte lesen, ein Erkundungsprojekt durchführen oder ein Lernprogramm mit Zahlen am Computer ausführen. Alle diese Wahlmöglichkeiten können Elemente des Spiels enthalten und sollten entlang eines Kontinuums betrachtet werden, um die Dichotomie von Arbeit und Spiel zu vermeiden.

Dieses integrierte Modell ermöglicht Flexibilität innerhalb eines schrittweisen zyklischen Ablaufs. Pädagoginnen und Pädagogen können sich von einer Zone in die andere begeben, um auf die Interessen und Aktivitäten der Kinder einzugehen und um Ziele des Lehrplans mit den Zielen der Kinder zu verbinden. Erwachsene lassen sich durch die Beobachtung des Spiels der Kinder für die weitere Planung inspirieren und stellen neues Material bereit. Ebenso können sie das Spiel der Kinder inspirieren, indem sie den Kindern neue Fertigkeiten oder Wissen vermitteln. Demzufolge hängt das Konzept der Integration von Aktivitäten, die durch Erwachsene oder das Kind initiiert wurden, vom Kind und dem Kontext ab. Die Balance der Aktivitäten kann täglich ändern und wird sich langfristig ändern, entsprechend der Entwicklung von Freundschaften unter den Kindern, den Spielfertigkeiten und Vorlieben. Die praktische Umsetzung dieses Modells wird im folgenden Fallbeispiel ausgeführt.

Dieses Fallbeispiel beschreibt, wie integrierte pädagogische Ansätze bei 3- bis 5-jährigen Kindern entwickelt werden. Das Thema war „Menschen, die uns helfen". Die Kinder besuchten eine Polizeidienststelle, eine Feuerwehrzentrale, ein Krankenhaus und einen tierärztlichen Operationssaal. Anschließend folgten weitere Besuche vor Ort mit Expertinnen und Experten. Die Kinder hielten die Exkursionen mit Fotos und Videoaufnahmen fest, die sie auf einen Computer luden. Einige Fotos, die alltägliche Tätigkeiten zeigten, wurden ausgedruckt, wie beispielsweise ein Polizist, der einen Bericht ausfüllt, eine Krankenpflegerin, die eine Spritze gibt und eine Tierärztin, die ein Rezept verschreibt. Die Lehrperson verwendete diese Aufnahmen als Anregung in geführten Plenumsdiskussionen über das Gelernte, offene Fragen und weitere Informationsquellen. Mit der Assistenzlehrperson stellten die Kinder Requisiten und andere Materialien aus Abfall her, wie Betten für kranke Haustiere, Funkgeräte und ein großes Feuerwehrauto aus Karton. Diese wurden mit Kostümen zum Verkleiden und weiteren Requisiten für Rollenspiele bereit gelegt.

Je mehr die Kinder ihr Wissen vertieften, desto mehr begannen sie verschiedene Rollen im Spiel zu integrieren: ein Feuerwehrmann ruft die Tierärztin an, mit der Bitte, eine Bahre für eine befreite Katze zu bringen; ein Polizist alarmiert die Ambulanz, da überall Blut zu sehen sei. Die Requisiten wurden imaginativ verwendet: die fluoreszierten Manschetten eines Polizeibeamten wurden als Handschellen für Kriminelle verwendet, das Lasergerät dafür, Kriminelle zu stoppen, Walkie-Talkies und eine gelbe Bandage wurden Kennzeichen für die Spielleiterin oder den Spielleiter. Die Kinder nahmen die Requisiten auch mit ins Freie. Dort regten weitere Spielsachen mit Rädern die Fantasie an, beispielsweise rannten sie mit Anhängern zwischen Notfallstationen um die Wette und beluden sie mit Tieren, Patienten und Kriminellen.

Ein Team von Beobachterinnen und Beobachtern sammelte folgende Notizen zur Spielwahl und zum Spielverhalten der Kinder. Jamie, Simeon, Khalid und Liam, die zu den ältesten Kindern gehörten, beteiligten sich oft an Abenteuerspielen mit viel Bewegung und Raufereien, die sich um die Themen Fangen, Entführen, Befreien, Töten und Ringen drehten. Im Spiel entwickelten sie Rhythmen und Muster, die wiederholt und ausgeweitet wurden. Sie suchten kaum die Beteiligung von Erwachsen, außer um neue Requisiten für ihr Spiel anzufertigen. Will, einer der jüngsten Kinder, wollte gerne in der Knabengruppe mitspielen, wurde aber meist zurück gewiesen, da er zu klein war oder die falschen Strategien verwendete, wie sich zum Fahrrad durchdrängeln oder Requisiten zusammenraffen. Max, der oft am Rand des Spiels saß, wurde nie zum Mitspielen eingeladen und bat auch nie um Spielerlaubnis. Stattdessen spielte er allein oder mit jüngeren Knaben und Mädchen. Er wählte immer unterstützende Rollen, wie Tierarzt, Krankenpfleger oder Arzt und kümmerte sich um Puppen oder Peers als Patienten. Die Mädchen, die sich in der Ecke der Rollenspiele aufhielten, plauderten oft miteinander, schrieben Notizen oder kochten Essen. Sie beteiligten sich nicht an den ungestümeren Spielen der Knaben.

Dieses Fallbeispiel zeigt einige interessante Dilemmata bezüglich der Spielwahl von Kindern in Vorschuleinrichtungen und die erzieherische Rolle von Erwachsenen auf. Beispielsweise möchte Will mit der Knabengruppe spielen, muss aber zuerst Strategien erwerben, um Einlass ins gemeinsame Spiel zu erlangen und über längere Zeit mitspielen zu dürfen. Hat die erwachsene Person die Aufgabe, Max darin zu unterstützen? Die vier Knaben sind in ihre Spielthemen vertieft, die sich längerfristig entwickeln. Sollten sie lernen, andere in ihr Spiel zu integrieren oder sollte die Lehrperson ihre freie Wahl respektieren? Max beobachtet oft die wilden Spiele der Knaben ohne sich daran zu beteiligen. Sollte die Lehrperson Max helfen, sein Repertoire an Spielfertigkeiten zu erweitern oder ihn seiner eigenen Spielwahl überlassen? Es wurden Unterschiede im Spielverhalten und in den Spielvorlieben der älteren Mädchen und Knaben (4-5-jährig) beobachtet. In welchem Ausmaß sollten sich Erwachsene um Gleichberechtigung beim Zugang zu Spielen und bei Spielmöglichkeiten kümmern? Sollten Erwachsene bemüht sein eine breite Angebotspalette für Mädchen und Knaben aufzuzeigen, damit nicht geschlechtsstereotype Rollen eingenommen werden? Diese Fragen zeigen einige der komplexen pädagogischen Themen, die durch das freie Spiel in einem integrierten pädagogischen Modell aufkommen.

Freie Wahl und freies Spiel in integrierten pädagogischen Ansätzen

Viele Unterrichtsmodelle in der Bildung der frühen Kindheit betonen den Stellwert des freien Spiels und der freien Wahl. Dennoch gehören sie zu den herausforderndsten Gebieten der Pädagogik und der Unterrichtsentwicklung. In Wirklichkeit ist alles Spiel innerhalb von Institutionen und organisatorischen Rahmenbedingungen bis zu einem gewissen Grade strukturiert. Lernumgebungen sind meist flexibel strukturiert, so dass sie pädagogisch wertvolle Aktivitäten ermöglichen, wie Konstruktionsspiele, Rollenspiele, Tastmaterialien, Gesellschaftsspiele, Puzzles, Wortspiele, Kinderspielzeug wie Lego, Playmobil, Puppen, Abfallmaterialien und neue Technologien wie Computer und programmierbare Spielsachen.

Kinder sollen ihre eigenen Lernerfahrungen durch freie Wahl und freies Spiel gestalten. Obwohl dies immer wieder betont wird, ist die erfolgreiche Umsetzung des freien Spiels sehr schwierig. Wenn wir die vier Dimensionen des integrierten pädagogischen Modells (s. Abbildung 1) betrachten, lässt sich durch Forschungsergebnisse belegen, dass in Kindergärten diejenigen Aktivitäten, die durch Erwachsene initiiert und/oder geführt werden, also Aktivitäten, die eher als Arbeit denn als Spiel zu bezeichnen sind, stärker gewichtet werden. Sie sind deshalb eher als Arbeit zu bezeichnen, da die Ergebnisse der Aktivität von den Erwachsenen festgelegt werden und die Aktivität auf diese Ergebnisse hin strukturiert wird. Neben stärker strukturierten Aktivitäten, stellen Lehrpersonen typischerweise auch spielerische und fantasievolle Lernumgebungen bereit, beispielsweise Spiele, Geschichten, Reime, Puppen, Rollenspiele und Theaterspiel um Schlüsselkonzepte, Fertigkeiten und Wissen zu vermitteln. Informationen aus Aktivitäten, die von Erwachsenen geleitet werden oder bei der die Erwachsenen beteiligt sind, fließen hauptsächlich in die Beurteilung des Lernfortschritts ein.

Im Gegensatz dazu wissen wir aus Forschungsstudien, dass sich Erwachsene an vom Kind initiierten Aktivitäten, darunter dem freien Spiel, eher weniger beteiligen. Dies hat verschiedene Gründe: sie respektieren das Recht des Kindes ohne Intervention von Erwachsenen spielen zu können; sie glauben an die Wichtigkeit des freien Spiels für die soziale und emotionale Entwicklung des Kindes; sie fühlen sich unsicher bezüglich ihrer Beteiligung und ob sie eingreifen sollen; oder sie haben keine Zeit, sich an spielerischen Aktivitäten zu beteiligen (Rogers & Evans, 2008). Sogar wenn Erwachsene Kinder bei freiem Spiel und frei gewählten Aktivitäten beobachten, haben sie Mühe, ihre Beobachtungen so zu interpretieren, dass sie sie für die Planung von weiteren Aktivitäten nützen können, welche die Kinder in ihren Interessen, Fähigkeiten und Wissen ansprechen (vgl. Wood, 2009). Dies erschwert es den Erwachsenen eine Verbindung zwischen Aktivitäten herzustellen, die durch Erwachsene und vom Kind initiiert wurden, wie dies in gesetzlichen Richtlinien von Wales und England vorschlagen wird. Es werden zwar verschiedene pädagogische Ansätze realisiert, diese werden jedoch nicht integriert: beispielsweise fließen die Interessen und Vorstellungen der Kinder nicht in die Planung der Lerninhalte ein.

Wenn wir auf dieses pädagogische Problem aus der Perspektive des freien Spiels blicken, wissen wir, dass die Spielaktivitäten von Kindern schwierig zu verstehen und zu interpretieren sind, dass Erwachsene intensiv beobachten müssen, um die Motivation, Verhaltensmuster, Engagement und Interessen des Kindes zu erkennen (Broadhead, 2010; Hedegaard & Fleer, 2008). Wirklich freies Spiel wie beispielsweise Raufen (rough and tumble play) kann auch chaotisch unvorhersehbar, lärmig, dreckig, gesetzlos, herausfordernd in Bezug auf geltende Regeln und Autorität, revolutionär, nicht zu bändigen oder wild sein. All diese Eigenschaften erschweren die Umsetzung gewisser Formen des freien Spiels in vorschulischen Einrichtungen erheblich, insbesondere wenn innerhalb und außerhalb der Einrichtung nicht genügend Platz vorhanden ist.

Herausfordernde Annahmen zur freien Wahl und zum freien Spiel

In meinen letzten Arbeiten habe ich unkritische Annahmen, wie den allgemeinen Nutzen des freien Spiels für das Lernen und die Entwicklung des Kindes angefochten (Wood & Cook, 2009; Wood, 2009). Einige dieser Bedenken werden unten aufgeführt. Sie werden von Forschenden untermauert, die Kinderaktivitäten aus post-strukturalistischen und kulturhistorischen theoretischen Perspektiven beleuchten (Blaise, 2005; Hedegaard & Fleer, 2008; Yelland, 2005).
1. Die jüngsten Lernenden erhalten den größten Zugang zum freien Spiel und zu selbstinitiierten Aktivitäten. Allerdings gibt es wenig Wissen über die Beziehung des freien Spiels zu Faktoren der Heterogenität wie Geschlecht, ethnische Zugehörigkeit, soziale Schicht, Begabung, Behinderung, sexueller Orientierung etc. Dies bedeutet, dass die Angebote nicht ausreichend kulturrelevant oder kulturadäquat sind. Das westliche Modell des freien Spiels und der freien Wahl beansprucht universelle Angemessenheit, ohne die Dimension der Heterogenität zu berücksichtigen (Genishi & Goodwin, 2008).
2. Spiel ist nicht immer die beste Art des Lernens in der frühen Kindheit. Empirische Forschung zeigt, dass Spiel in der Theorie und Praxis immer noch problematisch ist (Broadhead, Howard & Wood, 2010). Das aktuelle Lernverständnis vom Spiel berücksichtigt Faktoren der Heterogenität zu wenig. Deshalb ist es schwierig den Wirksamkeitsanspruch des freien

Spiels als *den* Lernzugang in der frühen Kindheit zu unterstützen. Nicht alle Kinder lernen durch das Spiel wie man lernt, da die westliche Art des Spiels nicht in allen Kulturen und Gesellschaften verwendet wird.
3. Spiel wird als Überbegriff für eine große Anzahl von Aktivitäten gebraucht, die nicht alle als Spiel bezeichnet werden können. Erwachsene tarnen oft Arbeit als Spiel oder strukturieren spielerische Aktivitäten, so dass die Wahlmöglichkeiten, Entscheidungen und Interessen der Kinder eingeschränkt werden (Rogers & Evans, 2008).
4. Spiel ist eine von vielen Lernarten in der frühen Kindheit, einerseits in Institutionen und andererseits in Familie und Nachbarschaft. Wir benötigen mehr Wissen über das Repertoire von Aktivitäten und die Teilnahme in unterschiedlichsten Kontexten (Rogoff, 2003). Dies würde das Konzept der Balance von gemischten oder integrierten pädagogischen Ansätzen in Bezug zur sozialen und kulturellen Heterogenität verbessern.
5. Familiäre Erziehungspraktiken könnten sich von den westlichen Vorstellungen zu freier Wahl und freien Spielansätzen unterscheiden. Forschungsergebnisse von Brooker (2010) weisen darauf hin, dass Kinder aus einigen ethnischen Minderheiten durch diese Ansätze benachteiligt würden, weil ihnen andere Erwartungen und Verhaltensweisen für die Schule und Vorschule vermittelt wurden. Deshalb werden kulturelle Differenzen zum Problem, wenn die Balance zwischen Aktivitäten, die durch Erwachsene initiiert und solchen, die vom Kind initiiert werden, gesucht wird.

Diese Aspekte stellen die frühe Bildung und somit die Forschenden, die Erziehenden und die Lehrerinnen- und Lehrerbildung vor ein paar interessante Probleme und Herausforderungen. International gesehen bestehen wichtige und vielfältige Forschungsfragen, die uns vor philosophische, theoretische, methodische und ethische Herausforderungen stellen. Diese Themen müssen im Kontext von Forschung und Praxis thematisiert werden. Forschende, die sich dem Thema Spiel und Bildung gewidmet haben, müssen sich den Bedenken und Perspektiven zu und Werthaltungen gegenüber der frühen Bildung für das 21. Jahrhunderts und der Bedeutung des Spiels für das Lernen und die Entwicklung des Kindes stellen.

Literatur

Anning, A., Cullen, J. & Fleer, M. (Eds.). (2008). *Early Childhood Education: Society and Culture* (2nd ed.). London: Sage.

Blaise M. (2005). *Playing It Straight: uncovering gender discourses in the early childhood classroom*. London: Routledge/Falmer.

Broadhead, P. (2010). Co-operative play and learning from nursery to year one. In P. Broadhead, J. Howard & E. Wood (Eds.), *Play and Learning in the Early Childhood Years: Research and Practice* (pp. 43-60) London: Sage.

Brooker, L. (2010). Learning to play in cultural context. In P. Broadhead, J. Howard & E. Wood (Eds.), *Play and Learning in the Early Childhood Years: Research and Practice* (pp. 27-42) London: Sage.

Genishi, C. & Goodwin, A. L. (2007). *Diversities in Early Childhood Education – Rethinking and Doing*. New York: Routledge.

Hedeggard, M. & Fleer, M (2008). *Studying Children – A cultural Historical Approach*. Maidenhead: Open University Press/McGraw Hill.

Rogers, S. & Evans, J. (2008). *Inside Role Play in Early Childhood Education, researching young children's perspectives*. London: Routledge.

Rogoff, B. (2003). *The Cultural Nature of Human Development*. Oxford: Oxford University Press.

Wood, E. (2008). Developing a Pedagogy of Play for the 21st century. In A. Anning, J. Cullen & M. Fleer (Eds.), *Early Childhood Education: Society and Culture* (2nd ed., pp. 17-30). London: Sage.

Wood, E. (2009). Conceptualising a Pedagogy of Play: international perspectives from theory, policy and practice. In D. Kuschner (Ed.), *Play and Culture Studies*, (Vol. 8, pp. 166-189). Maryland: University Press of America.

Wood, E. (2010). Reconceptualizing the play-pedagogy relationship. From control to complexity? In L. Brooker & S. Edwards (Eds.). *Rethinking Play* (pp. 11-24). Maidenhead: Open University Press.

Wood, E. & Attfield, J. (2005). *Play, Learning and the Early Childhood Curriculum* (2nd ed.). London: Paul Chapman Press.

Wood, E. & Cook, J. (2009). Gendered discourses and practices in role play activities: a case study of young children in the English Foundation Stage. *Journal of Educational and Child Psychology, 26* (2), 19-30.

Yelland, N. (2005). *Critical Issues in Early Childhood*. Maidenhead: Open University Press.

Marianna Jäger
Spielen aus der Perspektive von Erstklässlerinnen und Erstklässlern
Anmerkungen zu einzelnen Dimensionen des Spiels

Forschungskontext

Die Ausführungen stützen sich auf Datenmaterial, das im Rahmen eines aktuellen ethnographischen Forschungsprojekts der Pädagogischen Hochschule Zürich erhoben wurde. Darin werden im Hinblick auf die Einführung einer neuen Schuleingangsstufe besondere Elemente einer ‚Kultur der ersten Klasse' in zwei kontrastierenden sozialräumlichen Milieus dokumentiert, analysiert und miteinander verglichen. Die Befunde können einen neuen Blick auf die Selbstverständlichkeiten des Schulalltags erschließen und damit für die Aus- und Weiterbildung von Lehrpersonen von Interesse sein (vgl. Jäger et al., 2006).

Theoretisch unterlegt wurde ein Begriff der Schulkultur, der schulische Wirklichkeit als symbolische Ordnung von Diskursen, Interaktionen und Praktiken versteht, die durch alle Beteiligten aktiv gestaltet wird (vgl. Helsper, 2008). Der Fokus richtete sich primär auf die Wahrnehmungen und Praktiken der Kinder, die gemäß der ‚neuen Kindheitsforschung' als kompetente soziale Akteure verstanden werden.

Für das methodische Vorgehen wurden die teilnehmenden Beobachtungen in zwei ersten Klassen zwischen August 2007 und März 2008 durch Leitfadeninterviews mit allen Kindern ergänzt. Damit war es einerseits möglich, durch den Einbezug des Alltagswissens der Kinder zu außerschulischen Bereichen eine lebensweltlich kontextualisierte Perspektive einzunehmen. Andererseits ermöglichte es den Forschenden, das unmittelbar Beobachtbare mit den Selbstdeutungen der Befragten zu verbinden und somit die *Sicht auf Kinder* in der Schule mit der *Sicht von Kindern* in der Schule zu erweitern.

Fragestellung – Theoriebezug

Spielen war kein Interviewthema; es resultierte vielmehr als ‚thematische Relevanz' (Alfred Schütz) aus der selektiven thematischen Kodierung des Materials und weckte deshalb das Interesse der Forschenden. So ergaben sich in der von mir untersuchten ersten Klasse einer Zürcher Vorortsgemeinde mit Kindern vorwiegend aus privilegierten Familien über 50 Interviewpassagen, in denen die 6- und 7-Jährigen ungefragt auf das Thema eingingen. Diese Textstellen sind die Grundlage für die folgenden Ausführungen.

Die Annäherung an die von den Kindern verbalisierte Spielwirklichkeit wurde unter die Frage gestellt: Wie sehen ihre Wahrnehmungs- und Deutungsmuster aus, die sie sich anhand ihrer persönlichen Spielerfahrungen im Alltag angeeignet haben? Mit Bezug auf den Ansatz der Ethnoscience bzw. der kognitiven Anthropologie (vgl. Headland, 1990) wurde hier versucht, über die sprachlich formulierten Schemata die Regelmäßigkeiten im Verhalten der Akteure zu verstehen und zu erklären. Das geschah unter der Annahme, dass Kinderaussagen zum Spiel einerseits die dahinter stehende soziale Ordnung und die kulturellen Codes erschließen, mit denen diese realisiert wird, dass sie andererseits dazu dienen, soziale Realitäten durch die Versprachlichung auch erst zu etablieren.

Vorgehen – Darstellung

Die Passagen aus den Kinderinterviews wurden inhaltsanalytisch ausgewertet und für diese Darstellung zu drei Gegenstandsbereichen geordnet: Rahmenbedingungen – Elemente des Spiels – Taxonomien. Die daraus abgeleiteten Dimensionen werden im Folgenden skizziert. Gewählt wurde dazu unter Einbezug einzelner Interviewsequenzen eine verallgemeinernde Darstellung, die sich aus der Tatsache rechtfertigt, dass es sich um selbstverständliches, kollektiv geteiltes Wissen dieser Schülerinnen und Schüler handelt, wie die Beobachtungen und stichprobenartigen Rückfragen bei den Kindern ergaben.

Befunde

Ramenbedingungen des Spiels

Kindern ist bewusst, dass Erwachsene bzw. die Institutionen Rahmenbedingungen für ihr Spiel setzen und damit dessen Form und Bedeutung beeinflussen.

Zeit

Kinder kennen den zeitlichen Rahmen, der ihnen von den Erwachsenen für das Spielen zur Verfügung gestellt wird. Sie realisieren auch, dass er nur bedingt verhandelbar ist.

Für die Schule nennen die Kinder die Pause als *das* Zeitfenster für das Spielen. Im Gegensatz zum Kindergarten müssen die Aktivitäten (Pausenbrot essen, spielen) hier selbst koordiniert werden; es sind keine getrennten Zeitgefässe mehr. Dieses Zeitmanagement ist für Erstklässlerinnen und Erstklässler eine neue Anforderung an ihre Alltagspraxis, die sie mit den Spielkameraden bewältigen müssen.

Raum

Kinder wissen, dass Spielen an bestimmte Raumvorgaben gebunden ist. Es gibt die richtigen und die falschen Orte für bestimmte Spiele. Es gibt Orte, die mehr oder weniger durch andere Kinder oder Erwachsene kontrolliert sind. Selbst gesteuertes Spielen hat in der Schule vor allem in den „Zwischenräumen" Platz, die nicht unmittelbar von schulischen Ansprüchen gefüllt sind. Dazu gehören außer dem Pausenplatz die Garderoben. Dort entfalten sich Peer-Aktivitäten und in Ansätzen konstituiert sich eine eigentliche Peer-Kultur (z.B. Sprach- und Neckspiele). Das gilt ganz besonders für den Aufenthalt in der Garderobe der Turnhalle, wo die Geschlechtsgruppe der eigenen Klasse ohne Aufsicht der Lehrperson unter sich ist. Dort kippen dann die als „Streiche spielen" gerahmten Interaktionen unter den Jungen hin und wieder in Ernst um und lösen heftige Diskussionen aus.

Sozialisationsinstanz

Die Sozialisationsinstanz Schule gibt nicht nur Räume und Zeiten vor, sondern setzt auch bestimmte Erwartungen, wie Spielen sich dort zu ereignen habe. Darüber wissen die Kinder genau Bescheid. So beschreibt etwa Anne, auf den Vergleich der Bildungsinstitutionen angesprochen, den Kindergarten wie folgt:

A: *Me chan ganz vil frei spiele.*
I: *Aja.*
A: *Und suscht macht mer echli Spieli im Chreis und verzelled echli.*
I: *Schön. Und das isch jetzt nüme i de Schuel?*
A: *Nei. I de Schuel mached mer d'Huusufgabe. Und wenn mer si nöd fertig überchömed, mached mer sie dihei. Und i de Pause, i de chliine, chömmer entweder dusse oder dine spiele, dine isch ruhigi Pause, und dusse isch Rambazamba-Pause.*

Anne verwendet eine dreifach positiv aufgeladene Aussage, mit der sie Spielen im Kindergarten charakterisiert: Die Wahl der Beschäftigung unterliegt keinen Vorgaben durch die Lehrperson; die Zeitgefässe sind großzügig bemessen; die Freiwilligkeit ist gewährleistet. Anschließend erwähnt sie mit gesenkter Stimme emotionslos die von der Kindergärtnerin initiierten „Spieli", die sie zusätzlich mit dem Adverb „ein wenig" abwertet; danach folgt noch eine Anspielung auf das Unterrichtsgespräch. Mit dieser taxonomischen Unterscheidung der Spielaktivitäten grenzt Anne freies Spielen vom didaktischen Arrangement Spiel ab und bewertet es zugleich. Für die Schule führt das Mädchen die Hausaufgaben (schriftliche Arbeiten) an, welche bei vielen Erstklässlerinnen und Erstklässlern das positive Markenzeichen von Schule darstellen. Anschließend erwähnt sie noch die Pause, die es auch im Sinne der Institution „richtig" zu verbringen gilt.

Kultur und Gesellschaft
In den Spielprozessen spiegeln sich – vermittelt über die Sozialisationsinstanzen – gesellschaftliche Einflüsse in Normen, Rollenstrukturen, Wertvorstellungen (vgl. Fritz, 2004, S. 110f.). Kinder verarbeiten ihre Wahrnehmungen und ordnen sie sinnvoll gemäß den Mustern und Möglichkeiten, über die sie als Gesellschaftsmitglieder, Angehörige einer bestimmten Kultur, einer Gruppe verfügen. Es ist zu vermuten, dass je nach ethnischer und sozialer Herkunft der Kinder verschiedene Spielkulturen, Spielkonstrukte und Bewertungen des Kinderspiels nachzuweisen wären. Diesbezügliche Forschungen, wie sie Sutton-Smith für das Spiel der Erwachsenen in unterschiedlichen Ländern angestellt hat (vgl. Sutton-Smith, 1976, S. 118f.), stehen auf der Ebene des Kinderspiels noch aus.

Die folgende Szene schildert ein kosovo-albanischer Junge. Er erzählt, dass in seiner Familie manchmal Ball gespielt werde, wenn sie nicht mit dem Auto „spazieren gehen". Man muss den Ball möglichst bis zum Dach hoch werfen können. „Ich ein bisschen, aber Daddy sooo hoch", kommentiert er das Spiel. Mit der Hand markiert er symbolisch für alle Mitglieder der Familie die Wurfhöhe. Dass der Vater bei diesem Wettbewerb der Beste ist, erzählt er mit Bewunderung. Diese Erfahrung dürfte sich mit seinen Beobachtungen im Familienalltag verbinden. Der Vater, Magaziner in einem großen Konzern, ist zu Hause nämlich Herr über die Fernbedienung des Fernsehgeräts. Der Junge findet das zwar ungerecht und wehrt sich. „Aber Daddy sagt immer: Ich bin der Chef!" Damit benennt der Junge die „hohe Machtdistanz" (vgl. Hofstede, 2001) zwischen den Generationen, wie sie für sein ethnisches Herkunftsmilieu kennzeichnend sein dürfte. Das an sich harmlose Ballspiel wird auf diesem Hintergrund zu einem performativen Rahmen, durch den sich für den Jungen die Plausibilität der Familienhierarchie bestätigt.

Wenn in einer andern Familie die Ärztin mit ihrem Sohn den freien Nachmittag bei einem Computerspiel verbringt oder mit ihm ins Museum geht, hier der Magaziner mit seinem Sohn Wettwerfen mit dem Ball veranstaltet, wird ersichtlich, dass Spielen je nach Herkunftsmilieu anderes beinhaltet und unterschiedliches Lernpotenzial aufweist.

Die das Projekt begleitenden Beobachtungen zeigen zudem, dass die herkunftsbedingten Voraussetzungen des Spielens bei der Passung mit den schulischen Peer-Aktivitäten selektierend wirksam sind, so etwa bezüglich der Zusammensetzung der Spielgruppen in den Pausen.

Elemente des Spiels

Das Spielen der Kinder vollzieht sich unter den gegebenen Rahmenbedingungen und in Auseinandersetzung mit ihnen stets neu. In ihren mündlichen Darstellungen lassen sich konstituierende Elemente des Spiels, darin ablaufende soziale Prozesse sowie Mechanismen identifizieren, die von den Akteuren mehr oder weniger bewusst wahrgenommen werden.

Spielzeug, Spielmaterialien

Man ist sich unter Kindern einig: Der Besitz von bestimmtem Spielzeug macht Kameraden attraktiv. Mit dieser Tatsache wird auch kompetent und kreativ umgegangen bei den gegenseitigen Besuchen zu Hause, die für die Kinder aus Mittelschichtmilieus selbstverständlich sind.

Luca: Also, ich darf nicht zu Jannis; er seit immer „nei".
I: Sicher?
L: Und er ist, er seit (sagt), sin Spielzeuge sind kaputt, er will nur immer zu mir.
I: Warum meinst du, will er immer zu dir?
L: Villicht, wil ich Meersäu han.

Luca glaubt zwar, dass Jannis nur behaupte, sein Spielzeug sei kaputt; er vermutet dahinter dessen Interesse an seinen Meerschweinchen. Aber er muss die Erklärung als offiziellen Grund für seine Abweisung anerkennen, denn niemand spielt gerne mit beschädigtem Spielmaterial. Luca realisiert, dass es mittels Spielzeug möglich ist, Sozialkontakte zu steuern.

Ein anderer Junge erzählt traurig, dass er – seit sein Freund eine X-Box habe und damit so viele Kinder anziehe („alli Lüüt gönd zum Andy") – gar nie mehr mit ihm spielen könne. Der Sechsjährige ahnt, dass ‚äußere Realitäten' wie die Trends des Spielzeugmarktes seine Freundschaften beeinflussen.

Spielmechanismen, Spielabläufe

Dass man die Regeln und Abläufe des Spiels kennen muss, ist eine von den Kindern selbst gesetzte Anforderung, der sie mit Eifer nachkommen. Dass sie aber Mechanismen aufdecken, wie Sina im folgenden Beispiel, ist eher selten. Sie rekonstruiert detailgetreu, wie das Pingpongspielen bei Jungen ihrer Klasse aufgekommen ist:

Sina: ...und am näschschte Tag hät er (Jan) de Pingpongschleger mitbracht, und am nächschte Tag hat er de Silvio wele überrede und hät gseit: „Silvio, chunsch mit mir an Pingpongtisch?" Dänn isch wieder genau alles glich gloffe, eifach hät de Silvio sini Eltere dezue überredet, dass sie ihm en Pingpongschleger chaufed und en Ball, wenn er schön brav isch.
I: Aha. Und warum regt's dich dänn uf? Wettsch du au gern döt ga?
Sina: Nei. Es regt mich eifach uf, will, eso es paar näbed eus; wenn's lüütet, dänn schüssed die us em Klassezimmer, sogar wenn's nonig azoge sind, dänn rüeft de eint em andere: „Mir treffed eus am Pingpongtisch!" Und renned sogar na uf em Weg und leged sich a...

Sinas emphathisch vorgetragener Bericht zeigt, dass das Mädchen verstanden hat, wie Spielgruppen entstehen können, wie beliebte Orte umkämpft sind, wie Kameraden angeworben werden, wie sie mit ihrem ungestümen

Verhalten zur Einleitung des Spiels bereits im Schulzimmer das Wohlbefinden ihrer Mitschülerinnen und Mitschüler beeinträchtigen. Sina hat das Pingpongspielen in seinen sozialen und materiellen Zwängen für die Mitspielenden erkannt. Wenn sie vermutet, dass der Junge seine Eltern überreden musste, ihm das nötige Spielmaterial zu beschaffen, dürfte sie weniger die familiäre Situation von Silvio beschreiben als ihr eigenes Alltagskonzept anwenden, wonach Eltern eine Gegenleistung für die Beschaffung von Spielmaterialien verlangen. Das Reziprozitätsprinzip sozialer Handlungen ist ihr geläufig.

Sozialform

Spielen ist für Erstklässlerinnen und Erstklässler vor allem gemeinschaftliches Tun unter Freunden, häufig in gleichgeschlechtlichen Spielpaaren oder kleineren Gruppen. Die Organisation von Spielwelten und die Entwicklung von sozialen Beziehungen dürften unter den Kindern eng verwoben sein (vgl. Fritz, 2004, S. 78). So antwortet Jan auf die Frage, weshalb immer die Jungen zusammen spielten: „Wil mir alli so ganz gueti Fründe sind." Mit Mädchen befreundet zu sein, können sich Jungen nicht ernsthaft vorstellen; deshalb sind diese als Spielkameradinnen auch nur zeitweise und eher zufällig dabei. Das Umgekehrte gilt gleichermaßen. Das Phänomen weist auf den Genderaspekt beim Spiel, der hier nicht weiter ausgeführt werden kann.

Rahmung des Spiels

Die Spielwelt der Kinder wird zu einer Bühne, auf der sie ihre individuellen Beziehungen zur realen Welt inszenieren und erproben. Sie lernen, diese Welten durch ein subtiles System von Rahmungssignalen getrennt zu halten. So können sie souverän zwischen den Welten wechseln und die Umstiege bewältigen (vgl. Fritz, 2004, S. 137ff.). Ein Zitat aus dem Forschungstagebuch verdeutlicht diese Dimension des Spiels.

Die Schulhausglocke ertönt. Alle strömen nach drinnen. Ich warte wie meistens vor der Schulzimmertüre und beobachte das Geschehen in der Garderobe. Etliche Jungen hängen sich gegenseitig Schimpfwörter an. „Sali, Arschloch." – „So, du Arschloch, was machsch?" Sie rufen sich das laut und voller Lust zu, fassen sich gegenseitig an den Jacken und lachen, auch zu mir herüber. Dave hat bemerkt, daß ich sie beobachte; er kommt zu mir und erklärt ohne Aufforderung meinerseits: „Weisch, me muess immer s'Umkehrti säge, öppis Liebs für öppis Böses, öppis Böses für öppis Liebs." Eben sehe ich, wie Albin ziemlich aufge-

bracht etwas zu einem Jungen gesagt hat, sich nun an seinen Platz begibt und die Schuhe wechselt. Da tritt ein Junge zu ihm hin und sagt: „Es isch denk umgekehrt. Schecksch es nöd?" Albin ist ratlos; er zieht seine Hausschuhe fertig an und geht lautlos ins Zimmer. (Forschungstagebuch, MJ, S. 28f., 18. Sept. 2007)

In diesem verbalen Spiel wird unter den Peers eine andere kollektive Wirklichkeit konstruiert als die alltägliche. Sie haben die Anredeformen ins Gegenteil verdreht. Dave spielt für die Forscherin den Übersetzer, wohl in der Überzeugung, dass sie sonst in Unkenntnis der Spielregeln eingreifen könnte, wird doch die von den Erwachsenen gesetzte Grenze des erlaubten Wortschatzes überschritten. Er beweist damit die Fähigkeit zur Perspektivenübernahme.

Dieses Interaktionsspiel könnte man als eine Vorstufe von „Dissen" (Scherzkommunikation) bezeichnen (vgl. Neumann-Braun & Deppermann, 2002), wie es bei älteren Schülern beliebt ist. Die scherzhaft gerahmten Imageverletzungen dienen der Herstellung einer Gruppenidentität wie auch der Konstitution von Einzelidentitäten. Das Garderobenspiel unter den Jungen ist nicht nur als lustvolle Kommunikation – man darf Schimpfworte unbesehen verwenden –, sondern auch als gegenseitiger Test bezüglich der Rahmungskompetenz von Kameraden angelegt, die man damit als zur Gruppe zugehörig oder nicht identifiziert. Merkt der andere, dass hier eine Spielsituation konstruiert wurde? Kann er richtig reagieren und die Kommunikation weiterführen? Albin hat die Rahmungssignale (sich freundlich anfassen und lachen) offenbar nicht verstanden. Das mag mit seiner sozialen Herkunft zusammenhängen. Diese Vermutung dürfte sich decken mit einer Feststellung von Hans Oswald im Zusammenhang mit der Bedeutung von Kampf- und Tobespielen: „Vor allem Jungen mit niedrigem sozialem Status scheinen oft nicht zu erkennen, ob ihre Angebote willkommen sind. (...) Manchmal beantworten sie auch Spassangebote mit heftigen Attacken, weil sie den Spielcharakter nicht richtig dekodieren." (Oswald 1997, S. 154) Ebenso erfuhr Sara Smilansky (vgl. Flitner, 1978, S. 184-202) bei ihrer Arbeit mit Kindern aus sozial benachteiligten Milieus, dass ihnen bei Rollenspielen, für die das Rahmungswissen eine Voraussetzung ist, die Kompetenz zu interaktivem Denken und Handeln weitgehend fehlt.

Soziale Prozesse
Viele Kinder berichten von ihren positiven Erfahrungen beim Spielen zusammen mit Freunden.

Von einem ärgerlichen Erlebnis in einer Mädchengruppe erzählt dagegen Jane. Es sei eine neue Schülerin in die Klasse eingetreten, die richtig störe, eine Feststellung, welche die Forscherin in keiner Weise teilen kann, da das Mädchen im Unterricht sehr still und fleißig ist. Es stellt sich heraus, dass das Urteil über das Mädchen auf Spielerfahrungen in der Pause beruht.

Jane: Ja, sie, sie tuet immer so Sache mache i de Pause, wo eus nervt.
I: Da chumm ich jetzt nöd drus, was du meinsch. I de Pause?
J: Ja. Zum Bischpiel will sie, wenn mir säged, wenn d'Isabella, d'Ida und ich öppis spieled, dänn chunnt sie immer «Törf ich au mitspiele?». Dänn säged mir: «Mir wetted's lieber emal echli elei spiele. Du häsch scho mit eus gspielt. Hüt wänd mir na echli eleige sii.» Dänn stört sie immer wiiter, wiiter. Mir säged immer «nei» und das nervt eus immer.

Jane und ihre beiden Freundinnen lehnen den Wunsch des neuen Mädchens, mitspielen zu dürfen, vehement ab, mit der Begründung, allein spielen zu wollen. Das könnte mit Bezug auf das Konzept „der Schutz des interaktiven Raumes" (vgl. Corsaro, 1986) erklärt werden. Corsaro hat entdeckt, dass die manchmal aggressiv anmutenden Ausgrenzungsprozesse unter jüngeren Kindern von den Erwachsenen häufig falsch interpretiert werden. Sie bedeuten aus Kindersicht etwas anderes: Kindergruppen erobern zuerst ein Terrain im öffentlichen Raum und verteidigen es danach verbal gegenüber Eindringlingen. Das ist zentral für die Konstituierung sozialer Beziehungen. Die drei Mädchen wollen – von außen möglichst unbeeinflusst – unter sich sein; sie etablieren durch das Spielen Gemeinsamkeiten und stärken ihre Zusammengehörigkeit, die ihnen auch im Schulalltag Sicherheit bieten dürfte. Peer Interaktionen einzuleiten und aufrechtzuerhalten ist keine einfache Aufgabe für Erstklässlerinnen. Jane ist fähig, diesen Prozess auch zu verbalisieren und aus der Außenperspektive zu betrachten; darauf deuten ihre Bemerkungen, dass die Ablehnung zeitlich limitiert sei („hüt") und dass man die gesellschaftlich erwarteten Regeln der Kameradschaft erfüllt habe („du häsch scho mit eus chöne spiele"). In solchen Interaktionsprozessen unter den Peers, die auf mehreren Handlungsebenen und mit hohem emotionalem Engagement ablaufen, geschieht „collective cultural production" (Evaldsson & Corsaro, 1998). Mithilfe kultureller Ressourcen (Sprache und kollektives Wissen) werden im Spiel Handlungsroutinen aufgebaut, welche Bezug nehmen auf gesellschaftliche Kontexte und lokale Traditionen.

Machtaspekte werden beim Spielen sensibel wahrgenommen, sowohl von jenen, die Macht erfahren, wie von jenen, die sie ausüben. So berichten etwa

Kinder genüsslich davon, wie sie Kameraden bei ihrem Wunsch mitzuspielen, zappeln lassen, bis sie dann doch noch einwilligen.

Diagnose- und Bewährungsinstrument

Nicht über schulische Leistungen qualifizieren sich die Erstklässlerinnen und Erstklässler gegenseitig, sondern über das Verhalten bzw. Fehlverhalten in Pause und Unterricht. So sehen sie in Spielensembles rasch, ob ein Kind nett und lustig ist, keine Schimpfwörter verwendet, die Regeln einhält, einem auch zu Wort kommen lässt. Andererseits erfährt das einzelne Kind aus den Reaktionen der andern, wie es um die eigene Beliebtheit bestellt ist, je nachdem, ob es überhaupt mitspielen darf, welche Rolle ihm zugewiesen wird, wie seine Spielhandlungen kommentiert werden. Die Anerkennung durch die Kameradinnen und Kameraden sichert dem einzelnen die Zugehörigkeit zur Peer-Group.

Individuelle Entwicklung

Kinder entwickeln im Zusammenhang mit ihrer Identitätskonstruktion ein biographisches Bewusstsein. Die folgenden Beispiele zeigen, dass Biographisierung auch über das Thema Spielen realisiert wird.

Anita nennt im Rückblick auf den Kindergarten das Verkleiden als ihr liebstes Spielarrangement. Davon grenzt sie sich heute ab, da sie es wohl als nicht mehr altersgerecht einstuft. „Ich ha mich immer als Prinzessin wele verchleide", sagt sie verlegen lachend, „ aber jetzt nüme. Jetzt find is blöd." Mit dieser Spielvorliebe vergegenwärtigt sie sich eine frühere Stufe ihrer Biographie, von der sie sich mit einem „doing age" (analog dem konstruktivistischen Konzept des doing gender) distanziert. Sie markiert, dass sie nicht mehr zu dieser jüngeren Altersgruppe gehört.

Auch das Gegenstück ist anzutreffen, die Antizipation späterer Fähigkeiten, Fertigkeiten. Ein Junge aus einem bildungsfernen Milieu beschreibt, wie er zu Hause mit Lego eine Garage baut, mit Autos spielt. „Einmal kann ich's allein schaffen. (...) Wenn ich mal gross bin, dann kann ich Auto fahren, hoff ich", kommentiert er die Szene. Sein grosser Wunsch und in seinen Augen das Privileg der Erwachsenen, Autofahren zu können, drückt eine klare Zukunftserwartung aus, welche in ihrer Ausschliesslichkeit bei diesem Jungen auf sein Herkunftsmilieu verweisen dürfte. Das Spiel bereitet aus seiner Sicht darauf vor.

Taxonomien des Spiels

Bemerkenswert ist, dass die Kinder ihre Spielaktivitäten im Interview begrifflich unterschiedlich fassen und sie damit zugleich klassifizieren. Die Bedeutungen, die sie damit verbinden, werden kurz umschrieben.

„spile" (spielen)
„Spile" ist für die Kinder eine frei gewählte, zeitlich weitgehend offene Tätigkeit mit oder ohne Spielmaterial; sie unterliegt keinen oder nur den selbst gesetzten Regeln. Sie wird meistens als Gruppenaktivität unter Freunden verstanden und als „eigene Welt" entsprechend gerahmt. „Spile" steht als Kontrast zu den Alltagsroutinen sowie den formalisierten Lernabläufen im Unterricht. Erstklässlerinnen und Erstklässler setzen den Begriff im Handlungskontext Schule nur für die Peer-Beschäftigungen ein, verwenden ihn dagegen rückblickend als Oberbegriff für alle Aktivitäten im Kindergarten.

„Schuel spile" (Schule spielen)
Verschiedene Kinder berichten, dieses Rollenspiel zu Hause mit Geschwistern zu spielen. Da werden Handlungsabläufe des schulischen Alltags in verdichteter Form lustvoll aufgeführt, heikle Situationen gefahrlos ausprobiert, Sanktionssysteme der Lehrerin phantasievoll auf die Familienmitglieder angewendet. Mit Vergnügen wird die Schülerinnenrolle gegen die machtvolle Lehrerinnenrolle ausgetauscht. Damit werden die in der Schule zumeist passiv erlebten Situationen der Unterordnung unter gegebene Strukturen in einem Spielprozess neu inszeniert bzw. „interpretativ reproduziert" (Corsaro, 1992).

„Spieli mache" (Spiele machen)
Unter dem Begriff „Spieli" verstehen Kinder Regelspiele, klar definierte Aktivitäten, die sie meist in Gruppen ausüben. Sie basieren auf vorgegebenen Spielarrangements, meist mit Spielmaterialien, genauen Abläufen, konstanter Teilnehmerzahl, definierten Rollen. Sie können selbst gewählt oder von Erwachsenen arrangiert sein. „Spieli" sind im Gegensatz zum „spile" auch zusammen mit Erwachsenen möglich.

„Spieli" im Unterricht, diese didaktisierte Form des Spielens, wird je nach Herkunftsmilieu der Kinder unterschiedlich eingeschätzt. Während Sandro, ein Junge aus bildungsfernem Elternhaus, Repetent der ersten Klasse, sich immer auf die „Spieli" im Turnen freut, gilt für Lena, ein Mädchen aus einer privilegierten Familie, das Gegenteil. Auf die Frage, was ihr an der Schule nicht so sehr gefalle, meint sie:

Lena: Ähm, s'Schwümme und s'Turne nöd eso.
I: Häsch nöd so gern?
L: Aber ich gan ebä mängsmal is Akrobatik. S'gahni ebe au.
I: Werum häsch dänn s'Turne nöd so gern?
L: Will ebe, mir mached ebe nu Spieli, und im Akrobatik tuet me ebe turne.
I: Tuet me öppis üebe.
L: Mhh, weisch, Spagat und so.

Lena wertet das schulische Turnen als unernste Tätigkeit ab. Sie ist andererseits sehr stolz auf die Übungen, die sie in der Akrobatik gelernt hat, besucht außerdem Schwimm-, Englisch- und Geigenunterricht. Beide Eltern sind Zahnärzte und haben selber anspruchsvolle Freizeitinteressen.

Die das Projekt begleitenden Beobachtungen des Schulalltags legen folgende Deutung nahe: Während Sandro „Spieli" liebt, vermutlich, weil sie eine Grundlage von Erwartbarkeiten liefern, einen Rahmen abstecken, auf den man sich verlassen kann, sind sie für die leistungsbewusste Lena lediglich Zeitvertreib. Sie nimmt die einschränkende Komponente von Regelspielen („Spieli") wahr, die ihr wenig Raum für individuelles Training und den Erwerb neuer Fertigkeiten bieten.

Fazit

Erstklässlerinnen und Erstklässler sind Spielexpertinnen und -experten und haben dazu ein differenziertes Handlungswissen. Wenn sie in Interviews aus eigenem Antrieb vom Spielen erzählen, zeugt das einerseits von der Bedeutung dieser Erlebnisse für ihr Selbstverständnis, andererseits davon, was ihnen auch reflexiv zur Verfügung steht. Spielthemen bzw. Spielinhalte bleiben sekundär gegenüber den individuellen Spielerfahrungen, in denen sich Kinder als selbstständig handelnde Subjekte wahrnehmen, die eigene Interessen verfolgen, Interaktionen steuern, gegenseitig soziale Kontrolle ausüben, ihre Aktivitäten in Aushandlungen mit andern Kindern übereinstimmend interpretieren; dabei sind sie sich der einschränkenden Faktoren der Rahmenbedingungen sehr wohl bewusst.

Was Kinder im Spiel vordringlich beschäftigt, sind Probleme der Handlungspraxis, die um den Aufbau und die Aufrechterhaltung von Sozialbeziehungen kreisen. In den täglichen Aushandlungen im Pausenspiel nehmen sie eine zentrale Anforderung wahr, die sich ihnen stets von neuem stellt, von der aber niemand spricht: Sie müssen einen Platz innerhalb der

Gruppe finden und sich zugleich eine Facette des Schülerseins aneignen, die Rolle der Schulkameradin bzw. des Schulkamerads. Damit betreiben sie nicht nur Identitätsarbeit, sondern beteiligen sich über kulturelle Codes an der Etablierung einer sozialen Ordnung unter den Peers.

Die Wahrnehmungs- und Deutungsmuster der Kinder können als subjektive Theorien sozialer Phänomene gelesen werden. Vernetzt man sie mit Daten aus den Beobachtungen, so lässt sich vermuten, dass auf einer viel impliziteren Ebene als in rationalen Entscheidungsprozessen oder über schulische Leistungsselektion in Peer-Groups soziale Ungleichheit reproduziert wird. Sie wird jedoch von den Kindern nicht als soziokulturell bedingt bewertet, sondern als persönliche Unfähigkeit oder Charaktereigenschaft („es git ebe netti Chind und au weniger netti").

Literatur

Corsaro, W. (1986). Routines in Peer Culture. In J. Cook-Gumpertz, W. Corsaro & J. Streek (Eds.), *Children's Worlds and Children's Language* (pp. 231-251). Berlin/ New York: de Gruyter.
Corsaro, W. (1992). Interpretive Reproduction in Children's Peer Cultures. *Social Psychology Quarterly 58*, 160-177.
Evaldsson, A.-C. & Corsaro, W. (1998). Play and Games in the Cultures of Preschool and Preadolescent Children. An Interpretative Approach. *Childhood 5*, 377-402.
Flitner, A. (1978). *Das Kinderspiel. Texte.* München: Piper.
Flitner, A. (2002). *Spielen – Lernen. Praxis und Deutung des Kinderspiels.* Weinheim/ Basel: Beltz.
Fritz, J. (2004). *Das Spiel verstehen. Eine Einführung in Theorie und Deutung.* Weinheim/ München: Juventa.
Headland, T. N. (1990). *Emics and etics: The Insider/Outsider Debate* (Frontiers of Anthropology, 7). Newbury Park: Sage.
Helsper, W. (2008). Schulkulturen – die Schule als symbolische Sinnordnung. *Zeitschrift für Pädagogik, 54*, 63-80.
Hofstede, G. (2001). *Lokales Denken, globales Handeln.* München: DTV.
Jäger, M., Biffi, C. & Halfhide, T. (2006). *Grundstufe als Zusammenführung zweier Kulturen. Schlussbericht, Teil 1: Eine Ethnografie des Kindergartens.* Unveröffentlicher Bericht. Zürich: Pädagogische Hochschule Zürich. www.phzh.ch/dotnetscripts/ForschungsDB/Files/129/Bericht_EthnographieKG.pdf
Neumann-Braun, K., Deppermann, A. & Schmidt, A. (2002). Identitätswettbewerbe und unernste Konflikte: Interaktionspraktiken in Peer-Groups. In Merkens, H. & Zinnecker, J. (Hrsg.). *Jahrbuch der Jugendforschung* (Band 2, S. 241-264). Opladen: Leske + Budrich.

Oswald, H. (1997). Zur sozialisatorischen Bedeutung von Kampf- und Tobespielen (rough and tumble play). In E. Renner, et al., *Spiele der Kinder* (S. 154-167). Weinheim: Deutscher Studienverlag.

Smilansky, S. (1968). *The effects of sociodramatic play on disadvantaged preschool children*. London/ New York: Wiley.

Sutton-Smith, B. (1978). *Die Dialektik des Spiels*. Schorndorf: Hofmann.

Cornelia Biffi
Die Konstituierung von Freundschaften in der Schuleingangsstufe

Einleitung

Im Hinblick auf die Einführung einer neuen Schuleingangsstufe untersuchen wir in einem ethnografisch ausgerichteten Forschungsprojekt die besonderen Qualitäten einer ‚Kultur' des Kindergartens wie auch der ersten Klasse. Die Ergebnisse sollten zunächst und vor allem auch durch die Perspektive der Kinder einen neuen Blick auf die Selbstverständlichkeiten des Schulalltags sowie auf die sozialen Prozesse und räumlichen Verhaltensmuster der Kinder, wozu auch das Spielen gehört, ermöglichen (vgl. Jäger, Biffi & Halfhide, 2006).

Mit dem Ziel, eine lebensweltlich ganzheitliche Perspektive auf Kinder und ihren Schulalltag einzunehmen, wählten wir einen mehrperspektivischen (verschiedene Akteure) und methodenpluralen Zugang (Kombination verschiedener Methoden). Als Stichprobe wurden zwei erste Schulklassen ausgewählt, die sozialräumlich große Unterschiede aufweisen. Im Zeitraum November 2007 bis März 2008 führten wir mit allen Kindern der Klasse, zu denen durch die vorgängigen Unterrichtsbeobachtungen ein Vertrauensverhältnis aufgebaut wurde, ein längeres leitfadengestütztes Einzelinterview durch.

Der Fokus auf ‚Freundschaft' – ein für die Erstklässler relevantes Thema der Schule – ergab sich bei der Auswertung der 21 Interviewgespräche der von mir untersuchten ersten Klasse eines Zürcher Stadtquartiers. Die 6- bis 8-jährigen Kinder stammen aus dreizehn verschiedenen Migrationskontexten.

Bei der Frage, wie Kinder zu Schulkindern werden, interessiert uns unter anderem der Aspekt der Bedeutung der sozialen Beziehungen. Die Interviewgespräche ergaben neue, interessante und für die Kinder bedeutsame Zusammenhänge über diesen Aspekt des Schulalltags, welche die Forschenden vorher nicht in dieser Schärfe im Blick hatten. Oft kamen die Schülerinnen und Schüler in den Interviews von sich aus auf ihre Freunde zu sprechen. Dabei wurde deutlich, dass die Einbindung in die Sozialwelt der Gleichaltrigen vor allem über das Spiel erfolgt.

Dieser Artikel zeigt aus Sicht der Akteurinnen und Akteure, wie sich Freundschaft in der Schule rund um das Spielen konstituiert, bzw. sich ‚doing friendship' in einem durch die Schule begrenzten Setting (Zeit, Raum) vollzieht. Es interessiert, wie die Kinder ihre Freundschaften bilden, inwiefern bestehende Freundschaften aus dem Kindergarten in der ersten Klasse noch eine Rolle spielen und ob sich befreundete Kinder über den Schulkontext hinaus in der Freizeit miteinander verabreden.

Freundinnen spielen (immer) miteinander

Der institutionelle Kontext Schule ist aus Kindersicht für das Thema ‚Freundschaft' bedeutsam, weil hier die Möglichkeit besteht, mit Freunden zu spielen. Die folgende Interviewsequenz zeigt exemplarisch, wie Apina (7), ein tamilisches Mädchen, die beiden Konzepte in ihren Aussagen verknüpft.

I: Was gefällt dir an der Schule?
A: Mit Chinder rede, spiele, mier fallt [=gefällt, cb] läse und rächne, mier fallt no .... [4 Sek. Pause], das i de Schuel ine Puze macha
I: Puzzle?
A: Ja. Und Fangis spiele und Versteckis spiele
I: Guet und mit wem spielsch denn Fangis und Versteckis?
A: Mit Fründinne.
I: Ah, und denn seg amol, wer sind dini Fründinna?
A: Emma, Elira und Emira und Sofiya und Monika, Valbone und ehm mit alna Maitli spiel ich.
...
I: Mit all dena Maitli ... spielsch du Versteckis und Fangis?
A: Ja
I: Und wer isch dini Fründin?
A: Fründin sind Emma, Elira, Emira, Sofiya und noch Monika und Valbone.
...
I: Was gfallt dier denn a de Emma so guet, dass sie dini Fründin isch?
A: Dass sie immer mit mier spielt.

Das Schöne an der Schule stellt für die Erstklässlerin Apina an erster Stelle die Möglichkeit dar, mit anderen Kindern zu reden und zu spielen. Auf die Frage. mit wem sie ‚Fangis' und ‚Versteckis' spielt, antwortet sie ‚mit Freundinnen'. Apina definiert für das Fangspiel verschiedene Beziehungsformen. Neben den zuerst namentlich erwähnten Freundinnen mit denen sie spielt, nennt sie generell Mädchen als Spielpartnerinnen. Bei beiden Aufzählungen der Freundinnen steht Emma an erster Stelle. Auf die Frage, was ihr denn an Emma so gut gefalle, meint Apina, dass sie immer mit ihr spiele. Emma ist für sie die verlässliche Spielpartnerin.

In der Schule sind die Gestaltungsmöglichkeiten zur Entwicklung von selbstbestimmten Interaktionen unter Kindern vorwiegend auf die Pause beschränkt. Da die Pause aber zeitlich und räumlich begrenzt ist, sind unkomplizierte Spielformen erforderlich, bei denen die Spielpartner spontan und ohne große Absprachen treffen zu müssen, mitspielen können. Fangspiele scheinen dafür geeignet zu sein, da die Spielorganisation einfach ist und jederzeit unterbrochen werden kann (Pausenglocke). Über die Aktivitäten ‚Fangen' und ‚Verfolgt werden' können aber auch Vorlieben oder Abneigungen für andere Kinder performativ zum Ausdruck gebracht werden (vgl. Breidenstein & Kelle, 1998, S. 38; 133).

Beziehungen unter Kindern werden – zumindest wenn sie befreundet sind – als ‚symmetrische Interaktionen' definiert, in denen die Handlungen wechselseitig kontrolliert werden. Weil Freunde an den Bestand der Beziehung über einzelne Interaktionen hinaus glauben, kann sich bei ihnen die Kooperation als eine hohe Form von Symmetrie entwickeln (vgl. Youniss, 1982). Das gemeinsame Pausenspiel bietet einen Interaktionsrahmen, um Handlungen aufeinander abzustimmen.

Nur gleichgeschlechtliche Spielpartner können ‚Freunde' sein

Wie Apina freut sich auch das bosnische Mädchen Emma (7) auf das Spielen mit ihren ‚Freunden' in der Schule. Emma unterscheidet in der folgenden Sequenz zwischen den Spielpartnerinnen der Schule und den Jungen, mit denen sie in der Nachbarschaft spielt. Damit bringt sie zum Ausdruck, wie wichtig ihr die gleichgeschlechtlichen Freundinnen sind.

I: Auf was freust du dich dann so, am Meisten? [wenn du jeweils in die Schule kommst; cb]
E: Daass ... die Freunde, die wohnen ja nicht neben mir, ... also nur Bueben, also die gehen auch in der Klasse: Salim, Fabio, Thomas (...) Und darum freu ich mich, wegen meiner Freunden [=Mädchen; cb], dass wir spielen können.

(...)
I: Ok. Und wer ist dann deine Freundin?
E: Apina! [betont]
I: Apina.
*E: und Emira... . Apina, Emira, Elira... Sofiya, Arlinda, Iva [betont] und ...
[4 Sek. Pause] mh .... wart ... [beginnt Aufzählung nochmals] Apina, Emira,
Elira, Arlinda, ... dann kommt ... wie heisst sie ... Iva, hmm.... da hab ich
doch eine .... aha! Edona!, Monika! [betont] Siebe.*

Emma freut sich auf die Schule, weil sie dort mit ihren Freundinnen spielen kann. Sie erklärt, dass diese nicht neben ihr wohnen. Das Problem aus Emmas Perspektive ist, dass in ihrer Nachbarschaft ‚nur Buben' wohnen. Mit den Nachbarsjungen, die Emma aus dem Kindergarten kennt und mit denen sie zusammen dieselbe Klasse besucht, spielt sie – wie sie im weiteren Interviewverlauf erzählt – in ihrer Feizeit gelegentlich Verstecken oder fährt mit ihnen Rollschuh. Sie klingelt auch mal bei ihnen und fragt, ob sie zum Spielen hinaus kommen. Die Nachbarsjungen sind zwar als Spielpartner willkommen, sie können aber nicht ihre ‚Freunde' sein. Als Freundinnen werden nur Mädchen aus der Schule aufgezählt. Emma beginnt mehrmals und zählt mit den Fingern mit. Bei jeder Aufzählung kommen mehr Mädchen dazu. Apina wird immer zuerst genannt. Emira und Elira, die Zwillingsschwestern, werden an zweiter und dritter Stelle nacheinander genannt. Beim dritten Anlauf vergisst sie Sofiya, ergänzt dafür neu zwei weitere Namen.

Die Aufzählungen von Emma und Apina zeigen ein ähnliches Muster. Die beste Freundin wird zuerst genannt, dann werden alle weiteren Freundinnen aufgezählt. Zur geschlechtshomogenen Freundschaftsgruppe gehören Mädchen der eigenen Klasse und bei Emma noch ein gleichaltriges Mädchen der Einführungsklasse (Iva), mit dem sie zusammen den Turnunterricht besucht. Nicht zur Freundschaftsgruppe gehören für Apina drei Mädchen (Edona, Arlinda, Angela) und für Emma zwei Mädchen (Valbone, Angela) der Klasse. Angela ist Repetentin und ein Jahr älter. Sie wird in den Interviews von keinem der neun Mädchen als Freundin erwähnt. Auf die Frage, weshalb Iva Emmas Freundin sei – ein Mädchen das nicht in ihre Klasse geht – antwortet sie, dass sie Iva in der Turnhalle gesehen habe, als sie zusammen Turnen hatten und seither sind sie befreundet.

Wie verschiedene Studien belegen, verfügen die meisten Kinder über mehrere soziale Kontakte. Unsere Interviewsequenzen zu Freundschaft in der Schule weisen Parallelen auf mit den repräsentativen Studien des Deutschen Jugendinstituts. Diese Ergebnisse zeigen, dass 8- bis 12-Jährige im Durchschnitt vier Kinder als gute Freunde nennen, wobei die Gruppen überwiegend alters- und geschlechtshomogen zusammengesetzt sind. Vier von fünf Kindern möchten ihren Freundeskreis erweitern, auch diejenigen, die fünf und mehr Freunde haben. Das spricht für die Bedeutung, welche Kinder den Gleichaltrigen beimessen. 89% der Mädchen und 83% der Knaben geben zudem an, dass sie eine beste Freundin / einen besten Freund haben (vgl. Herzberg, 1992, S. 205; Traub, 2005, S. 26).

Freundschaften aus dem Kindergarten

Eine Freundschaft beginnt, wenn sich beide Beziehungspartner gegenseitig zum Freund / zur Freundin erklären und im Verlauf der Freundschaft zu ihrer Aufrechterhaltung beitragen (vgl. Wehner, 2009, S. 404). Die Interviewdaten zeigen, dass dem Kindergarten für die Bildung von Zweierfreundschaften eine wichtige Funktion zukommt. Diejenigen Kinder, die im Interview eine beste Freundin oder einen besten Freund erwähnen, erzählen jeweils auch, dass sie diese Freundschaftsbeziehung bereits im Kindergarten geknüpft haben. Emma erklärt, dass sie und Apina Freundinnen wurden, nachdem ihre vorherige beste Freundin weggezogen war und im Kindergarten sonst niemand mit ihr spielen wollte. Begeistert erzählt sie von den gemeinsamen Aktivitäten: *„Alles hämer zusamme gmacht: gmalet, grechnet, so Schuelsacha gmacht, Gschichte glosed. Alles zäme hemmer gmacht".*

Die folgende Interviewsequenz mit dem serbischen Jungen Filip (7) zeigt eine andere Situation des Kennenlernens aus dem Kindergartenalltag auf.

Wir sprechen über die Schule und Filip nennt stolz die Buchstaben, die er schon kennt. Er sagt den Buchstaben «T». Die Interviewerin knüpft eine Verbindung zu den Buchstaben im Leseheft und sagt: «T wie Tim?» Filip übernimmt die Zuordnung Buchstabe – Name und nennt den Namen eines Jungen aus seiner Klasse: «Tjago».
I: Tjago. ... ja genau ... . Ist Tjago dein Freund?
F: Ja ja, beschta!
I: Dein bester Freund, ja? Kennst du ihn schon aus dem Kindergarten?
F: Uuh [betont], scho vu da erschta Tag!
I: Ja?

F: *Vu da Chindergarta die erschta Tag kenn ich ihn.*
I: *Also im Kindergarten erster Tag hast du ihn das erste Mal, Tjago gesehen?*
F: *Ja und die zweite Tag han ich sin Name glernt.*
I: *Ja*
F: *und die dritte hemer denn zäme sehr viel gspielt und mit unsere andere Kolleg. Und sehr viel gspielt würklich, nit ufhöre. [Schilderung wird stimmlich inszeniert]. Mier drüllend üs uf öpis, [Eingeschobene Erklärung] es git de Chindergarte K döt öpis zum Draie, gell. [Fortsetzung der Szene] Döt drehen mier und drehen mier und ah en alli schwindlig fascht... [dramatische Steigerung]... es lütet, mier chönd nit stoppe, Füess alli Füess abe und stopped und nochär endlich abecho [Erleichterung]. Döt erst zwei Minute warte und nochher rein [= hinein]...ränne.*

Filip sagt, er kenne Tjago, den er als seinen besten Freund bezeichnet, seit dem ersten Tag im Kindergarten. Am zweiten Tag, habe er seinen Namen gelernt und am dritten Tag hätten sie so intensiv zusammen gespielt, dass sie damit gar nicht aufhören konnten. Filip erzählt dann von diesem dramatischen Spielereignis: Die Knaben sitzen in einer Vogelnestschaukel «*öpis zum Draie*» und drehen sich um die eigene Achse bis es ihnen beinahe schwindlig wird. Dann ertönt das Zeichen zum Abschluss der Pause. Die Knaben können die Drehung nicht stoppen. Erst mit gemeinsamen Kräften «*Füess alli Füess abe*», gelingt es ihnen, die Schaukel anzuhalten und runter zu steigen. Die Pause ist schon vorbei, sie warten aber noch einen kurzen Moment, um sich zu erholen, und rennen dann in den Kindergartenraum hinein.

Die Szene, mit welcher Filip die Intensität des Spiels und den Beginn der Freundschaft für die Interviewerin veranschaulicht, wird so lebhaft erzählt, als würde der Junge sie gerade in diesem Moment wieder erleben. Gemäß Bohnsack verweisen Interviewpassagen, die sich durch besondere interaktive und metaphorische Dichte auszeichnen, auf Gegenhorizonte, die wesentliche Komponenten des Erfahrungsraums einer Gruppe bilden (vgl. Bohnsack 1993, S. 133; 135). Als Gegenhorizonte zeigen sich in dieser Erzählung einerseits die institutionellen Anforderungen des Kindergartens, dass sich die Kinder nach der Pause wieder im Raum einfinden, andererseits die Eigengesetzlichkeit des Spiels unter Peers.

Corsaro hat über Jahre in amerikanischen und italienischen Kindertagesstätten ethnographische Feldstudien durchgeführt und untersucht, wie das Spiel der Kinder eingebettet ist in die gemeinsame Produktion und Teilnahme an der Peer-Kultur. Dabei konnte er drei Kategorien von Spielroutinen beobachten: spontane Fantasiespiele, soziodramatische Rollenspiele und Regelspiele. Corsaro hat gezeigt, dass spontane Fantasiespiele von Kindern zwischen 5-6 Jahren zusammenhängen mit den kindlichen Bemühungen, Kontrolle über die Anforderungen der Erwachsenen zu gewinnen und die Solidarität in der Peer-Group aufrechtzuerhalten (vgl. Corsaro 1998, S. 382, 383).

In Filips Geschichte finden wir dieses bei Corsaro beschriebene Element der erlebten und zelebrierten Peer-Kultur. Die Jungen können über das Spiel in der Gleichaltrigengruppe für kurze Zeit eine eigene Norm etablieren, indem sie nach der gemeinsamen Anstrengung die Annäherung an die institutionelle Norm noch etwas hinauszögern und sich eine kurze Erholungszeit gönnen. Erst dann rennen sie hinein in den Kindergarten, um am Kindergartengeschehen teilzunehmen.

Erstaunlich ist, dass dieses Spielerlebnis für Filip auch nach zwei Jahren ein bedeutendes Ereignis darstellt. Aus seiner Schilderung kann abgeleitet werden, dass die Freundschaft der beiden Knaben im Rahmen der Peer-Kultur entstanden ist. Wichtig für die Freundschaft ist wohl auch, dass keiner ausschert, um pünktlich im Kindergarten einzutreffen, sondern sich beide für einen unerlaubten Moment an den Regeln der Spiel-Peer-Kultur orientieren. Damit wird eine Aushandlung unter Freunden vollzogen. Corsaro konnte zeigen, dass solche Aushandlungsprozesse wichtige Lernmöglichkeiten für Kinder darstellen und dass Eingriffe von Erwachsenen diese verhindern (vgl. Corsaro, 1986).

Freundschaften im Übergang vom Kindergarten in die erste Klasse

Es wurde deutlich, dass Freundschaftsbeziehungen für die befragten Erstklässlerinnen und Erstklässler ein wichtiges Element der Schule darstellen und die Schulklasse dafür den orientierenden Rahmen bereitstellt – sowohl für die Zweierfreundschaften als auch für größere Spielgemeinschaften.

Die im Interview erhobenen Freundschaftsnennungen der Kinder lassen sich in einem Soziogramm veranschaulichen. Ein einfacher Pfeil – von einem Kind zu einem andern – zeigt, welche Kinder als Freundinnen oder Freunde bezeichnet worden sind. Berücksichtigt wurden nur die ersten vier Nennungen. Gegenseitige Freundschaftsnennungen sind mit einem wechselseitigen Pfeil gekennzeichnet. Handelt es sich bei diesen gegenseitigen

Nennungen um die beste Freundin / den besten Freund wird dies durch einen dicken wechselseitigen Pfeil hervorgehoben. Die Angabe neben dem Namen des Kindes, informiert darüber, welche Institution / Kindergartenklasse die Kinder vor dem Schuleintritt besucht haben.

In den Interviewgesprächen haben wir die Kinder gefragt, bei wem und wo sie den Kindergarten besucht haben. Erstaunt hat mich, dass die von mir befragten 21 Erstklässlerinnen und Erstklässler aus fünf verschiedenen – in erheblicher räumlicher Distanz voneinander situierten – Kindergärten dieser ersten Klasse zugeteilt wurden. Die größte Anzahl Kinder (zwei Mädchen und sieben Knaben) stammt aus dem Kindergarten ❶. Weitere zehn Kinder wurden folgendermassen zugeteilt: zwei Knaben aus Kindergarten ❷; zwei Mädchen aus Kindergarten ❸; zwei Mädchen und ein Knabe aus Kindergarten ❹; zwei Mädchen und ein Knabe aus Kindergarten ❺; Sofiya war bis zum Schuleintritt in der Kinderkrippe (Krippe). Angela hat die erste Klasse wiederholt (1. Klasse). Inwiefern die Kindergartenzuteilung einen Einfluss auf die Freundschaftsbeziehungen hat, wird die soziometrische Darstellung weiter unten zeigen.

Auffällig ist, dass die Mädchen und Jungen der Klasse zwei abgeschlossene soziale Gruppen bilden. Es gibt keine Freundschaftsnennungen über die Geschlechtergrenzen hinaus. Dem entsprechend wurde je eine Abbildung für die Knaben und die Mädchen erstellt. Als weitere Strukturen lassen sich über gegenseitige Nennungen bei den Mädchen und den Knaben mehr oder weniger abgeschlossene Untergruppen erkennen. Bei beiden Geschlechtergruppen gibt es Kinder in Außenseiterposition, die zwar Freundschaftsnennungen vornehmen, aber von anderen Kindern nicht als Freundinnen / Freunde genannt werden.

Das Soziogramm der Mädchen zeigt eine starke Untergruppe bestehend aus dem Freundschaftspaar Apina und Emma und den Zwillingsschwestern Elira und Emira. Die vier Mädchen bezeichnen sich gegenseitig als Freundinnen. Sofiya bildet mit Apina und Emma zusammen ein starkes Dreieck und ist dadurch mit der Gruppe verbunden. Arlinda fühlt sich über Emira, Emma und Sofiya zur Gruppe gehörig, wird aber nur von Emira auch als Freundin bezeichnet. Monika und Valbone bilden zusammen ein von dieser Gruppe unabhängiges Freundschaftspaar. Auch diese Zweierfreundschaft besteht seit dem Kindergarten. Edona, versucht sich ihnen anzuschließen. Sie nennt die beiden Mädchen als ihre Freundinnen, erwähnt aber im Interview, dass sie die Pause auch oft alleine verbringt. Wie Edona hat auch Angela eine Außenseiterposition. Angela bezeichnet Arlinda und ein Mädchen aus ihrer ehemaligen Klasse als ihre Freundinnen. Außerdem

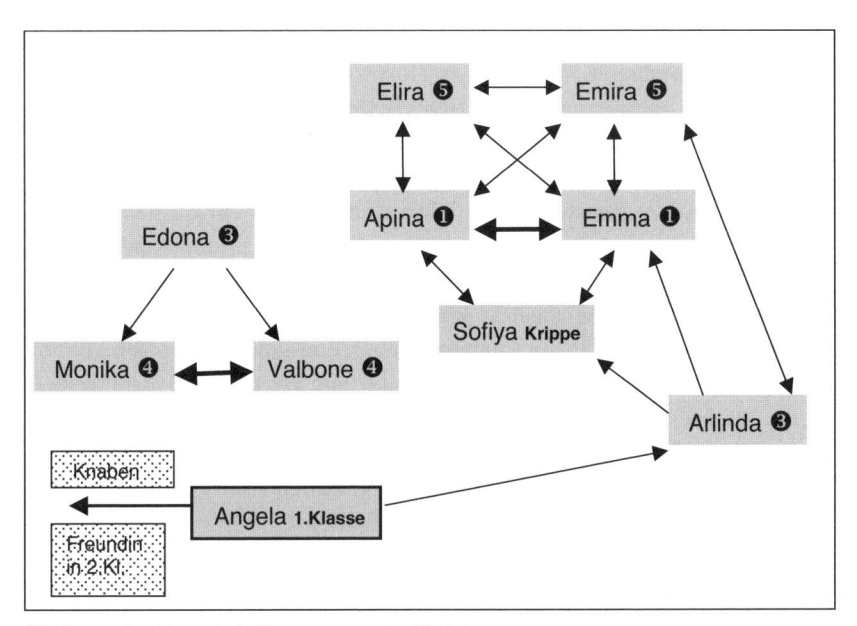

Die Konstituierung von Freundschaften in der Schuleingangsstufe   155

Abbildung 1: Freundschaftsnennungen der Mädchen

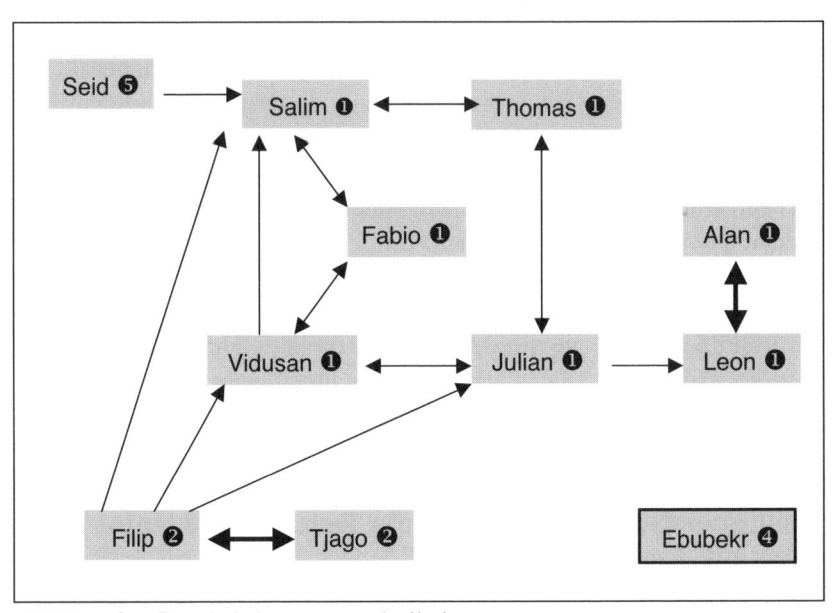

Abbildung 2: Freundschaftsnennungen der Knaben

zählt sie neun verschiedene Knaben aus der jetzigen und ehemaligen Klasse als ihre Freunde auf.

Auch im Soziogramm der Knaben dominiert eine starke Untergruppe von fünf Knaben. Der Unterschied zur Mädchengruppe besteht darin, dass sie sich nicht über Dyaden konstituiert, sondern aus mindestens zwei ‚besten Freunden' besteht. Fabio, Salim und Thomas nennen zwei, Vidusan drei beste Freunde. Julian sagt, er habe fünf beste Freunde: neben Thomas, Vidusan und Fabio bezeichnet er auch das Freundschaftspaar Alan und Leon, das nicht zur Gruppe gehört, als seine Freunde. Die erwähnten Knaben kennen sich alle aus derselben Kindergartenklasse ❶. Neben Leon und Alan bilden auch Filip und Tjago ein von der Gruppe unabhängiges Freundschaftspaar, das sich bereits seit dem Kindergarten kennt. Seid bezeichnet Salim als seinen Freund und auch Filip nennt weitere Knaben der Fünfergruppe. Sowohl Seid als auch Ebubekr haben eine schlechte Position in der Klasse. Bei Ebubekr kommt hinzu, dass er selbst kein Kind der Klasse als Freund bezeichnet. Er erzählt, dass sein Freund aus der Kindergartenklasse ❹, der auch bei ihm in der Nähe wohnt, beim Übertritt in die erste Klasse in ein anderes Schulhaus eingeteilt wurde.

Die soziometrische Darstellung zeigt deutlich, dass sich die Schülerinnen und Schüler zu Beginn ihrer Schulzeit an den aus den Kindergartenklassen bestehenden sozialen Strukturen orientieren und ihre aus dem Kindergarten bestehenden Freundschaften in der ersten Klasse weiterführen. Die administrativ erfolgte Zuteilung der Kinder beim Übergang vom Kindergarten in die erste Klasse beeinflusst demzufolge die Möglichkeiten der Aufnahme von Beziehungen am Anfang der Schulzeit erheblich. Für Kinder, die nach dem Kindergarten zusammenbleiben scheint es einfacher, in der Schule ihr Freundschaftsnetz auszubauen. Kinder, die diese Möglichkeit nicht haben, finden sich dann in der Schule eher in einer Außenseiterposition. Dass diese Konsequenz aber nicht für alle Kinder zutreffen muss, zeigt das Beispiel von Sofiya, die über ihre Banknachbarin und Freundin Apina sehr gut in die Klasse integriert ist.

Schulfreundschaften finden in der Freizeit keine Fortsetzung

Forschungsergebnisse zeigen, dass sich Kinder in ihrer Freizeit ganz selbstverständlich verabreden und einander zu Hause aufsuchen, um miteinander zu spielen. Gemäß einer repräsentativen Studie des Deutschen Jugendinstituts verabreden sich 83% der 8- bis 12-Jährigen für die Freizeit.

Kinder die spontan Freunde aufsuchen (in der Stadt 75%; auf dem Land 85%), gehen zu ihnen nach Hause und wissen dann auch meistens, dass sie da sind. Auch wer sich nicht verabredet, geht also selten einfach raus, um auf Strassen und Spielplätzen Ausschau nach den Freunden zu halten. Herzberg kommt anhand ihrer Ergebnisse zum Schluss, dass sich Verabredungen als „modernes" Verhalten in allen Schichten durchgesetzt haben (Herzberg, 1992, S. 114).

In den Interviewgesprächen haben wir die Erstklässlerinnen und Erstklässler gefragt, ob sie miteinander abmachen oder schon mal bei der ‚besten Freundin', dem ‚besten Freund' zu Hause waren. Im Gegensatz zu den von meiner Kollegin befragten Erstklässlerinnen und Erstklässler einer Zürcher Vorortsgemeinde aus vorwiegend privilegierten Elternhäusern, die sich in ihrer Freizeit gegenseitig besuchen, um miteinander zu spielen (vgl. Jäger, 2009), verbringen die von mir befragten Kinder ihre Freizeit nicht zusammen mit ihren Freunden aus der Schule.

Schulisches und Außerschulisches stellen für diese Kinder mit Migrationshintergrund geteilte Welten dar. So verbringen sie ihre Freizeit in der Familie, müssen auf ihre jüngeren Geschwister aufpassen oder im Haushalt mithelfen. Wenn sie auf Besuch gehen, dann zusammen mit ihrer Familie zu Verwandten, wo sie mit Cousins und Geschwistern spielen. Ihre Schulfreundinnen und Schulfreunde sind nicht ihre Freizeitgefährten, obwohl sie sich gegenseitig für den Schulweg abholen und dadurch wissen, wo die Freundin / der Freund wohnt. Wenn sie ins Freie gehen, spielen sie mit Kindern aus der unmittelbaren Nachbarschaft. Es kommt auch vor, dass sie bei ihren Nachbarskindern klingeln, damit sie zum Spielen herauskommen. Sie betreten aber nur selten deren Wohnung. In diesen Spielgemeinschaften mischen sich dann auch Mädchen mit Buben und jüngere mit älteren Kindern. Diese Kinder sind zwar Spielkameraden, sie werden aber nicht als Freundinnen oder Freunde bezeichnet. Freundinnen und Freunde sind die Spielpartnerinnen und Spielpartner in der Schule, die sich auch häufig schon im Kindergarten kennen gelernt haben.

Fazit

Der Begriff ‚Freunde' wird von den Erstklässlerinnen und Erstklässlern für die Bezeichnung von gleichgeschlechtlichen Spielpartnerinnen und Spielpartnern verwendet. Als Freundin oder Freund werden Kinder außerhalb des Familien- und Verwandtschaftskontextes bezeichnet, mit denen sie in der Schule regelmäßig spielen und gemeinsam etwas erleben.

Freundschaft und Spielen sind für die Akteurinnen und Akteure zentrale Elemente der Schule. Die Institution gibt mit der Pause den Rahmen (Zeit, Raum) für freie Aktivitäten vor, setzt aber zugleich die implizite Anforderung, dass Kinder sich in diesem Rahmen selbstständig sozial organisieren müssen. Es ist naheliegend, dass sie sich in dieser riesigen altersdurchmischten Masse von Kindern auf dem Pausenplatz an den gleichgeschlechtlichen Peers der eigenen Klasse und an den aus dem Kindergarten bestehenden sozialen Strukturen orientieren.

In der Schule steht den Kindern eine Vielzahl von Gleichaltrigen zur Auswahl, mit denen vielfältige Arten von Beziehungen eingegangen werden können. Dies geschieht einerseits durch die Akzeptanz, die sie bei anderen finden, zum anderen durch Freundschaften, die sie bewusst mit anderen Kindern eingehen (vgl. Krappmann & Uhlendorff, 1999, S. 94). Die soziometrische Darstellung der Freundschaftsnennungen hat gezeigt, dass aus Sicht der Erstklässlerinnen und Erstklässler dem Kindergarten eine wichtige Funktion zur Herausbildung schulischer Freundschaftsbeziehungen zukommt. Bestehende Freundschaften werden in der ersten Klasse weitergeführt und mit einzelnen zusätzlichen Beziehungen zu Kindern aus der ‚neuen' Schulklasse erweitert.

In Freundschaftsbeziehungen können die Kinder in Ansätzen das Prinzip der Reziprozität erfahren und praktizieren wie die Beispiele von Apina, Emma und Filip gezeigt haben. Es ist zu vermuten, dass sich daraus aber auch Konsequenzen für das schulische Lernen ergeben. Beispielsweise in Form von Erfahrungs- und Lernmöglichkeiten unter Gleichaltrigen mit denen die Kinder kollektives Wissen über Schule teilen. Freundschaften können, wie gemäß der Interviewaussagen und Beobachtungen vermutet werden kann, über das situative Spielerlebnis hinaus auch als soziale und emotionale Unterstützung dienen und eine Ressource für die Bewältigung schulischer Anforderungen darstellen.

In Abgrenzung zu Herzberg (1992, S. 114) kann für diese Schulkinder mit Migrationshintergrund festgestellt werden, dass sie das für heutige Kindheit als ‚modern' angesehene Verhalten, der Verabredungskultur nicht praktizieren. Sie orientieren sich für ihre Freizeitaktivitäten an den Strukturen einer auf den Nahraum konzentrierten und an familialen sowie verwandtschaftlichen Bindungen ausgerichteten Beziehungskultur.

Den Erstklässlerinnen und Erstklässlern gefällt an der Schule, dass sie dort auf gleichaltrige, gleichgeschlechtliche Kinder treffen. Sie erleben dort

– so meine These – eine moderne Form von Kindheit, in der sie ihre Beziehungspartnerinnen und -partner selber wählen können.

Literatur

Bohnsack, R. (1993). *Rekonstruktive Sozialforschung. Einführung in Methodologie und Praxis qualitativer Forschung.* Opladen: Leske + Budrich.

Breidenstein, G. & Kelle, H. (1998). *Geschlechteralltag in der Schule. Ethnographische Studien zur Gleichaltrigenkultur.* Weinheim/München: Juventa.

Corsaro, W. (1986). Routines in Peer Culture. In J. Cook-Gumpertz, W. Corsaro & J. Streek (Eds.), *Children's Worlds and Children's Language* (pp. 231-251). Berlin/New York/Amsterdam: de Gruyter.

Corsaro, W. & Evaldsson, A. (1998). Play and Games in the Peer Cultures of preschool and preadolescent children. An interpretative approach. *Childhood*, 4, 377-402.

Herzberg, I. (1992). Kinderfreundschaften und Spielkontakte. In Deutsches Jugendinstitut (Hrsg.), *Was tun Kinder am Nachmittag. Ergebnisse einer empirischen Studie zur mittleren Kindheit* (S. 74-126). München: Deutsches Jugendinstitut.

Jäger, M., Biffi, C. & Halfhide, T. (2006). *Grundstufe als Zusammenführung zweier Kulturen* (Teil 1: Eine Ethnografie des Kindergartens. Schlussbericht). Zürich: Pädagogische Hochschule Zürich, unveröffentlichter Bericht. www.phzh.ch/dotnetscripts/ForschungsDB/Files/129/Bericht_EthnographieKG.pdf

Krappmann, L. & Uhlendorff, H. (1999). Soziometrische Akzeptanz in der Schulklasse und Kinderfreundschaften. In E. Renner, S. Riemann & I. Schneider (Hrsg.), *Kindsein in der Schule. Interdisziplinäre Annäherungen* (S. 94-104). Weinheim: Juventa.

Traub, A. (2005). Ein Freund, ein guter Freund. Die Gleichaltrigenbeziehungen der 8-9-Jährigen. In C. Alt (Hrsg.), *Kinderleben – Aufwachsen zwischen Familie, Freunden und Institutionen.* (Band 2, Aufwachsen zwischen Freunden und Institutionen, S. 23-62). Wiesbaden: VS Verlag.

Youniss, J. (1982). Die Entwicklung und Funktion von Freunschaftsbeziehungen. In W. Edelstein & M. Keller (Hrsg.). *Perspektivität und Interpretation* (S. 78-108). Frankfurt: Suhrkamp.

Wehner, K. (2009). Freundschaften unter Kindern. In K. Lenz & F. Nestmann (Hrsg.), *Handbuch persönliche Beziehungen* (S. 403-422). Weinheim: Juventa.

Sabine Campana Schleusener
Wenn Kinder voneinander lernen: Hilfestellungen auf der Basisstufe

Dass Kinder nicht nur miteinander sondern auch voneinander lernen, ist bekannt. Wenn Kinder sich gegenseitig Sachverhalte erklären, einander mit verschiedenen Perspektiven konfrontieren oder etwas vorzeigen, entstehen soziale Interaktionen, in denen Bedeutungen, Lösungswege und Pläne ausgehandelt und konstruiert werden. Das Lernpotential solcher Prozesse wird von verschiedenen Autoren hervorgehoben (Piaget, 1947; Stern, 2006; Youniss, 1994). Die Basisstufe stellt mit ihrer bewusst herbeigeführten Heterogenität bezüglich Alter und Lernvoraussetzungen ein (zumindest potentiell) ideales Feld für gegenseitige Unterstützung und Hilfe beim Lernen dar (Birri et al., 2007); Schweizerische Konferenz der kantonalen Erziehungsdirektoren (EDK, 1997). Studien aus Deutschland zeigen, dass Hilfeinteraktionen in heterogenen Klassen (z.B. in Integrationsklassen oder in der altersgemischten Schuleingangsstufe) tatsächlich besonders oft und auf eine sehr selbstverständliche Art und Weise auftreten. In Klassen, in denen sich die Beteiligten bewusst sind, dass alle Kinder unterschiedliche Fähigkeiten besitzen, wird das Helfen und das Bitten um Hilfe konkurrenzlos möglich (Dumke, 1991; Kucharz & Wagener, 2007; Laging, 2007; Wagener, 2009).

Ob und wie sich Kinder auf der Basisstufe in ihrem Lernen unterstützen und einander helfen, wurde im Dissertationsprojekt ‚Kinder unterstützen Kinder' untersucht.[1] Die Untersuchung beinhaltete die Beobachtung natürlich auftretender Hilfeinteraktionen im Unterricht, Interviews zum Thema Helfen mit den Kindern und eine schriftliche Befragung der Lehrkräfte. 80 Kinder aus 10 Basisstufenklassen des Kantons Bern wurden beobachtet, 40 davon zusätzlich interviewt. Die Auswahl der Kinder fand geschichtet nach den Kriterien Alter, Geschlecht und Leistungsstärke statt. So konnten 430 lernbezogene Hilfestellungen beobachtet und ausgewertet werden. Die 80 beobachteten Kinder waren durchschnittlich an 5.4 Hilfeinteraktionen pro Unterrichtsmorgen (4 Lektionen) beteiligt. Es kann also davon ausgegangen werden, dass in einer Basisstufenklasse an einem Unterrichtsmorgen

---

1 Das Dissertationsprojekt wird am Institut für Heilpädagogik der PH Bern durchgeführt und von Prof. Dr. W. Herzog der Uni Bern betreut. In diesem Artikel wird ein ausgewählter Aspekt der Dissertation näher erläutert.

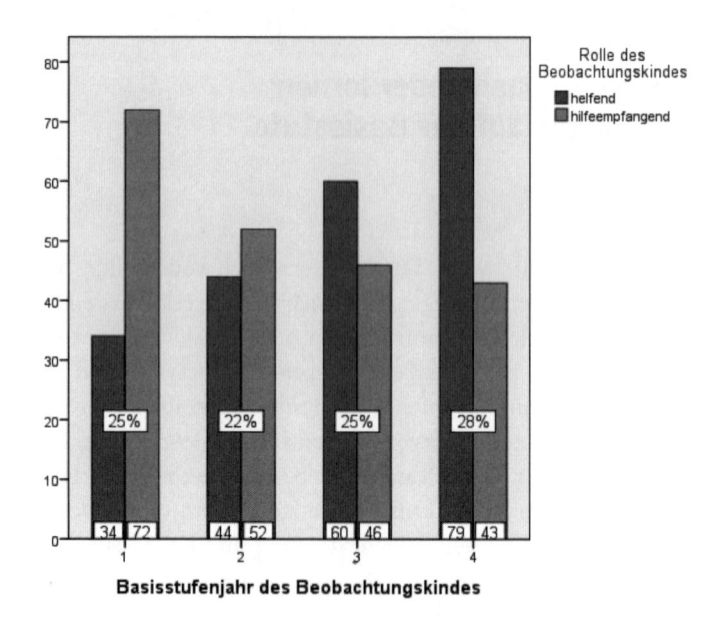

Abbildung 1: Anzahl beobachteter Hilfeinteraktionen nach Basisstufenjahr 1-4

insgesamt über 50 Mal Hilfe geleistet wurde. Basisstufenjahr, Geschlecht oder Leistungsstärke entschieden nicht darüber, wie oft die Kinder an Hilfeinteraktionen beteiligt waren. Wird jedoch zwischen helfender und Hilfe empfangender Rolle unterschieden, differenziert sich das Bild. Abbildung 1 zeigt, dass die Anzahl geleisteter Hilfestellungen mit zunehmendem Basisstufenjahr ansteigt, die Anzahl empfangener Hilfestellungen jedoch abnimmt.

Neben dem signifikanten Einfluss des Basisstufenjahrs auf die Häufigkeit der der geleisteten Hilfestellungen ($F(3, 80) = 5.0891$, $p = .003$) zeigte sich auch, dass leistungsstarke Kinder häufiger halfen als leistungsschwache Kinder ($F(1, 80) = 6.082$, $p = .016$). Diese Resultate werfen unwillkürlich die Frage auf, ob dieses Ungleichgewicht zwischen der Anzahl geleisteter und empfangener Hilfestellungen nicht zu ungleich verteilten Lerngelegenheiten führt. Profitieren in der Basisstufe vor allem die jüngeren und leistungsschwächeren Kinder von Hilfestellungen, da die ältesten und weiter fortgeschrittenen Kinder stets als Helfer fungieren? Müsste sich nicht insbesondere das Helfen durch eine weitgehende Reziprozität auszeichnen, damit das Zusammenleben in der Gemeinschaft funktioniert? Es soll hier die These vertreten werden, dass trotz der dargelegten Häufigkeitsunterschiede

Kinder aller Merkmalsgruppen in ähnlichem Maße von Hilfestellungen in der Basisstufe profitieren. Die Begründung erfolgt über die drei folgenden Argumentationsgruppen:
1. Bei lernbezogenen Hilfestellungen profitieren unter bestimmten Bedingungen sowohl das helfende als auch das Hilfe empfangende Kind.
2. Die Reziprozität von Hilfestellungen kann verschiedene Formen annehmen.
3. Bei der Mehrzahl der im Projekt ‚Kinder unterstützen Kinder' beobachteten Kinder hielten sich geleistete und empfangene Hilfestellungen in etwa die Waage.

Die einzelnen Argumente sollen im Folgenden erläutert werden. Sie werden einerseits durch theoretische und empirische Erkenntnisse anderer Autoren gestützt und andererseits durch Daten des Projekts ‚Kinder unterstützen Kinder' ergänzt und illustriert.

Lernprozesse beim Helfen

Empirisch gesicherte Erkenntnisse zum Lernzuwachs bei kooperativen Lernformen stammen insbesondere aus Studien zum Peer-Tutoring im angloamerikanischen Raum. Peer-Tutoring wird beschrieben als „the system of instruction in which learners help each other and learn by teaching" (Goodlad & Hirst, 1990, S. 1). Dabei übernimmt ein Kind explizit für eine bestimmte Zeit die Rolle des Tutors und das andere Kind die Rolle des Tutees. Solche Programme wurden bereits in Kindergartenklassen aber auch in höheren Schulstufen implementiert und evaluiert (für die Kindergartenstufe vgl. Fuchs et al., 2001). Verschiedene Studien zeigen, dass sowohl auf der Seite des Tutors als auch auf der Seite des Tutees ein Lernzuwachs im Leistungsbereich festgestellt werden kann und Fortschritte auf der Ebene der sozialen und kommunikativen Fähigkeiten zu verzeichnen sind (Cohen et al., 1982; Rohrbeck, Ginsburg-Block, Fantuzzo & Miller, 2003). Besondere Aufmerksamkeit verdient der Befund, dass diese Unterrichtsform insbesondere für leistungsschwache und schwer motivierbare Tutoren förderlich ist (Hagstedt, 1999). Jemandem etwas zeigen oder erklären zu können, scheint insbesondere bei Kindern mit seltenen schulischen Erfolgserlebnissen zu einer erhöhten Lernmotivation zu führen. Zudem zeigen Metaanalysen, dass vor allem jüngere Kinder und Kinder aus sozioökonomisch benachteiligten Schichten von dieser Lehr-Lernform profitieren (Cohen et al.,

1982; Ginsburg-Block, Rohrbeck & Fantuzzo, 2006; Rohrbeck et al., 2003). Der Lerneffekt des Tutees wird auf die Tatsache zurückgeführt, dass dieser im 1:1-Arrangement unmittelbare Rückmeldungen und auf seinen Entwicklungsstand abgestimmte Erklärungen erhält (Brügelmann, 2005). Der Lerneffekt des Tutors wird über die Festigung und die vertiefte Elaboration des eigenen Wissens erklärt (Fitz-Gibbon, 1977).

Ein Lernzuwachs ist jedoch nicht in jedem Fall zu erwarten. Sowohl das Verhalten des Tutors als auch das Verhalten des Tutees haben einen entscheidenden Einfluss darauf, ob beide optimal von der Interaktion profitieren. Das helfende Kind profitiert vorwiegend, wenn seine Erklärungen eine Reflexion des eigenen Lernprozesses beinhalten (Webb & Mastergeorge, 2003). Gefördert wird dies unter anderem über Rückfragen des Tutees. Das folgende protokollierte Beispiel aus dem Projekt ‚Kinder unterstützen Kinder' zeigt, wie Rückfragen des Hilfe empfangenden Kindes das helfende Kind dazu führen, sein Wissen auf einer Metaebene zu reflektieren und wiederzugeben. Durch die Zustimmung des Hilfeempfängers erhält der Helfer zugleich eine Bestätigung seines eigenen Konzepts. Im folgenden Beispiel formuliert der helfende Knabe eine allgemeine Regel, welche vom anderen Kind bestätigt wird:

Benjamin (4. Basisstufenjahr, BSJ) und Jonas (4. BSJ) arbeiten am selben Arbeitsplatz am gleichen Arbeitsblatt.
Jeder arbeitet in erster Linie für sich, sie sprechen kaum miteinander.
Plötzlich wendet sich Jonas an Benjamin.
Jonas: „Braun ist ein Verb."
Benjamin: „Braun?"
Jonas: „Ja, alle Farben sind doch Verben..?"
Benjamin: „Nein Farben sind Adjektive."
Jonas: „Ah ja!" (ID 6-7-8, 70-77)

Fragen des Hilfe empfangenden Kindes fördern aber nicht nur die Lernprozesse des Helfers, sondern auch diejenigen des Hilfeempfängers selbst. So stellten Webb und Mastergeorge (2003) fest, dass die Art und die Nachdrücklichkeit der Einforderung der Hilfe durch den Hilfeemfpänger entscheidend für dessen Lernerfolg sind. Wichtig scheint, dass der Hilfeempfänger um konkrete Erklärungen statt um allgemeine einfache Antworten bittet. Auch das beharrliche Nachfragen und das Einfordern von adäquaten und verständlichen Erklärungen tragen zum Erfolg bei. Schließlich ist es wichtig, dass der Hilfeempfänger die Hilfe in Bezug auf die Aufgabe sogleich selbst umsetzt. Die empirische Untersuchung der beiden Autoren zeigte, dass Kinder, welche konkret und beharrlich Hilfe einforderten und sie auch gleich selbst anwendeten, im Posttest signifikant bessere Leistungen zeigten. Im nachfolgenden Beispiel des Projekts KuK gelingt dies zwei noch sehr jungen Kindern vorbildlich:

Kinder sind in Freispiel.
Ben (1. BSJ) und Johanna (1. BSJ) spielen gemeinsam bei einem Marktstand.
Andere Kinder kommen einkaufen.
Ben tippt in Kasse ein, Johanna will den Betrag aufschreiben, den die Kinder bezahlen müssen (=eine Rechnung/Kassenzettel machen).
Ben sagt: „Es kostet 6124."
Johanna nimmt Zettel und Stift, beginnt aber nicht sofort mit schreiben.
Ben fragt: „Weißt du, wie die 6 geht?"
Johanna : „Nein, nicht ganz."
Daraufhin zeigt Ben Johanna die Ziffer 6 auf der Kasse, Johanna schreibt sie auf.
Ben diktiert weiter: „1." Johanna schreibt auf.
Dann zeigt ihr Ben die 2 auf den Tasten der Kasse.
Johanna: „Das kann ich noch nicht so gut schreiben." Ben nimmt ihren Stift und schreibt eine 2 auf.
Er sagt: „Schau, das ist nicht so schwierig."
Ben schreibt auch noch die letzte Ziffer 4 selber auf.
Johanna beobachtet (ID 4-2-7, 73-86).

Die wechselseitige Bedingtheit lernförderlicher Verhaltensweisen ist hier deutlich erkennbar. So bedingen und unterstützen sich Verhaltensmerkmale auf der Seite des Helfers und des Hilfeempfängers gegenseitig. Sollen im Unterricht also qualitativ gute Hilfestellungen erreicht werden, müssen fördernde Verhaltensweisen für beide Rollen besprochen werden. Verschiedene Studien zeigen, dass Übungen zur Zusammenarbeit und zum gegenseitigen Helfen nachweislich zu besseren Lernleistungen führen (z.B. Ashman & Gillies, 1997; z.B. Roscoe & Chi, 2008).

Auch wenn beim Helfen unter optimalen Umständen Helfer und Hilfeempfänger von der Interaktion profitieren, so tun sie dies jeweils in Bezug auf gewisse Fertigkeiten. So wäre es unbefriedigend, wenn Kinder lediglich in der jeweils einen Rolle verharren würden. Zudem bauen prosoziale Handlungen in einer Gruppe prinzipiell auf Gegenseitigkeit auf. Diese Aspekte werden im Folgenden besprochen.

Reziprozität des Helfens

Bruno (4. BSJ): „Ich helfe sehr gerne den anderen Kindern in der Basisstufe. Denn wenn ich einmal ein Problem habe, dann lachen sie mich nicht aus und helfen mir manchmal auch" (ID 3-8, 78).

Der achtjährige Bruno mag es, anderen Kindern in seiner Basisstufenklasse zu helfen. Er hat die Erfahrung gemacht, dass er selbst auch auf die Solidarität und Hilfe seiner Mitschüler zählen darf, wenn er diese benötigt. Wenn er hilft, dann ist das für ihn nicht nur mit Kosten verbunden, sondern er zieht zeitversetzt auch Nutzen aus seiner Handlung.

Die Reziprozität von sozialen Handlungen wie dem Helfen gilt in der Soziologie als zentrales universelles Prinzip (Stegbauer, 2002). Das Zusammenleben in einer Gemeinschaft funktioniert nur, wenn es auf Gegenseitigkeit aufbaut. So muss in der Schulklasse, wie in der Gesellschaft, ein Wechselspiel von Geben und Nehmen stattfinden.

Ist die Reziprozität verletzt, wenn die einen Kinder sehr oft helfen und im Gegenzug dazu nicht im gleichen Masse Hilfe erhalten? Für die Beantwortung dieser Frage muss zwischen verschiedenen Formen der Reziprozität unterschieden werden:
- Direkte Reziprozität
- Generalisierte Reziprozität
- Reziprozität von Positionen

Die direkte Reziprozität ist die für alle Beteiligten offensichtlichste Form. Unter der Regel ‚Tit for tat' (‚Wie du mir, so ich dir'), muss auf eine Gabe eine direkte Gegengabe erfolgen. In Bezug auf prosoziale Handlungen wie dem Helfen würde nach dieser Reziprozitätsnorm im Gegenzug zu einer geleisteten Hilfe unmittelbar eine Gegenleistung erwartet werden.

Bei der generalisierten Reziprozität steht nicht der direkte Ausgleich für eine bestimmte Handlung im Vordergrund, sondern die Handlungen werden über eine gewisse Zeit zusammenfassend betrachtet. Ein Beispiel für eine Generalisierung über die Zeit sind Generationenbeziehungen, bei denen die Kinder die ihnen erbrachte Zuwendung und materielle Unterstützung später bei Pflegebedürftigkeit der Eltern erwidern. Es sind auch andere Generalisierungsformen denkbar, wie z.B. die Generalisierung über Merkmale der gebenden Personen oder Generalisierungen über Inhalte.

Bei der Reziprozität von Positionen wird betont, dass bestimmte Positionen im Rollensystem jeweils einen Gegenpart benötigen, ohne den sie nicht existieren würden. So würde der Vater ohne Sohn nicht die Rolle des

Vaters besetzen können und umgekehrt wäre der Sohn kein Sohn ohne den Vater (Stegbauer, 2002).

Augenfällig ist, dass beim Helfen die letztgenannte Form der Reziprozität inhärent immer bereits erfüllt ist. Damit ein Kind die Rolle des Helfers übernehmen kann, ist es auf einen Hilfeempfänger angewiesen. Verweigert einer der beiden Beteiligten die Rollenübernahme, ist damit auch die Rolle des Interaktionspartners aufgehoben. Das folgende Beispiel zeigt, wie beide an der Hilfeinteraktion beteiligten Mädchen ihre Rolle zu einem bestimmten Zeitpunkt einnehmen, diese über einen Zeitraum behalten und sie schließlich wieder verlassen. Durch den Rückzug des Hilfe empfangenden Mädchens aus seiner Rolle wird auch die Rolle des helfenden Mädchens beendet:

Bärbel (4. BSJ) arbeitet an Mathematikaufgabe.
Ina (4. BSJ) arbeitet an Deutschaufgabe.
Bärbel zu Ina: „Kannst du mir helfen?"
Ina: „Ja, warte schnell" (schreibt Wort fertig).
Bärbel wartet.
Ina steht auf, geht zu Bärbel: „So, jetzt."
Bärbel: „Wo ist die 51?"
Ina: „Also: hier ist 52... da 53... Die 51 muss hier in der Nähe sein. Am Schluss gibt es dann hier so einen Wegweiser. Hier!" (zeigt mit dem Finger auf die Zahl 51).
Bärbel verbindet die Zahlen.
Ina fährt auf dem Blatt mit dem Finger den Weg vor zur nächsten Zahl.
Bärbel: „Du musst mir jetzt nicht mehr helfen. Ich weiß schon wie."
Ina kehrt an ihren Platz zurück (ID 1-8-5, 74-85).

Auch generalisierte Reziprozitätsformen sind in der Basisstufe sehr wahrscheinlich. Ein wesentlicher Vorteil einer altersgemischten Klasse besteht darin, dass die Kinder innerhalb der Gruppe ihre Position mit zunehmendem Alter verändern können. Während die Resultate im Projekt KuK zeigen, dass jüngere Kinder noch oft Hilfe von älteren Kindern erhalten, können diese mit ansteigendem Alter zunehmend den ‚neuen' jüngsten Kindern helfen. Ein Mädchen des dritten Basisstufenjahrs formuliert dies im Interview wie folgt:

Beate (3. BSJ): „Ich habe früher die Buchstaben verkehrt geschrieben und dann kam ich den andern nicht mehr nach. Da habe ich noch eine

Zeit lang Hilfe gebraucht. Aber jetzt brauche ich nicht mehr viel Hilfe, sondern kann auch den anderen Kindern helfen" (ID 9-6, 71).

Generalisierungen über Inhalte konnten in der Basisstufe insofern beobachtet werden, als dass die verschiedenen Altersstufen ihre Hilfe nicht in allen Bereichen gleich häufig anboten. Die jüngeren Kinder halfen besonders oft in Bezug auf die Erklärung von Regeln im Klassenzimmer oder in Bezug auf praktische Aufgaben wie dem Zeichnen oder dem Freispiel. Ältere Kinder unterstützten ein anderes Kind besonders oft beim Suchen und Lösen einer kognitiven Aufgabe.

Direkte Reziprozitätsformen, bei dem ein helfendes Kind umgehend ebenfalls Hilfe erhielt, wurden eher selten beobachtet. Es sind jedoch auch andere direkte Reziprozitätsformen denkbar. So kann auch ein nettes ‚Dankeschön' oder die Bewunderung für eine geleistete Hilfe entschädigen:

Ben (3. BSJ) reiht die Kissen auf dem Boden aneinander und schiebt sie vor sich hin, so dass der Transport der schweren Kissen einfacher wird.
Iwan (1. BSJ) will es Ben gleichmachen und versucht 2 Kissen auf dem Boden zu schieben, aber es gelingt dem jüngeren Iwan nicht, da sie zu schwer sind.
Ben beobachtet Iwan und bietet diesem seine Hilfe an: „Soll ich das machen?"
Ben packt sogleich die Kissen und stößt sie zum richtigen Ort.
Ben fügt hinzu: „Ich kann das nämlich!"
Iwan lässt ihn gewähren und schaut ihm (bewundernd) zu (ID 1-6-1, 74-84).

Die Ausführungen machen deutlich, dass die erhöhte Anzahl geleisteter Hilfestellungen der älteren und leistungsstärkeren Kinder nur unter einem sehr engen Fokus die Reziprozitätsnorm verletzt. Viel eher sind verschiedene Formen der Reziprozität durchaus erfüllt. Trotzdem scheint es für die Motivation und das Lernen selbst wichtig, dass alle Kinder beide Rollen von Zeit zu Zeit einnehmen dürfen und sollen. Wie dieser Aspekt in den Basisstufenklassen beobachtet wurde, sei im folgenden Abschnitt dargestellt.

Rollenstabilität bei den einzelnen Kindern

Im Projekt ‚Kinder unterstützen Kinder' erhielten 12 der 80 Kinder genau so oft Hilfe wie sie selbst erteilten. 32 Kinder halfen öfter als sie Hilfe erhielten und 36 Kinder erhielten öfter Hilfe als sie halfen. Obwohl nur sehr wenige Kinder exakt so viele Hilfeleistungen erhielten wie sie selbst erteilten, zeigte sich, dass sich das Verhältnis der beiden Rollen bei den meisten Kindern in etwa ausgeglichen darstellte. Auf der Basis der Häufigkeiten wurden die Kinder den Kategorien ‚typischer Helfer', ‚typischer Hilfeempfänger' und ‚Rollenvariabilität' zugeordnet. Für die Zuteilung der Kinder wurde individuell der prozentuale Anteil ihrer Hilfeleistungen an der Gesamtzahl ihrer Hilfeinteraktionen berechnet. War das Beobachtungskind in mehr als 75% seiner Hilfeinteraktionen als Helfer tätig, wurde es als ‚typischer Helfer' kategorisiert. War es in weniger als 25% seiner Hilfeinteraktionen als Helfer tätig, wurde es als ‚typischer Hilfeempfänger' kategorisiert. Bewegte sich das Verhältnis zwischen 25% und 75% wurde es in der Kategorie ‚Rollenvariabilität' kategorisiert. Auf diese Weise wurden 19% der Kinder (n=15) als ‚typische Helferkinder' und 25% (n=20) als ‚typische Hilfeempfängerkinder' bezeichnet. 56% (n=45) der Kinder erhielten an diesem Morgen ähnlich viel Hilfe wie sie selbst erteilten. In der Kategorie ‚typische Helfer' waren die ältesten Kinder nicht überzufällig häufig vertreten. Die Annahme, dass die ältesten Kinder der Basisstufe in großem Ausmass helfen ohne selbst Hilfe zu erhalten, kann somit verworfen werden. Auch wenn diese Kinder besonders häufig Hilfe leisteten, wurden ihnen doch auch selbst immer wieder Hilfestellungen zuteil. Es zeigte sich jedoch eine Tendenz dahingehend, dass es unter den leistungsstarken Kindern vermehrt ‚typische Helfer' gab, die selbst kaum Hilfe erhielten. Diese Kinder sind auf individualisierte Hilfeleistungen von deutlich älteren Mitschülern oder von Lehrpersonen angewiesen.

Im Interview wurden die Kinder gefragt, in welcher Rolle sie sich eher sehen. Von den 35 antwortenden Kindern sagten 18 Kinder, dass sie sich eher als Helfer sehen. 11 Kinder meinten, sie erhielten mehr Hilfe als sie selbst geben und 6 Kinder erklärten, das hinge von der Situation ab. Insgesamt bezeichnen sich also deutlich mehr Kinder als Helfer denn als Hilfeempfänger. Dieses Ergebnis ist mit den Resultaten zum kindlichen Überoptimismus konsistent (Hasselhorn, 2005). Auffallend ist, dass sich vor allem die Kinder des 2. Basisstufenjahrs als typische Helfer sahen. Sie nahmen sich häufiger als Helfer wahr als ihre älteren Kolleginnen und Kollegen, welche effektiv deutlich häufiger halfen. Es ist anzunehmen, dass die Kinder des 2. Basisstufenjahrs sich mit dem Eintritt der neuen Kinder in die Basisstufe erstmals in der Rolle der älteren Mitschüler sahen, auf deren Hilfe die ‚Kleinen' angewiesen sind.

Schlussbemerkung

Von einer etablierten und qualitativ guten Helferkultur in der Basisstufe profitieren die Helfenden und die Hilfeempfangenden in Bezug auf Lernprozesse und Lernmotivation. Angesichts der beachtlichen Anzahl von Hilfeinteraktionen in den beobachteten Basisstufenklassen lohnt es sich, der Quantität aber auch der Qualität des Helfens besondere Aufmerksamkeit zu schenken. Das explizite Thematisieren und Üben des Helfens im Unterricht ist wünschenswert und kann die Qualität des Lernens fördern. Vorstellbar für die Basisstufe ist, lernförderliche Hilfestellungen gemeinsam in Rollenspielen darzustellen, sie zu besprechen oder real stattgefundene Hilfestellungen gemeinsam zu reflektieren und nach lernförderlichen Alternativen zu suchen. In erster Linie sollte aber im Unterricht immer wieder Gelegenheit dazu gegeben werden, sich gegenseitig zu unterstützen. Die Lehrperson nimmt dabei als Gestalterin von Lernumgebungen eine wichtige Rolle ein. Offene Unterrichtsformen und offene Aufgabenstellungen, die je nach Leistungsniveau bearbeitet werden können, eignen sich dafür besonders. In heterogen zusammengesetzten Lerngruppen können die Kinder ihre individuellen Stärken einbringen und sich bei Schwierigkeiten weiterhelfen. Auch Patensysteme können den Kindern den Zugang zu Hilfestellungen erleichtern. Die Lehrperson ist außerdem Verhaltensmodell. Gestaltet sie ihre Hilfestellungen mit Rückfragen, regt sie metakognitive Prozesse an und gibt sie individuelle Rückmeldungen, dann dient sie als wichtiges Vorbild für die Kinder.

Wenn Kinder Kinder unterstützen, dann darf das als große Chance betrachtet werden, das Potenzial heterogener Klassen zu nutzen. Nicht nur auf der Basisstufe, sondern überall dort, wo Kinder mit unterschiedlichen Voraussetzungen und Interessen zusammen lernen, können solche Hilfeinteraktionen stattfinden. Es lohnt sich, diese Helferkultur zu fördern!

Literatur

Ashman, A. F. & Gillies, R. M. (1997). Children's Cooperative Behavior and Interactions in Trained and Untrained Work Groups in Regular Classrooms. *Jorunal of School Psychology, 35* (3), 261-279.
Birri, T., Tuggener Lienhard, D., Walter, C., Wiederkehr Steiger, B. & Winiger, X. (2007). *Arbeitspapier der Projektkommission 4bis8 der EDK-Ost und Partnerkantone. Leitideen zum Rahmenkonzept Grundstufe und Basisstufe.* Online

unter: http://www.edk-ost.ch/fileadmin/Redaktoren/Dokumente/Informationen/EDK-Ost_Arbeitspapier_sw.pdf [03.12.2008]
Brügelmann, H. (2005). *Schule verstehen und gestalten*. Regensburg: Libelle.
Cohen, P., Kulik, J. & Kulik, C. (1982). Educational outcomes of tutoring: A meta-analysis of findings. *American Educational Research Journal, 19*, 237-248.
Dumke, D. (1991). Soziale Kontakte behinderter Schüler in Integrationsklassen. *Heilpädagogische Forschung, 17*, 21-26.
Fitz-Gibbon, C. T. (1977). *Setting Up and Evaluating Tutoring Projects. CSE Report on Tutoring* (No. 1). Los Angeles: California University, Center for the Study of Evaluation.
Fuchs, D., Fuchs, L. S., Al Otaiba, S., Thompson, A., Yen, L., Mcmaster, K. N., et al. (2001). K-Pals. Helping Kindergartners with Reading Readiness: Teachers and Researchers in Partnerships. *Teaching Exceptional Children, 33* (4), 76-80.
Ginsburg-Block, M., Rohrbeck, C. A.. & Fantuzzo, J. W. (2006). A Meta-Analytic Review of Social, Self-Concept, and Behavioral Outcomes of Peer-Assisted Learning. *Journal of Educational Psychology, 98*, 732-749.
Goodlad, S. & Hirst, B. (Eds.). (1990). *Explorations in peer tutoring*. Oxford: Basil Blackwell.
Hagstedt, H. (1999). Lernen durch Lehren – zwischen Reformanstrengungen und Forschungsbedenken. In R. Laging (Hrsg.), *Altersgemischtes Lernen in der Schule* (S. 30-38). Baltmannsweiler: Schneider Hohengehren.
Hasselhorn, M. (2005). Lernen im Altersbereich zwischen 4 und 8 Jahren: Individuelle Voraussetzungen, Entwicklungsbesonderheiten, Diagnostik und Förderung. In T. Guldimann & B. Hauser (Hrsg.), *Bildung 4- bis 8-jähriger Kinder* (S. 77-88). Münster: Waxmann.
Kucharz, D. & Wagener, M. (2007). *Jahrgangsübergreifendes Lernen. Eine empirische Studie zu Lernen, Leistung und Interaktion von Kindern in der Schuleingangsphase*. Baltmannsweiler: Schneider Hohengehren.
Laging, R. (2007). Altersmischung – eine pädagogische Chance zur Reform der Schule. In R. Laging (Hrsg.), *Altersgemischtes Lernen in der Schule* (S. 54-71). Baltmannsweiler: Schneider Hohengehren.
Piaget, J. (1947). *Psychologie der Intelligenz*. Zürich/Stuttgart: Rascher.
Rohrbeck, C. A., Ginsburg-Block, M., Fantuzzo, J. W. & Miller, T. R. (2003). Peer-Assisted Learning Interventions With Elementary School Students: A Meta-Analytic Review. *Journal of Educational Psychology, 95*, 240-257.
Roscoe, R. D. & Chi, M. T. H. (2008). Tutor learning: the role of explaining and responding to questions. *Instructional Science, 36*, 321-350.
Schweizerische Konferenz Der Kantonalen Erziehungsdirektoren (EDK). (1997). *Bildung und Erziehung der vier- bis achtjährigen Kinder in der Schweiz. Eine Prospektive* (Nr. 48A). Bern: EDK.
Stegbauer, C. (2002). *Reziprozität. Einführung in soziale Formen der Gegenseitigkeit*. Wiesbaden: Westdeutscher Verlag.
Stern, E. (2006). Was wissen wir über erfolgreiches Lernen in der Schule? *Pädagogik, 58* (1), 45-50.
Wagener, M. (2009). Die Gestaltung von Hilfeprozessen zwischen Kindern im jahrgangsgemischten Unterricht. *Zeitschrift für Grundschulforschung, 2*, 35-47.

Webb, N. M. & Mastergeorge, A. M. (2003). The development of students' helping behavior and learning in peer-directed small groups. *Cognition and Instruction, 21,* 361-428.

Youniss, J. (1994). *Soziale Konstruktion und psychische Entwicklung.* Hrsg. von L. Krappmann und H. Oswald. Frankfurt am Main: Suhrkamp.

Christa Urech
Pädagogisches Handeln auf der Basisstufe in Zusammenhang mit benachteiligten Kindern

Im folgenden Kapitel wird ein Ausschnitt aus einem Projekt dargestellt, in welchem der Unterricht auf der Basisstufe beobachtet und analysiert wird. Im Fokus steht ertragreicher Unterricht für benachteiligte Kinder.

Ausgangslage und Ziel des Projekts

In der deutschsprachigen Schweiz wird zurzeit die Basisstufe[1] als neues Schuleingangsmodell erprobt. Es geht um vier- bis sieben- oder achtjährige Kinder, welche in altersheterogenen Gruppen von zwei Lehrpersonen gemeinsam unterrichtet werden (Heyer-Oeschger & Büchel, 1997). Die Schwerpunkte beim Unterrichten liegen sowohl auf dem sozialen wie auch dem individuellen Lernen. Laut Stamm (2006; 2008) soll es sich um Lernen in einer herausfordernden und unterstützenden Umgebung handeln, die es dem Kind erlaubt, mit allen Sinnen Aktivitäten selber auszuüben. Durch die Zusammenfassung von Kindergarten und einem oder zwei Primarschuljahren wird die Heterogenität nicht durch Separation reduziert, sondern eher vergrößert (Stamm, 2006). Durch die Möglichkeit eines halbjährlichen Eintritts sowie eines flexibeln Übertritts in die nachfolgende Klasse und durch die Altersdurchmischung wird ein fähigkeits- und interessenorientierter Beginn des Erwerbs der Kulturtechniken angestrebt. Die Lehrpersonen erhalten durch die Bedingungen des Teamteachings, durch eine Lehrperson mit Ausbildungshintergrund Kindergarten und einer mit Ausbildungshintergrund Primarschule, die Anregung, die Lernkultur des Kindergartens und der Primarschule zu verbinden und eine neue Lernkultur zu schaffen.

Ausgangspunkt des Forschungsprojekts ist die Prämisse, dass Unterricht dann als gelungen bezeichnet werden kann, wenn die Kinder einen hohen Leistungszuwachs erreichen. Es kann als unumstritten gelten, dass die

---
1 Basisstufe meint in diesem Artikel sowohl das drei- als auch vierjährige Modell. Im dreijährigen Modell werden die Kinder der beiden Kindergartenjahre und jene der 1. Klasse zusammen unterrichtet, im vierjährigen außerdem die Kinder der 2. Klasse.

Lehrpersonen mit ihrem Handeln einen Einfluss darauf haben (Helmke & Weinert, 1997). Vor diesem Hintergrund interessiert es, welche Merkmale einen gelungenen Unterricht auf der Basisstufe ausmachen, insbesondere, weil das Vorwissen und die Erfahrungen der Kinder sehr heterogen sind. Bis anhin fehlen weitgehend pädagogische oder didaktische Modelle, die zeigen, welcher Unterricht für die Spannweite von mindestens drei Jahrgängen für die Kinder lehrreich ist. Das Ziel des Projekts ist, aufzuzeigen, welche pädagogischen Handlungsfelder sich in gewinnbringendem Basisstufen-Unterricht zeigen, so dass dieser exemplarisch als Modell dienen kann.

Bevor ein Teil der Ergebnisse vorgestellt wird, wird im folgenden Kapitel das forschungsmethodische Vorgehen dargelegt:

Forschungsmethodisches Vorgehen

Fragestellung und Stichprobe

Folgende Fragestellung bezieht sich auf das vorliegende Kapitel:

> Welches sind Merkmale pädagogischen Handelns der Lehrpersonen in einem Basisstufen-Unterricht, in welchem die Schülerinnen und Schüler unter den Bedingungen von sozioökonomischer Benachteiligung, im Sinne von Bildungsferne der Herkunftsfamilie und/oder nicht Deutsch als Erstsprache, einen hohen Lernzuwachs erzielten?

Entscheidend für die Stichprobe ist die Angemessenheit an die Fragestellung (Lamnek, 2005). Im Forschungsprojekt wird der Unterricht von fünf Basisstufen-Klassen, der als erfolgreich bezeichnet werden kann, beschrieben und analysiert. Es handelt sich um eine Vertiefungsstudie, die, ausgehend von quantitativ erhobenen Daten, einzelne Klassen auf qualitative Art untersucht (Aden-Grossmann, 2002).

Aus all jenen Klassen, welche in der ersten Kohorte an der Evaluation der Basisstufe beteiligt waren, sind fünf nach folgenden Kriterien ausgewählt worden:

1. Lernfortschritt im Klassendurchschnitt: Die Kinder erzielen zwischen zwei Messzeitpunkten einen hohen Lernzuwachs in sprachlicher, mathematischer und sozialemotionaler Kompetenz[2].
2. Heterogen in Bezug auf die Leistungen in Sprache und Mathematik bei Eintritt in die Basisstufe.
3. Herausfordernde Bedingungen: Kinder, deren Erstsprache nicht Deutsch ist und/oder Kinder aus bildungsfernem Herkunftsmilieu.
4. Verteilung: Städtische und ländliche Klassen sowie mehrere Kantone sind vertreten.

Jede der fünf Klassen wurde während je einer Woche besucht. Bei diesen Besuchen wurden möglichst viele Beobachtungen darüber festgehalten, was im Schulzimmer geschieht, wie die Lehrpersonen handeln, im Zusammenhang mit der ganzen Klasse oder mit einzelnen Kindern. Die Notizen wurden durch Gespräche mit den Lehrpersonen vor und nach dem Unterricht, in der Pause und während der Mittagszeit ergänzt. Pro Klasse wurden drei bis fünf Kinder, die als benachteiligt gelten, intensiver beobachtet.

Pädagogische Fallstudien

Qualitative Forschung meint jede Art von Untersuchung, deren Ergebnisse weder statistischen noch quantifizierbaren Verfahren entspringen (Strauss & Corbin, 1996). Die Erhebung von relativ unstrukturiertem Datenmaterial steht am Anfang des Forschungsvorhabens (Kelle & Kluge, 1999). Qualitative Forschung arbeitet entweder mit verbalen oder visuellen Daten, beide werden in Texte verwandelt und diese interpretierend analysiert (Flick, 2007). Ihre Bedeutung erhält sie insbesondere in Forschungsfeldern, deren Kontexte oder Perspektiven neu sind. Deduktives Vorgehen, das Ableiten aus einem theoretischen Modell, würde diesen neuen Feldern nur unzureichend gerecht, weil sie neuer Theorien bedürfen. Dies ist zugleich der Anspruch der qualitativen Forschung, dass sie induktiv, aufgrund von Beobachtungen und Befragungen im Feld, neue, empirisch begründete Theorien entwickelt. In der vorliegenden Arbeit wird davon ausgegangen, dass gewinnbringender Unterricht für die Kinder Merkmale pädagogischen Han-

---

2 Die Lernstandserhebung liegt in der Verantwortung des Kompetenzzentrums für Bildungsevaluation und Leistungsmessung an der Universität in Zürich unter der Leitung von Urs Moser (Moser, Bayer, & Berweger, 2008).

delns auf Seiten der Lehrpersonen aufweist, welche nicht vorher bestimmt werden können, sich aber beobachten lassen.

Fallstudien gelten als wissenschaftliche Methode, in welcher empirisch ein Phänomen innerhalb eines realen Kontextes untersucht wird (Flick, von Kardoff, & Steinke, 2005). Dabei wird der Begriff Fall weit gefasst, neben einzelnen Personen können darunter auch soziale Gemeinschaften, Organisationen oder Institutionen subsumiert werden. „It may be a child, or al classroom of children [...] It is one among others" (Stake, 2000, S. 436). Fallstudien erlauben, Wissen aus erster Hand empirisch zu gewinnen (Lamnek, 2005). Die Forscherin oder der Forscher versucht, „bekannte Abläufe von Unterricht als etwas Fremdes und Ungewöhnliches zu sehen." (Dick, 1994, S. 196). Damit das geschehen kann, muss man sich möglichst unvoreingenommen dem Datenmaterial nähern, denn die Gefahr, dass die theoretischen Konzepte den Daten aufgezwungen statt aus ihnen entwickelt werden, ist groß (Kelle & Kluge, 1999). In ihrer Reinform ist diese Forderung jedoch nicht umzusetzen, Kelle und Kluge schlagen deshalb eine theoretische Sensibilität vor, was bedeutet, dass die Forscherin oder der Forscher über das Material anhand theoretischer Begriffe reflektiert, dies in einem Forschungsjournal festhält und sowohl bei der Analyse als auch der Interpretation ständig konsultiert.

Im vorliegenden Projekt werden die Feldnotizen durch die teilnehmende Beobachtung gewonnen. Im Akzent der Beobachtung liegt die Annahme, dass Handlungsweisen nur durch Beobachtung erkennbar sind (Flick et al., 2005). Werden Personen befragt, schildern sie zwar die Handlungsweisen, welche aber lediglich als Darstellungen derselben gelten können, weil die Handlung und das Meinen über die Handlung oft nicht identisch sind.

Feldzugang und Rolle im Feld

Eher als bei quantitativer Forschung stellt sich bei qualitativer Forschung die Frage nach dem Feldzugang (Flick, 2007). Der Kontakt ist dichter und intensiver, weshalb sich die Forscherin oder der Forscher aufs Feld einlassen muss. Als forschende Person verbringt man Zeit im Feld, stellt das eigentliche Erhebungsinstrument dar.

> [3] Den Feldzugang stelle ich zuerst schriftlich, anhand eines Briefes her. Im Brief knüpfe ich an den Besuch an, den ich im Rahmen der Evaluation der Basisstufen durchführte und lege die Gründe und Absichten des Forschungsvorhabens dar.

Beim Besuch im Unterricht muss in einem ersten Schritt die Rolle, welche die Forscherin oder der Forscher einnimmt, definiert werden, denn davon hängt ab, zu welchen Informationen sie oder er kommt.

> Beim ersten Kontakt kläre ich mit den Lehrpersonen, dass ich den Unterricht im Hintergrund beobachte und dass ich an Besprechungen, die während der beobachteten Woche statt finden, gerne dabei sein würde. Während der Woche achte ich darauf, nicht in die Rolle der Beraterin zu fallen, sondern die der interessierten Forscherin, Beobachterin oder Fragestellerin einzunehmen.

Wichtig ist, dass es der forschenden Person gelingt, das Feld so weit wie möglich als Fremde zu beobachten (Lüders, 2005). „Festzuhalten bleibt dabei, dass die Diskrepanz der Interessen und Perspektiven zwischen Forschern und beforschten Institutionen prinzipiell nicht aufzuheben ist. Sie kann etwa durch sich entwickelndes Vertrauen nur so weit zugedeckt werden, dass ein Arbeitsbündnis entsteht, in dem Forschung möglich ist" (Flick, 1995, S. 74).

Meine Rolle veränderte sich in jeder Fall-Klasse von der zu Beginn fremden Person über die Besucherin hin zu mit der Feld Vertrauten, ohne Teil der Untersuchungsgruppe zu werden (Wolff, 2005).

Fallanalyse

Die Auswertung der gewonnenen Daten stellt deshalb eine Herausforderung dar, weil Feldnotizen bereits interpretiert sind und daher nicht als Protokolle ausgewertet werden dürfen (Lüders, 2005). Es handelt sich bei der Analyse in der vorliegenden Studie um das thematische Codieren. Aus dem Textmaterial und dem Vorwissen entsteht parallel zur Codierung ein Kategoriensystem (Kuckartz, 2005). Die ersten Kategorien werden nahe an den Fragestellungen und diesen zugrunde liegenden Theorien grob gebildet, danach aus den Feldnotizen induktiv erweitert, erneuert, in mehrfacher Auseinandersetzung mit denselben. Nach der Analyse der ersten

---

3 Im gesamten Kapitel bedeuten eingerückte Zeilen und verkleinerte Schrift die Beschreibung des konkreten Vorgehens oder Auszüge aus den Feldnotizen.

Fall-Klasse folgt das Inter-Codieren, welches zeigt, dass die Zuordnung der Sinneinheiten nicht zufällig ist, sondern dass die Kategorien so trennscharf und eindeutig definiert sind, dass eine andere Person zu einer ähnlichen Zuordnung gelangt (Stamm, 2003). Diese Quantifizierung erlaubt es, die Brauchbarkeit des Kategoriensystems zu bestätigen (Groeben & Rustemeyer, 1995), denn es konnte eine Übereinstimmung von 0.78 erlangt werden. Die Feincodierung erfordert anschließend einen erneuten Materialdurchlauf. Das Codieren wird mittels MAXqda-Programm durchgeführt.

Es folgt nun die Darstellung der Ergebnisse eines Teils des Forschungsprojekts, welche sich auf die eingangs gestellte Frage beziehen. Ausgehend von den Feldnotizen werden die Ergebnisse mit der Forschungsliteratur verbunden und daraus ein Fazit gezogen.

Beobachtungen des Verhaltens benachteiligter Kinder

Aufgrund der Beobachtungen der Kinder in verschiedenen Situationen im Unterricht, zeichnen sich drei Aspekte des Verhaltens benachteiligter Kinder ab, die hier dargestellt werden: (1) Die Kinder verhalten sich in der Einzelarbeit aufgabenbezogen und nichtaufgabenbezogen, (2) sie bleiben bei der frei gewählten Gruppeneinteilung übrig, suchen aber den Kontakt zu anderen Kindern und (3) kooperatives Verhalten ohne klare Vorgaben fällt ihnen schwer. Aus diesen drei Bereichen folgen nun kurze Ausschnitte aus den Feldnotizen, die anschließend in der Forschungsliteratur verankert sind.

(1) Aufgabenbezogenes und nicht aufgabenbezogenes Verhalten

> Die Lehrperson erklärt einem Kind bereits zum zweiten Mal, sie müsse den Titel von der Wandtafel abschreiben. Daraufhin geht das Mädchen nach vorn zur Wandtafel und schreibt ihn ab. Kaum ist es wieder am Platz dreht sie die Tischplatte schräg, schaut herum, sitzt stöhnend am Tisch und sagt: Was soll ich schreiben? Dann wendet sie sich wieder ihrem Blatt zu und schaukelt mit dem Stuhl. Bis sie mit der Arbeit beginnt, vergehen 20 Minuten.

Empirisch gewonnene Erkenntnisse bestätigen, dass Kinder, bevor sie mit Arbeiten beginnen, oft „amotiviertes" (Deci & Ryan, 1993, S. 224) Verhalten zeigen, das heißt, ein Verhalten ohne erkennbare Intention. Leistungsstarke Kinder können ihre Lernzeit in viel höherem Maße aufgabenbezogen nutzen als leistungsschwache Kinder. Diese brauchen länger Zeit, um sich zu orientieren oder eine Wahl zu treffen. Allerdings gewährleisten Aktivität und Selbsttätigkeit per se noch nicht langfristige Behaltensleistungen. Erst aufgabenbezogenes Verhalten in Verbindung mit reflexiven und strukturierenden Tätigkeiten sorgt für nachhaltige Auswirkungen auf Lernzuwachs und Behaltensleistungen" (Lipowsky, 2002, S. 144). Es besteht ein Zusammenhang zwischen aktiver aufgabenbezogener Lernzeitnutzung und Leistung.

(2) Übrig bleiben und Kontakt suchen

Die Kinder erhalten den Auftrag Zweiergruppen zu bilden. Mit Kx will niemand freiwillig die Gruppe bilden, sie blickt suchend um sich. Ky packt gleich den Jungen neben sich. […]

Kz steht auf, geht zu anderen Kindern hin, schaut ihnen über den Rücken, spricht sie auf das, was sie arbeiten an, holt etwas und hält beim Rückweg wiederum bei mehreren Kindern an, beginnt ein Gespräch mit Einzelnen, z.B. über den Inhalt ihres Etuis.

Die schulische Leistung steht bereits kurz nach Beginn des Schuleintritts mit dem Wahlverhalten anderer Kinder in Zusammenhang (Stöckli, 2001). Leistungsstarke Kinder werden für eine Gruppenarbeit eher gewählt als leistungsschwache. Zudem bestehen in diesen Jahren „schwache, aber signifikante Korrelationen zwischen der Einschätzung der schulischen Leistungsfähigkeit durch die Lehrkräfte und den Wahlen und Ablehnungen der Kinder" (Stöckli, 2001, S. 190). Die Beurteilung der schulischen Leistungsfähigkeit durch die Lehrpersonen hängt stark mit der Sozialkompetenz der Kinder zusammen. Sozial gehemmten Kindern geschieht dies zum Nachteil, denn ihre Leistungen werden von den Lehrpersonen bereits in der ersten Klasse tiefer eingeschätzt, als sie tatsächlich sind. Es zeigt sich ein direkter Zusammenhang zwischen dem Lehrpersonenhandeln und dem sozialen Status eines Kindes (Petillon, 1993). Je häufiger die Lehrperson mit einem Kind in Kontakt tritt, umso höher ist seine Attraktivität als Sitznachbar oder Sitznachbarin oder Bezugsperson gewählt zu werden. Zwischen einer tiefen Akzeptanz in jungen Jahren und späterem Problemverhalten besteht ein Zusammenhang (Stöckli, 1997). Sozial abgelehnte Kinder zeigen bedeutend mehr negative Verhaltensweisen als Kinder anderer soziometrischer Gruppen. „Aggressives Verhalten ist in hohem Masse unerwünscht und gilt als eine der Hauptursachen für die Ablehnung durch Gleichaltrige" (Stöckli, 1997, S. 170). Zudem sind diese Kinder rasch in einer Außenseiterposition (Petillon, 1993). In jeder Klasse gibt es etwa zwei Kinder, mehr Knaben als Mädchen, mit denen niemand spielen möchte. Über 70% der ausgeschlossenen Kinder zu Beginn der Schule finden auch am Ende des zweiten Schuljahres keinen Anschluss an die Gruppe. Das heißt, Ausgeschlossensein ist recht stabil, ebenso wie Beliebtsein.

Zum Kontaktverhalten ist zu sagen, dass bei sechs- bis neunjährigen Kindern zum Wunsch nach Akzeptanz bei den Eltern und der Lehrperson das Bedürfnis nach Akzeptanz bei anderen Kindern dazukommt (Schmidt-Denter & Spangler, 2005). Sie möchten Freunde und Freundinnen gewinnen. Beziehungen unter Gleichaltrigen ermöglichen „einzigartige Entwicklungsimpulse, weil sie dieselbe Stellung gegenüber der Schule einnehmen, weil sie auf verwandten Niveaus der kognitiven und der soziomoralischen Entwicklung argumentieren, weil sie Entwicklungsaufgaben und (normative) Lebensereignisse, wie etwa den Schuleintritt, zum gleichen Zeitpunkt meistern müssen und weil sie sich eine ‚Kinderkultur' mit eigenen Regeln und Normen schaffen" (Salisch & Kunzmann, 2005, S. 29). Insbesondere in der mittleren Kindheit, zwischen sechs und zwölf Jahren bilden sich die Fähigkeiten aus aufeinander einzugehen, sich durchzusetzen oder nachzugeben.

(3) Kooperatives Lern-Verhalten

> Kx und Ky brauchen lange, bis sie beginnen, dann zaghaft. Kx beginnt mit der Übung, aber falsch. Ky macht mit, ebenfalls falsch.

Eine Beobachtungsstudie zeigt, dass fünf- bis siebenjährige Kinder zwar in Gruppen arbeiten, selten aber wirklich kooperativ, so dass die Lern-Effekte ausbleiben (Kutnick, Ota, & Berdondini, 2008). Kinder sind zwar fähig zusammen zu arbeiten, sind dazu motiviert, tun es lieber, als alleine zu arbeiten, müssen dazu aber die nötigen Fähigkeiten unter Anleitung der Lehrpersonen im Unterricht entwickeln und aufbauen können. Welche das sind, muss im Zusammenhang mit den entwicklungsbedingten Besonderheiten entschieden werden (Stöckli, 2001). Kinder im Unterstufenalter können Impulse kontrollieren, sie sind aber ihren eigenen Bedürfnissen noch unterworfen, so dass sie Bedürfnisse anderer schwer in die eigenen Handlungen einbeziehen können. Am besten geht es dann, wenn zwei, die zusammen etwas tun, dasselbe wollen. Einheimischen Kindern gelingt es signifikant besser als Kindern mit Migrationshintergrund, sich kooperativ zu verhalten (Tresch, 2005). „Kinder aus immigrierten Familien starten die Schule also nicht nur mit sprachlichen, sondern auch mit sozialen Nachteilen" (Tresch, 2005, S. 111). Gut ausgebildete soziale Kompetenzen sind insbesondere in den ersten vier Schuljahren zuverlässige Prädiktoren für die schulischen Leistungen (Tresch, 2005). Folgende sozialen Kompetenzen werden von den meisten drei- bis fünfjährigen Kinder gelernt: Handlungsabsichten anderer erkennen und Perspektivenübernahme, über die Sprache kopperationsrelevante Informationen erteilen, eigene Impulsivität zügeln und das Eigentum anderer respektieren (Sturzbecher & Waltz, 2003). Allerdings bildet sich erst im Jugendalter die Fähigkeit aus, „in komplexeren Aufgabenstellungen gemeinsame Ziele zu verfolgen, so dass der Bestand der Beziehung gesichert ist" (Sturzbecher & Waltz, 2003, S. 165).

Aufgrund der Analyse stehen die folgenden drei Merkmale pädagogischen Handelns der Lehrpersonen in einem Basisstufen-Unterricht, in welchem die Schülerinnen und Schüler unter der Bedingung von sozioökonomischer Benachteiligung einen hohen Lernzuwachs erzielen, im Zentrum: die Lernbegleitung, die Integration und das kooperative Lernen.

Lernbegleitung: Damit sich benachteiligte Kinder aufgabenbezogen verhalten können, brauchen sie eine enge Lernbegleitung durch die Lehrperson. Sie brauchen beim Start einer neuen Aufgabe Unterstützung, inhaltliche und strukturierende Impulse. Lehrpersonen auf der Basisstufe sind daher angehalten, auf die benachteiligten Kinder besonderes zu achten, denn es sind oft diese Kinder, welche nicht sofort mit Arbeiten beginnen oder sich nicht selber zu helfen wissen. Das Teamteaching auf der Basisstufe bietet dazu mehr Möglichkeiten, als das herkömmliche Modell zulässt. Beispielsweise können die beiden Lehrpersonen die benachteiligten Kinder unter sich aufteilen oder den Unterricht so strukturieren, dass benachteiligte Kinder nahe bei einer Lehrperson sitzen können, damit sie ihnen schnell eine Rückmeldung geben kann.

Integration: Für die Lehrpersonen auf der Basisstufe kann empfohlen werden, dass sie ihren Blick auf die Leistungsfähigkeit der Kinder hin schärfen, damit die Einschätzung der Leistung nicht so stark von ihrem sozialen Verhalten abhängt. Das Teamteaching bietet hier die Chance, dass zwei Meinungen, welche sowohl die Leistungen als auch das Verhalten eines Kindes betreffen, zusammen kommen und die Einschätzung nicht an einer einzigen Person hängt. Den Lehrpersonen kommt die Rolle zu, eine soziale Welt innerhalb der Klasse zu schaffen, die es ermöglicht, dass jedes Kind eine Stellung erwirbt und keines ausgeschlossen wird. Auf die Eingliederung in die Gleichaltrigenwelt kann sich die Altersmischung auf der Basisstufe erleichternd auswirken, denn die Kinder treten in eine bestehende Gruppe ein, in der bestimmte Normen und Regeln bereits gelten. Da das Sozialgefüge jedes Jahr wechselt, ermöglicht das den Kindern neue Beziehungen aufzunehmen.

Lernen in Kooperation: Basisstufen-Kinder sollen Fähigkeiten zur effektiven Kooperation unter Anleitung der Lehrpersonen erwerben, beispielsweise indem sie gemeinsam eine Situation von verschiedenen Sichtweisen betrachten und sprachlich darüber austauschen. Es soll geübt werden, neben den eigenen Bedürfnissen andere zu berücksichtigen. Auch in diesem Aspekt gilt es, die sozialen Kompetenzen zu stärken. Außerdem sollen die Lehrpersonen bei einer kooperativen Aufgabe auf benachteiligte Kinder achten und sich versichern, dass diese den Auftrag richtig ausführen.

Literatur

Aden-Grossmann, W. (2002). *Kindergarten. Eine Einführung in seine Entwicklung und Pädagogik*. Weinheim/Basel: Beltz.
Deci, E. L. & Ryan, R. M. (1993). Die Selbstbestimmungstheorie der Motivation und ihre Bedeutung für die Pädagogik. *Zeitschrift für Pädagogik, 39*, 223-238.
Dick, A. (1994). *Vom unterrichtlichen Wissen zur Praxisreflexion*. Bad Heilbrunn: Klinkhardt.
Flick, U. (1995). *Qualitative Forschung. Theorien, Methoden, Anwendung in Psychologie und Sozialwissenschaften*. Reinbek bei Hamburg: Rowohlt.
Flick, U. (2007). *Qualitative Sozialforschung. Eine Einführung*. Reinbek bei Hamburg: Rowohlt.
Flick, U., von Kardoff, E. & Steinke, I. (Hrsg.). (2005). *Qualitative Forschung*. Reinbek bei Hamburg: Rowohlt.
Groeben, N. & Rustemeyer, R. (1995). Inhaltsanalyse. In E. König & P. Zedler (Hrsg.), *Bilanz qualitativer Forschung* (Band II: Methoden, S. 523-554). Weinheim: Deutscher Studien Verlag.
Helmke, A. & Weinert, F. E. (1997). Unterrichtsqualität und Leistungsentwicklung: Ergebnisse aus dem SCHOLASTIK-Projekt. In F. E. Weinert & A. Helmke (Hrsg.), *Entwicklung im Grundschulalter* (S. 241-251). Weinheim: Beltz.
Heyer-Oeschger, M. & Büchel, P. (1997). Lehrkräfte für vier- bis achtjährige Kinder? Die Diskussion um die weitere Entwicklung von Kindergarten und

Unterstufe – Konturen eines neuen Berufsbildes. *Beiträge zur Lehrerbildung 15* (1), 82-97.
Kelle, U. & Kluge, S. (1999). *Vom Einzelfall zum Typus.* Opladen: Leske + Budrich.
Kuckartz, U. (2005). *Einführung in die comuptergestützte Analyse qualitativer Daten. Lehrbuch.* Wiesbaden: Verlag für Sozialwissenschaften.
Kutnick, P., Ota, C. & Berdondini, L. (2008). Improving the effects of group working in classrooms with young school-aged children: Facilitating attainment, interaction and classrom activity. *Learning and Instruction, 18,* 83-95.
Lamnek, S. (2005). *Qualitative Sozialforschung. Lehrbuch.* Weihnheim/Basel: Beltz.
Lipowsky, F. (2002). Zur Qualität offener Lernsituationen im Spiegel empirischer Forschung – Auf die Mikroebene kommt es an. In U. Drews & W. Wallrabenstein (Hrsg.), *Freiarbeit in der Grundschule. Offener Unterricht in Theorie, Forschung und Praxis* (S. 126-159). Frankfurt am Main: Grundschulverband – Arbeitskreis Grundschule e.V.
Lüders, C. (2005). Beobachten im Feld und Ethnographie. In U. Flick, E. von Kardoff & I. Steinke (Hrsg.), *Qualitative Forschung. Ein Handbuch* (S. 384-401). Reinbek bei Hamburg: Rowohlt.
Moser, U., Bayer, N. & Berweger, S. (2008). *Summative Evaluation Grund- und Basisstufe. Zwischenbericht zuhanden der EDK-Ost.* Zürich: Universität, Institut für Bildungsevaluation.
Petillon, H. (1993). *Das Sozialleben des Schulanfängers. Die Schule aus der Sicht des Kindes.* Weinheim: Beltz.
Salisch, M. von & Kunzmann, U. (2005). Emotionale Entwicklung über die Lebensspanne. In J. B. Asendorpf (Hrsg.), *Soziale, emotionale und Persönlichkeitsentwicklung* (S. 1-74). Göttingen/Bern/Toronto/Seattle: Hogrefe.
Schmidt-Denter, U. & Spangler, G. (2005). Entwicklung von Beziehungen und Bindungen. In J. B. Asendorpf (Hrsg.), *Soziale, emotionale und Persönlichkeitsentwicklung* (S. 425-524). Göttingen/Bern/Toronto/Seattle: Hogrefe.
Stake, R. E. (2000). Case Studies. In D. Norman K. & Y. S. Lincoln (Eds.), *Handbook of qualitative Research* (pp. 435-454). Thousand Oaks/London/New Delhi: Sage.
Stamm, M. (2003). *Evaluation und ihre Folgen für die Bildung. Eine unterschätzte pädagogische Herausforderung.* Münster/New York/München/Berlin: Waxmann.
Stamm, M. (2006). Bildungsraum Grund- und Basisstufe. Theoretische Überlegungen und Perspktiven zum neuen Schuleingangsmodell. *Beiträge zur Lehrerbildung, 2,* 165-176.
Stamm, M. (2008, 8. September). Schulpflicht ohne Schulreife. Die frühe Einschulung ist nicht für jedes Kind das richtige Rezept. *Neue Zürcher Zeitung,* S . B1.
Stöckli, G. (1997). *Eltern, Kinder und das andere Geschlecht. Selbstwerdung in sozialen Beziehungen.* Weinheim/München: Juventa.
Stöckli, G. (2001). Selbst- und Sozialkompetenz. In X. Büeler, R. Stebler, G. Stöckli & D. Stotz (Hrsg.), *Lernen für das 21. Jahrhundert? Externe wissenschaftliche Evaluation. Schlussbericht zuhanden der Bildungsdirektion des Kantons Zürich* (S. 177-221). Zürich.

Strauss, A. & Corbin, J. (1996). *Grounded Theory: Grundlagen qualitativer Sozialforschung*. Weinheim: Psychologie Verlags Union.
Sturzbecher, D. & Waltz, C. (2003). Kooperation und soziale Partizipation als Bedürfnis und Entwicklungsaufgabe von Kindern. In D. Sturzbecher & C. Waltz (Hrsg.), *Soziale Partizipation im Vor- und Grundschulalter. Grundlagen* (S. 13-44). München/Basel: Reinhardt.
Tresch, S. (2005). Soziale Kompetenzen bei Schuleintritt. In U. Moser, M. Stamm & J. Hollenweger (Hrsg.), *Für die Schule bereit?* (S. 99-112). Oberentfelden: Sauerländer.
Wolff, S. (2005). Wege ins Feld und ihre Varianten. In U. Flick, E. von Kardoff & I. Steinke (Hrsg.), *Qualitative Forschung. Ein Handbuch* (Vol. Rowohlt, S. 334-349). Reinbek bei Hamburg: Rowohlt.

Karin Landert Born
Hochdeutsch im Kindergarten: Was meinen die Schweizer Kinder dazu?

Ein gegenwärtig sehr kontrovers diskutiertes bildungspolitisches Thema in der Deutschschweiz dreht sich um die Frage, ab welchem Alter die Standardsprache erlernt werden soll. Nach den schlechten Resultaten der PISA-Studie von 2000, welche die Schweiz im Bereich Deutsch (Lesen und Leseverständnis) erzielte, hat sich die Debatte zum Thema Standardsprache intensiviert. In verschiedenen Deutschschweizer Kantonen wurden in den letzten Jahren schulpolitische Massnahmen eingeleitet, die einen frühen Hochdeutscherwerb unterstützen. Dabei stellt sich die interessante Frage, was denn die Kinder im Kindergarten- und Schuleintrittsalter zur Verwendung von Schweizerdeutsch und Hochdeutsch meinen. Der Blick der Kinder auf ihren Umgang mit den beiden Sprachformen steht in diesem Beitrag im Vordergrund.

Der Stellenwert der Standardsprache in der Deutschschweiz ist ambivalent: Einerseits dringen die Dialekte immer mehr in Bereiche ein, die bis anhin der Standardsprache vorbehalten waren, z.B. im schriftlichen Bereich beim Schreiben von E-Mails oder SMS, andererseits ist man sich vermehrt darüber einig, dass die Standardsprache sowohl in kultureller als auch in politischer Hinsicht eine wichtige Rolle spielt. Sie ist die Sprache, die verwendet wird, um mit dem deutschsprachigen Raum und teilweise auch mit anderssprachigen Ländern zu kommunizieren, darüber hinaus ist sie gemeinsame Schriftsprache und gerade bei zunehmender kultureller Vielfalt zentral für die Verständigung.

Lange Zeit begann der gesteuerte Hochdeutscherwerb in der Deutschschweiz zwischen der ersten und dritten Primarklasse. Etwa seit 2000 soll die Standardsprache aber zunehmend in die Kindergartenstufe mit einfließen. Viele Eltern, Lehrpersonen und Fachpersonen aus der Bildungspolitik stehen diesem Vorhaben kritisch gegenüber. In einer linguistischen Studie (Landert, 2007) wurde untersucht, wie sich die Unterrichtssprache Hochdeutsch in einem Kindergarten auf die Hochdeutschkompetenzen der Kinder und ihren Umgang mit Hochdeutsch auswirkt. Dazu wurden mit mehreren Kindern eines so genannten Hochdeutsch-Kindergartens Gespräche geführt. Die Gespräche erfolgten auch in einem auf Schweizerdeutsch geführten Kindergarten (Schweizerdeutsch-Kindergarten), um einen Vergleichswert zu haben.

Im Folgenden wird die inhaltliche Auswertung der Aussagen vorgestellt, da die Motivation der Kinder für das Lernen der hochdeutschen Sprache im Vordergrund steht. Zur Einbettung der Aussagen wird zunächst der aktuelle Umgang mit der Standardsprache in Kindergarten und Schule dargelegt. Anschließend folgen Ausführungen zum Einfluss von Spracheinstellung und Sprachbewusstsein auf den Sprachlernprozess.

Hochdeutsch in Kindergarten und Schule

In der deutschsprachigen Schweiz beginnt der gesteuerte Hochdeutscherwerb üblicherweise in der ersten Primarklasse. Ob und inwieweit die Kinder bereits Hochdeutschkenntnisse mitbringen, wurde im regulären Schulsystem bis anhin nicht berücksichtigt. Neuere Untersuchungen zeigen, dass Kinder im Kindergartenalter bereits gute Kenntnisse der Standardsprache besitzen und hauptsächlich durch den Kontakt mit dem Medium Fernsehen schon Verstehens- und Produktionskompetenzen aufweisen (Böhme-Dürr, 1994 und Häcki Buhofer & Burger, 1998).

In verschiedenen Deutschschweizer Kantonen und einzelnen Projekt-Kindergärten wird die Standardsprache bereits im Kindergarten eingeführt. Das heißt, dass die Lehrpersonen mit den Kindern während des Unterrichts teilweise oder konsequent Standardsprache sprechen und die Kinder dazu ermuntern, in dieser Sprachform zu antworten. Dadurch soll der Einstieg in die Schule und ins Lernen der deutschen Sprache für mehrsprachige Kinder vereinfacht und effizienter werden. Denn die mehrsprachigen Kinder müssen nicht zwei Sprachformen lernen – zuerst im Kindergarten Schweizerdeutsch und danach in der Schule Hochdeutsch –, sondern können direkt mit dem Erlernen des Hochdeutschen beginnen. Schweizer Kinder sollen von dieser Unterrichtssprache profitieren, indem sie die vorhandenen Kompetenzen nutzen und erweitern, eine positive und selbstbewusste Spracheinstellung erwerben und schließlich über gute Kenntnisse der Standardsprache verfügen. Außerdem soll allen Kindern der Zugang zum Lesen- und Schreibenlernen erleichtert werden.

Einstellungen gegenüber dem Hochdeutschen

Gegenüber dem gesprochenen Hochdeutschen sind die Deutschschweizerinnen und Deutschschweizer meist negativ eingestellt, wobei Hochdeutsch als Schriftsprache vielfach als selbstverständlich und unproblematisch gilt (Häcki Buhofer & Burger, 1998). Mit der gestiegenen Nutzung der Massenmedien ist auch die Verstehenskompetenz der gesprochenen Standardsprache hoch. Beim aktiven Gebrauch von gesprochener Standardsprache sieht es jedoch anders aus: Im Wesentlichen sprechen die Deutschschweizerinnen und Deutschschweizer nicht gerne Standardsprache. Die Abneigung gegenüber der gesprochenen Standardsprache scheint mit einem „Defizienzempfinden" (Scharloth, 2005, S. 241) der Deutschschweizer Sprecherinnen und Sprecher zusammenzuhängen. Viele haben das Gefühl, dass sie selbst nicht gut oder nicht gut genug Hochdeutsch sprechen können, wobei ein häufiger Gebrauch dieser Sprachform dieses Gefühl abschwächt.

Eine positive Einstellung von Schülerinnen und Schülern gegenüber einer Sprache bildet eine gute Voraussetzung, eine negative oder eine indifferente Einstellung aber bildet eine schlechte Voraussetzung für erfolgreiches Lernen im betreffenden Fach (Sieber & Sitta, 1986). Aufgrund dieser Erkenntnisse sollte eine möglichst positive Einstellung gegenüber der zu lernenden Sprache oder Sprachform geschaffen werden. Ob dies gelingt, hängt stark mit der Einstellung der Lehrperson zusammen: Sieber und Sitta (1986) befassten sich mit dem Zusammenhang zwischen der Einstellung der Lehrperson und derjenigen der Schülerinnen und Schüler zur Standardsprache. Sie stellten fest, dass die Lehrpersonen zwar einerseits das Lernen der Standardsprache als einen äußerst wichtigen Unterrichtsgegenstand betrachten, andererseits deren mündlichen Gebrauch aber als fremd und schwierig darstellen. Diese Ambivalenz fließt in den Unterricht ein.

Auch die Einstellung der Eltern gegenüber der Standardsprache hat großen Einfluss auf die Einstellung und den Gebrauch dieser Sprachform bei den Kindern, denn wie Häcki Buhofer und Burger (1998, S. 22) ausführen, sind Einstellungen nicht angeboren, sondern „[...] werden im Prozess der Sozialisierung durch Erfahrung individuell erworben, aber auch tradiert und gelernt." Sieber und Sitta (1986) belegten eine Verstärkung der negativen Spracheinstellung mit zunehmendem Alter. Die Begründung dafür könnte darin liegen, dass die jungen Kinder eine positive Einstellung mitbringen, die sie vor allem im Umgang mit den Medien erworben haben. Mit dem Beginn der Schulzeit und somit dem Einsetzen der Schriftlichkeit verändert sich diese Einstellung. Da die Kinder die Standardsprache im Kindergarten in allen Unterrichtssituationen erleben, lernen sie diese Sprachform nicht in erster Linie als Lern- und Leistungssprache kennen, sondern vor allem als Sprache der Beziehung. Diese positiven Erfahrungen mit dem Hochdeutschen sollten den Kindern helfen, auch in der Schule die Freude an der Sprachform behalten zu können.

Sprachbewusstsein

Sprachbewusstsein beinhaltet das explizite Wissen über eine Sprache, das in einer sprachlichen Handlungssituation mobilisiert und eingesetzt werden kann (Suter Tufekovic, 2008). Erst wenn die Kinder ein Bewusstsein für Sprache haben, können sie zwischen Schweizerdeutsch und Hochdeutsch unterscheiden und auch Einstellungen gegenüber diesen beiden Sprachvarietäten bilden. Das Bewusstsein einer Sprache gegenüber nimmt großen Einfluss auf den Sprachlernprozess, denn die Erkenntnis über Sprache fördert den weiteren Erwerb dieser Sprache und beeinflusst den Erwerb einer zusätzlichen Sprache (Suter Tufekovic, 2008; Switalla, 1992). Das explizite Wissen über Sprache wird bei Kindern vielfach nicht metasprachlich geäußert, da ihre sprachlichen Fähigkeiten dafür noch nicht genügend ausgebildet sind (Switalla, 1992).

Dem expliziten Wissen steht ein implizites Wissen über Sprache gegenüber: das Sprachgefühl. Das Sprachgefühl bezeichnet die intuitive Fähigkeit von Sprachbenutzerinnen und Sprachbenutzern, ihre Erstsprache grammatisch korrekt zu gebrauchen und Ausdrücke auf ihre Richtigkeit zu beurteilen. Da Schweizerdeutsch und Hochdeutsch Varietäten einer Sprache und nicht zwei verschiedene Sprachen sind, sind Kinder mit schweizerdeutscher Erstsprache beim Hochdeutscherwerb gegenüber mehrsprachigen Kindern im Vorteil, da bei diesen das implizite Wissen über das Deutsche vermutlich nicht sehr ausgeprägt ist. Doch auch Sprachverschiedenheit kann Sprachreflexion begünstigen und so zu größerem Sprachbewusstsein führen (Switalla, 1992). Mehrsprachige Kinder verfügen über zusätzliches Wissen verschiedener Sprachen und können beispielsweise gut unterscheiden, mit wem sie welche Sprache sprechen.

Aussagen der Kinder zum Umgang mit Schweizerdeutsch und Hochdeutsch

Im Rahmen einer linguistischen Studie wurden zwei Untersuchungen in den Jahren 2003 und 2005 durchgeführt (Landert, 2007). Zu beiden Untersuchungszeitpunkten wurden die Kinder unter anderem nach ihrem Umgang mit Schweizerdeutsch und Hochdeutsch befragt.

Insgesamt waren neunzehn Kinder an der Studie beteiligt, davon waren zehn aus dem Schweizerdeutsch-Kindergarten und neun aus dem Hochdeutsch-Kindergarten. Es nahmen neun Mädchen und zehn Knaben teil, außerdem waren es neun einsprachig und zehn zwei- und mehrsprachig aufwachsende Kinder. Mehrsprachige Kinder wurden nur einbezogen, wenn sie bereits seit ihrer Geburt in der Schweiz waren und gut Schweizerdeutsch sprachen. Pro Kindergartenstufe waren je fünf Kinder vertreten, wobei im Jahr 2003 nur vier Kinder das zweite Jahr des Hochdeutsch-Kindergartens absolvierten und aus diesem Grund nicht fünf Kinder einbezogen werden konnten.

Für die zweite Datenerhebung im Jahr 2005 wurden dieselben Kinder nochmals befragt, wobei diese nun den zweiten Kindergarten oder die erste Primarklasse besuchten. Weil in der Zwischenzeit zwei Mädchen mit ihren Familien aus der Gemeinde des Hochdeutsch-Kindergartens weggezogen waren, konnten insgesamt noch 17 Kinder für die Auswertung der Studie berücksichtigt werden.

Die Kinder beantworteten in beiden Untersuchungen Fragen zu ihrem familiären, medialen und schulischen Umfeld und zu ihrem Umgang mit Schweizerdeutsch und Hochdeutsch. Anhand der Befragungen sollten auch Fragen zur Spracheinstellung und zum Sprachbewusstsein der Kinder geklärt werden, daher stehen nun folgende Leitfragen im Vordergrund: Wie schätzen die Kinder im Kindergartenalter ihre eigenen Hochdeutsch-Kompetenzen ein? Sprechen sie gerne Hochdeutsch oder bevorzugen sie die Mundart? Kennen sie überhaupt Unterschiede zwischen den beiden Sprachformen? Die Antworten zu diesen Fragen werden anhand von Angaben aus den Befragungen dargelegt und diskutiert. Die gewonnenen Daten sind kindliche Selbstaussagen und können nur Tendenzen aufzeigen.

Schweizerdeutsch und Hochdeutsch in Kindergarten und Schule

Während die zehn Kinder, die den Schweizerdeutsch-Kindergarten besuchten, angaben, im Kindergarten oder in der Schule mit ihren Freunden durchwegs Schweizerdeutsch zu sprechen, kamen bei den sieben Kindern aus dem Hochdeutsch-Kindergarten noch andere Sprachen hinzu: Sie gaben an, manchmal Hochdeutsch oder eine andere Erstsprache zu sprechen. Auch in der Pause sprechen die Kinder teilweise miteinander Hochdeutsch, je nachdem, wer dabei sei und wer welche Sprache(n) verstehe. Mit der Lehrperson sprechen die Kinder aus dem Schweizerdeutsch-Kindergarten generell Schweizerdeutsch, die Kinder aus dem Hochdeutsch-Kindergarten gaben an, dass sie Hochdeutsch mit den Kindergärtnerinnen sprechen würden. In der Schule sprechen die Kinder, die den Hochdeutsch-Kindergarten besuchten, ebenfalls Hochdeutsch mit den Lehrpersonen, die anderen Kinder sprechen manchmal Hochdeutsch, manchmal Schweizerdeutsch. Sie formulieren ihren Umgang mit der Standardsprache in der Schule folgendermassen:

- *Wenn die Lehrerin Hochdeutsch spricht, spreche ich auch Hochdeutsch.*
- *Wenn die Lehrerin Hochdeutsch spricht, müssen wir Kinder auch Hochdeutsch sprechen. Die Lehrerin spricht meistens am Nachmittag Hochdeutsch.*
- *Mit dem Lehrer spreche ich Schweizerdeutsch, ausser wenn wir einen Term vorsagen müssen.*
- *Ich spreche mit der Lehrerin Schweizerdeutsch, manchmal auch Hochdeutsch.*

Die Antworten zeigen, dass es den Kindern hilft, wenn die Lehrperson Hochdeutsch verwendet. Dies unterstützt die Kinder darin, selbst Hochdeutsch zu sprechen. Die Lehrperson nimmt eine starke Vorbildrolle ein und gibt mit der eigenen Verwendung von Hochdeutsch ein deutliches Zeichen, welche Sprachform gesprochen wird. Einigen Kindern war nicht klar, wann sie Hochdeutsch sprechen sollten. Bei einzelnen Lehrpersonen schien es stark auf die Unterrichtssituation anzukommen, ob sie Schweizerdeutsch oder Hochdeutsch verwendeten.

Grundsätzlich sprechen die Kinder nach eigenen Angaben gerne Hochdeutsch im Unterricht, auch diejenigen, die im Kindergarten Schweizerdeutsch sprachen. Einige finden Hochdeutsch als Unterrichtssprache zwar generell gut, würden aber bei schwierigen Sätzen und Wörtern gerne Schweizerdeutsch sprechen.

Gründe für das Hochdeutschlernen

Zehn der siebzehn befragten Kinder wussten auf die Frage: „Warum musst du Hochdeutsch lernen, weißt du das?" keine Antwort. Andere gaben zur Antwort:
- *Weil es wichtig ist, damit man es besser versteht.*
- *Wenn man z.B. nach Deutschland geht.*
- *Damit wir nachher Deutsch sprechen können.* (Antwort von einem mehrsprachigen Kind)
- *Damit es die anderen besser verstehen.*

Die Kinder des Hochdeutsch-Kindergartens hatten auf die Frage nach dem Grund für das Hochdeutschlernen keine zusätzlichen oder ausführlicheren Antworten als die anderen Kinder. Den meisten der befragten Kinder ist also nicht klar, warum sie die Standardsprache lernen müssen.

Sprechen die Kinder nach eigenen Angaben gut und gerne Hochdeutsch und Schweizerdeutsch?

Die siebzehn Kinder wurden danach gefragt, ob sie *gut* Hochdeutsch und Schweizerdeutsch sprechen könnten. Alle sieben befragten Kinder aus dem Hochdeutsch-Kindergarten gaben an, dass sie gut Hochdeutsch sprechen könnten. Aber nur drei von ihnen sagten, dass sie auch gut Schweizerdeutsch sprechen könnten. Zwei mehrsprachige Kinder sagten „es geht so", ein anderes wusste es nicht und eines sagte sogar „nein". Vermutlich können diese Kinder nicht sehr gut Schweizerdeutsch sprechen, oder sie verstanden die Frage nicht richtig, da sie in erster Linie zwischen Deutsch und ihrer Erstsprache und nicht zwischen den beiden Varianten des Deutschen unterscheiden. Alle zehn befragten Kinder des Schweizerdeutsch-Kindergartens waren sich darüber einig, dass sie gut Schweizerdeutsch sprechen könnten. Hingegen gaben nur fünf Kinder an, dass sie gut Hochdeutsch sprechen könnten. Drei von ihnen sagten „es geht so", zwei wussten keine Antwort.

In der nächsten Frage ging es darum zu erfahren, ob die Kinder *gerne* Hochdeutsch und Schweizerdeutsch sprechen. Alle sieben Kinder des Hochdeutsch-Kindergartens sagten aus, dass sie gerne Hochdeutsch sprechen würden. Vier von ihnen sprechen außerdem auch gerne Schweizerdeutsch. Drei mehrsprachige Kinder des Hochdeutsch-Kindergartens, sagten, dass sie nur manchmal gerne oder nicht gerne Schweizerdeutsch sprächen. Diese drei Kinder hatten bereits angegeben, dass sie nicht oder nicht so gut Schweizerdeutsch sprechen könnten.

Erwartungsgemäß gaben alle zehn Kinder des Schweizerdeutsch-Kindergartens an, dass sie gerne Schweizerdeutsch sprechen. Beim Hochdeutschsprechen waren sie geteilter Meinung: Sechs Kinder sprechen gerne Hochdeutsch, zwei sprechen manchmal gerne Hochdeutsch und eines spricht gar nicht gerne Hochdeutsch.

Diese Aussagen zeigen, dass die Unterrichtssprache einen starken Einfluss auf sprachlichen Vorlieben und die Selbsteinschätzung der Kinder nimmt: Die Kinder sprechen gerne diejenige Sprachformen, die sie im Kindergarten oder in der Schule mehrheitlich hören, und sie schätzen ihre eigenen Kompetenzen in der betreffenden Sprachform entsprechend gut oder eben schlecht ein.

Kennen die Kinder Unterschiede zwischen Schweizerdeutsch und Hochdeutsch?

Die Kinder wurden danach gefragt, ob sie einen Unterschied zwischen Schweizerdeutsch und Hochdeutsch kennen. Zehn der siebzehn befragten Kinder beantworteten die Fragen mit „ja". Vielen Kindern scheint also durchaus bewusst zu sein, dass gewisse Differenzen zwischen den beiden Varietäten vorhanden sind. Interessante Antworten lieferte die anschließende Frage: „Weißt du etwas, das zwischen Schweizerdeutsch und Hochdeutsch nicht gleich ist?" Die Frage wurde bewusst offen gestellt, damit den Kindern keine Antworten in den Mund gelegt wurden und sie ihre eigenen Überlegungen darlegen konnten. Mehrere Kinder aus beiden Kindergärten hatten aufschlussreiche und wohl überlegte Antworten bereit.

Antworten von Kindern aus dem Hochdeutsch-Kindergarten:
- *Auf Mundart heisst es: eis, zwoi, drü, auf Deutsch heisst es: eins, zwei.*
- *Schweizerdeutsch ist eher so mit „ä" oder „ö", Hochdeutsch nicht so.*
- *Es tönt ein bisschen anders. / Es tönt verschieden.*

Antworten von Kindern aus dem Schweizerdeutsch-Kindergarten:
- *Schweizerdeutsch ist ähnlich wie Hochdeutsch, deshalb sagt man auch „Deutsch"*
- *Es ist einfach eine andere Sprache.*
- *Der Schluss heisst immer anders.*
- *Schweizerdeutsch ist nahe am Hochdeutschen, also fast gleich. Hochdeutsch spricht man anders, man hat andere Wörter.*
- *Es tönt verschieden. / Es tönt irgendwie anders.*

Die Antworten fielen überraschend differenziert aus und machen deutlich, dass bereits junge Kinder eindeutig zwischen den beiden Sprachformen unterscheiden können. Die Kinder wiesen auf verschiedene Unterschiede zwischen den beiden Sprachformen hin, die auf der lexikalischen, der morphologischen und hauptsächlich der phonologischen Ebene liegen. Die erste Antwort eines Kindes aus dem Schweizerdeutsch-Kindergarten macht deutlich, dass es Unterschiede zwischen den beiden Sprachvarietäten gibt, sie jedoch trotzdem einer gemeinsamen übergeordneten Sprache, nämlich „Deutsch" angehören, was absolut korrekt ist. Alle Antworten zeigen ein bewusstes Differenzierungsvermögen der beiden Sprachvarietäten auf.

Einsatz von Hochdeutsch im Kindergarten: Schlussfolgerungen

Aus den Befragungen war zu entnehmen, dass die meisten Kinder den Unterschied zwischen Schweizerdeutsch und Hochdeutsch kannten und ihre Hochdeutschkenntnisse selbst als gut einschätzten. Die Unterschiede in den Antworten machen deutlich, dass die Kinder die Fragen richtig verstanden und sie differenziert beantworten konnten: Die Kinder des Schweizerdeutsch-Kindergartens waren sich einig, dass sie gut und auch gerne Schweizerdeutsch sprechen, hingegen fielen die Antworten bezüglich der Standardsprache gemischt aus. Alle Kinder des Hochdeutsch-Kindergartens sagten, dass sie gut und gerne Hochdeutsch sprechen könnten. Beim Schweizerdeutschen dagegen gaben vor allem die mehrsprachigen Kinder an, dass sie es nicht besonders gut und gerne sprechen. Die Kinder schätzten ihre eigenen Kompetenzen vor allem in derjenigen Sprachform gut ein, die sie als Unterrichtssprache hören und teilweise auch selbst sprechen. Die Unterrichtssprache Hochdeutsch kann die Kinder dadurch schon im Kindergartenalter darin unterstützen, basale Hochdeutschkompetenzen zu erweitern und die positive Einstellung gegenüber dieser Sprachform zu verstärken.

Die Aussagen der Kinder im Gespräch zeigten außerdem, dass es für die Kinder hilfreich ist, die Standardsprache im Unterricht zumindest phasenweise, z.B. während eines ganzen Tages, konsequent und in allen Situationen einzusetzen. Die Kinder hatten in konkreten Unterrichtssituationen vielfach Mühe mit der Unterscheidung von Schweizerdeutsch und Hochdeutsch und wussten nicht, wann welche Sprachform aus welchen Gründen gesprochen wird. Eine klare Regelung zur Verwendung von Hochdeutsch und Schweizerdeutsch – z.b. anhand eines Symbols oder einer Ankündigung zu Beginn des Tages – ist deshalb entscheidend. Unklarheiten in der Sprachverwendung wirken sich negativ auf den Lernfortschritt und auch auf die Motivation der Kinder aus.

Die Mehrzahl der befragten Kinder wusste nicht, warum sie die Standardsprache lernen sollten. Suter Tufekovic (2008) betont, dass die Kinder eine positivere Einstellung und eine größere Motivation zum Sprachenlernen entwickeln könnten, wenn sie mehr über die Funktionen der Sprachen und Varietäten wüssten. Dadurch könnte auch das Bewusstsein für die Varietät gestärkt werden. Es wäre deshalb sinnvoll, das Thema mit den Kindern im Unterricht aufzugreifen und gemeinsam Gründe und Vorteile für das Lernen der Standardsprache zu finden und zu besprechen. Da der Erwerbskontext zur Ausbildung eines Defizienzempfindens gegenüber der Standardsprache führen kann, ist die Art und Weise, wie im Kindergarten Hochdeutsch gelernt wird, entscheidend. Der Hochdeutscherwerb im Kindergarten findet in allen Situationen statt, es wird hauptsächlich Hochdeutsch gesprochen und nur wenig geschrieben und deshalb wird die Sprachform nur in geringem Masse an den Normen der Schriftlichkeit gemessen. Das Sprechen der Standardsprache ist für die Kinder freiwillig und der rezeptive hochdeutsche Wortschatz wird durch den täglichen reichhaltigen Input stets erweitert. Die Kinder beginnen mit der Zeit selbst Hochdeutsch zu sprechen und machen damit ihren positiven und offenen Umgang mit dieser Sprachform deutlich.

Literatur

Böhme-Dürr, K. (1994). Der Erwerb von Standardsprache und Dialekt durch Medien. In H. Burger & A. Häcki Buhofer (Hrsg.), *Spracherwerb im Spannungsfeld von Dialekt und Hochsprache* (S. 43-55). Bern: Peter Lang.

Häcki Buhofer, A. & Burger, H. (1998). Wie Deutschschweizer Kinder Hochdeutsch lernen: der ungesteuerte Erwerb des gesprochenen Hochdeutschen durch Deutschschweizer Kinder zwischen sechs und acht Jahren. *Zeitschrift für Dialektologie und Linguistik, Beiheft 98*. Stuttgart: Franz Steiner.

Landert, K. (2007). *Hochdeutsch im Kindergarten? Eine empirische Studie zum frühen Hochdeutscherwerb in der Deutschschweiz*. Bern: Peter Lang.

Scharloth, J. (2005). Asymmetrische Plurizentrizität und Sprachbewusstsein. Einstellungen der Deutschschweizer zum Standarddeutschen. *Zeitschrift für Germanistische Linguistik, 33* 2, 236-267.

Sieber, P. & Sitta, H. (1986). *Mundart und Standardsprache als Problem der Schule.* Aarau: Sauerländer.
Suter Tufekovic, C. (2008). *Wie mehrsprachige Kinder in der Deutschschweiz mit Schweizerdeutsch und Hochdeutsch umgehen. Eine empirische Studie.* Bern: Peter Lang.
Switalla, B. (1992). Wie Kinder über Sprache denken. *Der Deutschunterricht,* 4, 24-33.

WAXMANN
Münster • New York • München • Berlin

www.waxmann.com
info@waxmann.com

Titus Guldimann
Bernhard Hauser
(Hrsg.)

**Bildung
4- bis 8-jähriger Kinder**

2005, 272 Seiten, br., 19,90 €,
ISBN 978-3-8309-1533-1

Das Interesse an der Bildung 4- bis 8-jähriger Kinder hat nicht nur seit PISA stark zugenommen. Die veränderten Ansprüche an die Erziehung und Bildung dieser Altersstufe bedingen eine wissenschaftlich fundierte Neuausrichtung und Reflexion. Das Buch vermittelt aktuelle Forschungsergebnisse zu den Bereichen ‚Lernen', ‚Entwicklung', ‚Spiel' und ‚Lebensbewältigung', die an einem Kongress der Pädagogischen Hochschule Rorschach vorgestellt wurden.